青年学术丛书·**法律**

YOUTH ACADEMIC SERIES-LAW

企业制度与法治的衔接

张羽君 著

人民出版社

序

本书是张羽君博士的博士学位论文。

企业在现代社会生活中担当着极为重要的角色，企业内部制度也成为现代社会规范体系中愈益重要的一脉，它不仅关乎千千万万企业和员工的切身利益，关乎市场和整个社会经济生活的健康状况，而且作为一国法律制度的延伸，它也广泛和深切地影响着一国法治的状况。然而中国企业和管理界至今还不谙制度建设。中国学界近年对企业制度建设和制度文明培育问题似乎已经逐渐有所涉猎，这自然是个好的迹象，但这一迹象主要是发生在经济学界，就法律学界来看，迄无关于这一重大主题的较为完整的著作。问题是经济学界限于专业的先天性制约，很难独立地萌生关于企业制度建设和制度文明培育这种主要属于立法科学范畴的重要著作。萌生这种著作的使命，仍需由立法学者担纲。

在这样的历史情境之下，青年立法学者张羽君博士抓住这一重大主题写作博士学位论文，足以表明其学术触觉是特别敏锐的，其学术风格和进路是务实而富有成效的。现在这种努力终于结出果实了。摆在读者面前的这部作品，堪称在立法学乃至整个法学领域就这一重大研究主题着力拓荒并获取可喜进展的一部力作。

它的出版，对于企业制度建设实际生活的改进和质量的提升极具现实意义，而在学术理论方面则显现出典型的创新和填补空白的价值。

选取法治与企业内部制度的衔接这一论题研究和写作博士论文，作为一种学术理论创新，其难度甚大。作者首次集中、系统、深入地研究和阐明了法治与企业内部制度两者衔接的历史和发展趋势，衔接的理论依据，衔接的内容、效力、方法和技术，全面揭示了法治与企业内部制度所形成的各自独立而又上下联动的纵向一体化关系，型塑了企业内部制度建置在完善和推进法治国家建设中扮演的重要角色。这些努力，都凸显了本书所具有的问题新、角度新、观点新的可贵的创新勇气和成功的创新成果，并为今后此类论题的研究开掘奠定了基础。

现在，人们已经认识到市场经济不同于计划经济的一个突出标志，在于市场经济实质上就是法治经济，或者说就是制度经济。参与市场经济的企业，只有认清市场经济与法律制度或法治的联系，并且把握住这种联系，实践这种联系，使自己一方面作为一个市场经济的主体存在着，另一方面又作为一个市场经济中的法律人存在着，享有法律权利，履行法律义务，充分实现法律制度在自己所参与的市场经济中的价值，才能在法治经济的市场经济角逐中，成为成功的和游刃有余的经济主体。

但是，仅仅有以上的认识和实践还是远远不够的。应当进一步看到，体现市场经济要求、维护市场经济秩序和推进市场经济发展的法律制度，还需要其他种种制度规范使其具体化，特别是需要通过市场经济主体（例如企业）自身的制度规范使其具体化。如果说体现市场经济要求的法律制度是市场经济主体走出自身而参与市场经济时所须遵照实施的基本规则，那么，企业自身的那些使市场经济法律制度具体化的制度规范，则是作为市场经济主体的企业在进入市场经济领域之前所应遵循的初始化的制度规范，和企业在走出市场经济领域之后而修缮自身时所应接受的规制。

企业如果是市场经济中的现代化企业，就需要通过企业自身的制度规范体系，将企业自身的内部管理同国家法律制度衔接起来，将企业参与市场经济的各种行为同国家有关市场经济的法律制度连接起来。对股份制企业而言，还需要通过企业自身的制度规范体系，将企业在证券市场上的行为，同证券领域里的部门规章制度和社会规范吻合起来。国家法律制度是来源于实际生活需要的，是来源于实际生活中所存在的种种社会规范的；而包括企业内部制度规范在内的法律制度之外的社会规范，又是法律制度的延伸。现代企业，应当使自己的内部制度规范成为国家法律制度的延伸。

在以城市生活为重心的社会生活这个大舞台上，企业是最为重要的角色。这使得企业内部的制度规范成为国家法律制度之外的种种社会规范中尤其重要的社会规范，也使得企业内部的制度规范在延伸国家法律制度的方面担负更突出的责任。企业是在同自然和社会两个方面发生关系的状态中生存和发展的。在前一种关系中，规律起决定性作用，企业只有遵从经济规律，才能理顺与自然的关系，获得规律的肯定和庇护，得以顺利地发展。在后一种关系中，企业之间，企业与政府之间，企业与社会公众之间，企业与其他有关方面之间，都不可避免地存在着种种融合和撞击，而维系这些融合和撞击的主要渠道或纽带，则是制度规范。遵循这些制度规范，企业方能在处理这些关系、应对这些融合和撞击的过程中立于不败之地。就现代企业而言，它所面临的制度规范，又包括企业外部的国家法律制度和企业内部制度规范。法律制度是基础，企业内部制度规范需要遵从法律制度并以法律制度为基础，不得违背法律制度。同时，企业内部制度规范所调整的范围又不限于法律制度所涉及的范围，企业内部制度规范所规制的，既有对国家法律制度的具体化，又有对国家法律制度的展开，还有对国家法律制度的补白。也就是说，企业所应遵循的是两种法则：一是规律；二是以国家法律制度和企业内部制度规范相结合的制度规范。规律是看不见的法则，法律制度和企业内部制度规范是看得见的法则。众所周知，在英文中，规律和法律可以用同一个词汇来表达。所以，在这一意义上可以说，企业就是在看得见的法和看不见的法这样两种法的支配下所存在、所运作的，所谓企业文化，其中包含着很大程度上的制度文化。现代企业只有努力遵从这些看得见的法则和看不见的法则，在这种制度文化中处于领先的地位，才能在同自然和社会两方面的关联中，获得双赢。

企业内部制度及其与法治的关联和衔接是一个崭新而又宽广的研究领域，有待理论界和实务界的不断开拓和创新。本书的问世是一个良好的起点，希望张羽君博士和更多学者继续深入探索，取得丰富有益的成果，以推动中国企业制度建设并进而也推动学术研究自身迈入新境域。

周叔生

2011年3月30日于北京大学

目 录

序	1
导 论	1
一、研究企业制度与法治之衔接的现实意义	1
二、国内外研究状况和本书的研究路径	5
三、本书的研究对象、研究特点和学术新意	11
第一章　制度文明与企业的生存和可持续发展	31
一、作为独立形态的制度文明	31
二、制度：企业的第五种生产要素	36
三、企业内部制度实证检视	48
本章小结	69
第二章　企业内部制度与法治衔接的基本问题	71
一、企业内部制度与法治衔接的历史和发展趋势	71
二、法治与企业内部制度衔接的动因	87
三、嵌入法治之中的现代企业内部制度	99
四、企业内部制度对法治的延伸	106
本章小结	113

第三章　企业内部制度与法治的内容之衔接　　115
　　一、法人治理制度　　116
　　二、企业人力资源制度　　129
　　三、企业生产经营管理制度　　135
　　四、监督制度　　174
　　五、特殊行业　　179
　　　本章小结　　182

第四章　企业内部制度与法治的效力之衔接　　184
　　一、现代工业国家中的"民间法"　　184
　　二、社会自治中的"软法"　　199
　　三、外部效力——国家法和企业内部制度的救济边界　　215
　　四、内部效力——企业内部制度的效力位阶　　223
　　　本章小结　　235

第五章　企业制度建设与立法技术之衔接　　237
　　一、企业内部制度建设的资源投入　　237
　　二、企业内部制度建设的人员选择　　242
　　三、企业内部制度建设的规范化和标准化　　246
　　四、企业内部制度的制定和修编过程　　252
　　五、企业内部制度的体系设计　　259
　　六、企业内部制度文本的技术优化　　274
　　　本章小结　　284

结　语　　286
参考文献　　289
致　谢　　304

导　论

一、研究企业制度与法治之衔接的现实意义

在现代社会的正式规则中，国家法律虽然细如蛛网，但仍然留有大量的规则空白地带，将这些规则制定权交于社会组织来行使，不仅是可能的，而且也是有效的。比如，大学制定规章管理学校，公共性社团组织制定章程细则维系日常运作。社会组织通过行使私性的"立法权"，制定效力及于内部人员和事务的规章制度，以厘定内部秩序，提高组织运行效能，同时还可借此细化和延展国家法，填补法的空白，推动法的演进，形成与国家法律制度相衔接的规则系统。

企业是一种典型的需要行使私性立法权的主体。如今，世界各国都承认企业拥有制定调整企业内部关系的规章制度的权利，企业所制定的内部制度成为法律秩序下现代工业社会和城市生活中的极为重要的民间自治规范。法治化的市场经济一方面充分尊重企业法人独立的法律人格，赋予其享有包括自主制定内部制度的权利，另一方面也必然对企业内部制度的法治化提出基本要求，企业制定的规章制度不得有悖于国家认可或者预设的商事规则和法定的社会责任。可见，这些去国家化了的私性规则不失为"活法"研究在现代商业社会和法治社会中的新展现和新课题。企业内部制度建设不仅仅是企业管理领域

的重大课题，也是法治国家建设的重要内容。研究法治与企业内部制度相衔接的种种问题，不仅有利于法学理论的拓展和深入，也有利于企业提升内部制度质量、防范法律风险，还有利于促进企业员工合理权益的法律保障，因此它是兼具理论和实践双重价值的主题，其研究意义在于：

首先，法治和企业内部制度都是人类制度文明的重要组成部分，对相关社会组织的存续和可持续发展具有重要意义。在人类物质文明和精神文明之外，还存在着第三种文明，即制度文明。法治是制度文明的典范，企业内部制度则是制度文明的新锐。亚里士多德在两千多年前已经提出了对一个国家而言，法治比人治更具有优越性，当今世界发达国家莫不厉行法治。新制度经济学发现了制度对于经济绩效的影响。对于一个企业而言，要做大做强，也必须从"人治"方式走向"法治"方式。西方企业的管理者们于百年多前便认识到"过去为人才第一，从今以后，都必为制度第一"①，开始倡导"制度化管理模式"。故无论对于一个国家还是一个企业，要长治久安、谋求发展，都难以回避规则之治的主题。就我国的现实情况来看，我国企业难以走出"小而强、中而挺、大而衰"宿命的症结之一就在于缺少规则意识。这里的规则意识意味着内外两个方面，就外部环境而言，企业守法意识有待于加强；就内部环境而言，企业仍囿于人治的樊笼，难以真正进入制度化管理的轨道。而这两个方面本身是可以相辅相成、相得益彰的。在我国法制对企业建立健全制度规范提出了基本要求。企业尊重法律规定，必然会加强制度建设；在企业强化制度建设的过程中，也必然需要对法律作出更深入的解读。

其次，现代企业内部制度深嵌于国家法治的框架之中，研究企业内部制度建设对于完善国家法治具有直接意义。和通常所说的民间法与国家法的二元结构不同，作为工业社会"民间法"的企业内

---

① [美]泰勒：《科学管理原理》，马风才译，机械工业出版社2008年版，"前言"。

部制度与国家法之间主要形成纵向一体化的格局。法治环境下的企业面临着内外两个方面的制度规范：以国家法为主的外部制度环境和企业为自身立法而形成的内部制度安排，这两个方面形成衔接协调的纵向关系，构成整个社会正式制度中互相联动的上下位阶的规则系统。一方面，法治国家尊重财产权利和契约自由的宪政框架和法律秩序，认可了企业内部制度作为整个社会规则系统中的合法部分，在自身管辖范围内有效。同时国家法为企业确立主体资格、维护市场秩序、提供外部规则平台，并且全方位、多层次地对企业内部制度建置做出指引和规范。另一方面，企业内部制度在诸多方面是国家法在企业范围内的实施细则，它们对国家法予以细化、延展和补白，是国家法的实施媒介，与国家法共同实现公共治理的目标。事实上，在现代商业社会中，由于涉及政府对企业的干预事项以法律手段最为正当，因此企业内部制度与国家法的衔接面非常广泛。企业内部制度好比是国家法治的支流和细脉，是法治之树的根系，承载着具体分配着个人权利义务的任务，由此被西方学者喻为"原法"（proto-law）①。当然，企业内部制度对于法治而言，不仅仅是被动的实施者，也可以成为主动的供给方。商事法原本就是习惯法和经验法，正是商主体的普遍实践推动了商事法的演进，许多法律制度的规定来源于企业内部制度的有效施行。作为一般社会规范的企业内部制度，经过时间的积累，经由立法者的选择和提炼，可以上升为国家法，成为国家法的渊源。

再次，企业在市场经济中的重要地位决定了企业内部制度在社会规则系统中的重要位置，研究企业内部制度建设的法治化和规范化具有现实意义。一者，市场经济就是法治经济，企业是市场经济和现代法治的重要主体和推动力量。工业革命的300余年以来，大多数国家都经历了工业化和城市化进程，企业在经济生活中的地位日益重要，

---

① See Peter T. Muchlinski: "Golbal Bukowina" Examined: Viewing the Multinational Enterprise as a Transantional Law-Making Community, *Global Law Without A State*, Athenaeum Press, 1997, pp. 80 – 84.

企业制度与法治的衔接

企业作为一个现象或整体，其发展壮大的过程，也是现代法治发达的过程，它见证了人类从身份到契约的变革。因而，我们在呼吁"送法下乡"的同时，更要大力倡导"送法到企业"。企业在社会生活中的重要位置决定了企业内部制度的法治化和规范化不是偏于一隅的问题，而是关乎社会和法治的大局性问题。二者，企业内部制度在社会规则系统中重要地位的日益凸显，不仅仅是因为工业化和城市化进程使得企业成为经济生活的支柱性力量，更在于企业内部制度实实在在地影响着千千万万个企业和员工的切身利益。企业内部制度是既受制于国家法治，又在极大程度上享有规则自治，它无时无刻不在调整着企业和其员工的日常工作关系。它的强制性使得它可以决定什么是合规的，什么是不合规的，以便在企业内部形成一套规则秩序。如今，各国法院常常承认在满足内容和程序合法的条件下制定的企业内部制度可以作为司法依据，为法院所采信，决定个人/企业的权利和义务关系。[①] 可见，合法制定的企业内部制度还能加强企业员工合法权益的保障，同时成为降低企业法律风险的事前预防机制。

最后，缺少法治与企业内部制度衔接的相关研究，也使得本书在拓展法学理论研究视域、推进企业制度建设方面具有前沿意义。目前我国学界在这一领域的研究比较薄弱：法学界尚未将之纳入研究视阈，管理学界又不谙于制度建设，因而形成目前的理论断裂和空白，也导致实践中企业内部制度建设规范化的严重缺失。本书试图搭建起这样一个桥梁，提出法治和企业内部制度之间的衔接互动关系，将企业制度建设问题引入法学理论的研究范围，同时将制度建设的理论、方法和技术运用于企业内部制度建设的优化升级，从而有效促进企业提高管理效率、降低经济风险和法律风险，提升综合竞争能力。

---

① 比如，我国《最高人民法院关于审理劳动争议案件适用法律若干问题的解释》第19条规定，用人单位根据《劳动法》第4条之规定，通过民主程序制定的规章制度，不违反国家法律、行政法规及政策规定，并已向劳动者公示的，可以作为人民法院审理劳动争议案件的依据。

二、国内外研究状况和本书的研究路径

（一）国内研究现状

迄今大陆学界尚没有直接以本论题为主题的系统性研究成果，但是仍然具有一定借鉴价值的是在最近十余年间，随着我国企业内部制度的初步建设和蹒跚实践，出现了相关方面的一些理论初探和制度文本。这些文献同本书主题的研究在有关侧面是有范围上的契合之处的，这种研究和集纂既成为总结和引导企业制度建设的理论参照和制度范本，也为今天的学人能够进一步深入研究和挖掘法治视阈下企业内部制度建置的理论和现实问题提供了一定的理论渊源和研究切入点。但是现有文献资料仍然有较大的理论发展空间，主要表现为下列三个方面：

第一，实践成果较多而理论检视匮乏。一方面，以"企业规章制度"、"企业管理制度"、"企业内部控制制度"等为主题的制度文本不少，有些甚至是类似于管理百科全书式的或者规章汇编式的制度文本集纂，规模宏大。这些资料可以分为三种形式：其一，综合性制度汇编，并根据企业不同职能加以分类，这类资料普适性较强，可为企业的建规立制做一般参考；其二，特定企业或者特定行业企业的制度汇编，这类资料的针对性最强，对同类企业具有直接示范效应；其三，特定管理领域的制度汇编，这类资料的针对性也比较强，可为特定管理领域提供更多制度文本选择。另一方面，与如此众多的制度范本文献相比较，相关阐述"企业立法"的理论系统著述殊为少见。

第二，仅有的理论成果比较陈旧浅显，单一且单薄，未见有新的理论发展和动向，表明这方面的研究几近停滞不前。如前所述，有关企业为自身立法的理论著述很少，如《企业规章制度》、《企业规章制度初探》、《企业规章写作》、《如何设计企业内部管理制度》、《乡镇企业规章制度指南》等，其中前两本著作从法学和管理学的角度初步探讨了企业规章制度的建设问题，后几本著作从应用写作、管理

常识等角度提供制度制定的实践指导，它们都仅限于问题初探，未及深入，理论性和学术性较为薄弱。

第三，偏重于从管理学的角度阐述问题，而甚少从法学或制度建设的角度研究和挖掘理论命题；偶见相关的零散论述虽然也涉及法律或法学问题，但仅限于企业内部制度如何规避法律风险，或者企业中某一特定制度如何与相关法律条文相衔接的问题，以至于这方面的成果难以避免地无法向纵深化推进。有关企业内部制度的专著、编著和论文，主要均出自管理学学者或实务工作者之手，侧重于阐述将什么样的管理理念付诸于制度规定，而鲜有从法学和管理学相结合的视角、从专业化的制度设计视角，以法学理论、机制设计理论、规范分析方法、立法方略和技术等为理论工具，深入探讨企业内部制度建设的应然性和实然性问题。

在中国台湾，自20世纪70年代以来，在企业内部制度方面就已出现了令人耳目一新的有益成果。其中令人印象深刻的是由台北中华企业管理发展中心于1979年出版的《企业内部规章制定实务》，在企业制度建设的规范化方面，具有较强的专业性和系统性。该书作者径直将制定企业内部制度比照国家立法，参酌《中央法规标准法》、《台湾省法规准则》、《台北市法规准则》、《台北市政府整理法规精简计划》等立法性法律文件，来探讨企业内部规章制度的体制、分类、起草、审议、汇编、适用、效力、贯彻、修订、繁简等问题，还列举了文本制定过程中容易出现的各种问题，比如定义、重复、合并、层次、离题、归类、修辞、制定目的、合理性、周延性、抵触性、违法、法律效果等等，不一一尽述。另外，1977年出版的《中华民国企业管理规章范例》一书在台湾地区引起了如潮好评，不仅引发了管理学界的热切讨论和研究，也引发了法律学界对于"企业立法"的热烈讨论和浓厚兴趣，至1985年已增订至第5版。此外，智囊团顾问股份有限公司于2000年出版的系列丛书《企业规章完全制作》中也简略谈及企业规章的标准化、制作要领和制作程序等问题。

可见，虽然企业内部制度建设无论对企业还是对法治状况，都有着极为现实的意义，但是国内学界在这一领域的研究仍然相当薄弱：

法学界尚未将之纳入研究视阈，管理学界又不谙于制度建设，因而形成目前这种理论断裂和空白。造成国内这种研究现状的原因可能在于：其一，法治和企业内部制度如何衔接互动，企业内部制度何以具有法学意义、如何影响法治状况，如何运用立法的方法和技术体现管理理念从而规范和优化企业内部制度建设，这些问题具有交叉学科的色彩，也是当代商业社会和法治社会的新生问题。目前法学界研究企业问题，一般限于如何调处国家和企业、企业和企业之间的关系，尚未涉及对企业内部各种关系的规范化制度化及其与外部法律环境之间关系的研究。而管理学界限于专业的原因，其着眼点在于管理的方式方法上，而无法对制度建设本身展开专业性的深入探讨。其二，我国企业内部制度实践本身的落后局面，必然限制了学术研究的发展水平。学术研究总是以实际生活为背景为依托的，在缺乏发达的制度实践的条件下，学术研究也难以有更大的拓展和跨越。其三，理论与实践的疏离脱节也难辞其咎。学者由于难以介入企业运营和制度建设而缺乏实际经验，因此难以产生研究企业内部制度"法治化"和"规范化"问题的学术灵感；而企业实务人员忙于具体事务，没有条件和学力把企业运营中的"法治化"和"规范化"命题提炼为一般理论。

（二）国外研究状况

最近几十年来，国外与本课题相关的研究有一些新的成果。

就理论研究而言，首先，法律多元化学者探讨了企业尤其是跨国公司内部规则的种种问题，比如认为跨国公司内部规则是一种原法（proto-law）和活法，是一个自治规则系统，构成一种"法律秩序"，阐释了企业内部规则的效力渊源，将跨国公司视为跨国法的制定主体，关注跨国公司内部规则同国家法和国际法的关系等。[1] 其次，西方一些法理学学者探讨了"自治法"和"自治立法"的各种问题，

---

[1] See Gunther Teubner, Peter T. Muchlinski, Alan C. Schapiro and Other Scholars' Views in the *Multinational Enterprises and the Law*, Oxford: Blackwell Publishers, 1995.

提出在现代社会中企业也拥有制定有关调整企业内部关系的章程和细则的权力，而且法院也常常承认这种章程和细则可以决定该企业成员的权利和义务；并且今天这种自治立法正不断蓬勃发展，因为国家法律留下了大量真空领域，这些领域必须或者能够通过行使私性或准私性的立法权力予以填补。① 再次，法制史、西方管理思想史方面的大量资料和西方企业的内部制度样本，为本书提供了企业、市场、法律的发展历程，其间折射出企业内部制度与法治衔接的历史片段和动因。最后，其他相关理论中对本书有借鉴意义的有制度和机制设计理论，一些学者对于制度和机制设计的行为心理基础与利益诱导作用的微观层面进行了实证研究。此外，在社会法学派、经济法学派、制度经济学的研究视阈中，学者提出了一些经典性和代表性的观点，相关文献汗牛充栋；在近些年的进展之中，法学研究呈现出不断吸取制度经济学和相关学科研究成果的趋势，比如制度法学思想。这些理论成果虽然很少直接论述本书论题，但对于作者开掘本书论题的研究范围，深挖论题的学术内涵，有着重大的启发价值。

就实践研究而言，经济和法治发达国家都无一例外地极为注重企业内部制度的研究和建设。比如美国企业的运营多采用制度化、规范化的手段来协调企业内部关系。所以美国企业的内部制度相当之多，相当发达，企业往往设有专门的政策研究机构从事企业制度的制定和修改工作。在日本则有专门规范企业制度建设的法律文本。② 日本还有关于企业内部规章制度的专门管理法《社规社则管理规范》。③ 法

---

① 参见［美］博登海默：《法理学：法律哲学与法律方法》，邓正来译，中国政法大学出版社2004年修订版，第439—441页；Carleton K. Allen, *Law in the Making*, 7th ed., Oxford, 1964, pp. 542-547; John W. Salmond, *Jurisprudence*, 12th ed. by P. J. Fitzgerald, London, 1966, pp. 123-124; P. S. A. Pillai, *Jurisprudence and Legal Theory*, 3rd. by Eastern Book Company, 2005, p. 44, 80。

② 参见朱玉泉主编：《最新企业内部规章制度建设全书》，中国商业出版社2001年版，第37—38页。

③ 参见赵成意编著：《企业内部规章制定实务》，中华企业管理发展中心1979年出版，第3页。

国的法律也专门就企业制定内部规则作出规定。① 总之，在经济全球化和企业发展国际化的态势下，各国关于企业内部制度建置这一主题在很大程度上具有共通性，因此这一主题的研究必然要与国际发展大势和研究成果相衔接。

（三）本书的研究路径

本书从企业制度与法治相衔接的理论和实践两个基本维度展开研究，带有交叉学科的特点，因此在研究方法的选择上，自然注重运用多样化、多学科的研究方法，力图多视阈和多侧面地提出法治框架下企业内部制度建置的分析框架和研究范畴，并对当前中国企业内部制度与法治衔接的现状、面临的问题和相关对策予以分析和探讨。因此本书着重运用的方法有：

理论分析的方法。任何有价值的学术研究都应当借助抽象思维，解释事物的本质、规律或者内在联系，最终上升为理性认识，形成概括性的结论，并以此来推进理论的发展，为提出政策性建议或实际问题的解决方案提供智力支持。本书也是如此。由于相关的理论研究很少，所以本书运用辩证矛盾分析、功能分析、比较分析、历史分析、因果分析等理论分析的手段，试图从分析制度的独立性、对于企业的重要性、企业制度与法治衔接的历史、动因、类型、效果等方面，寻找出研究的理路，得出两者内在关联的一般性理论结论。

规范分析的方法。规范分析是法学特有的专业研究方法，是法律家或专业法学家开展研究的主要手段，它以实在法为研究对象，重在解释和建构法的相关概念、法的体系和法的实际运用。② 规范分析强调以法和法的现象为研究出发点和归宿，对法和法的现象进行系统的实证的规范分析。研究法和法的现象事实上是、应当是和为什么是怎

---

① See Jean-Philippe Robé：Multinational Enterprises：The Constitution of a Pluralistic Legal Order, *Global Law Without A State*, Athenaeum Press, 1997, pp. 62 – 64. Article L. 122 – 134, The French Labour Code.

② 参见舒国滢：《走出概念的泥淖》、《从方法论看抽象法学理论的发展》，《法哲学：立场与方法》，北京大学出版社2010年版，第1—15页、41—65页。

样的情形；分析法在实际生活中事实上和应有什么样的价值，如何更好地兑现法的价值。① 企业制度与法治的关系就其主要方面而言是企业制度向国家法的对接，因此解决为何和如何对接的问题，就必须对一国的实在法进行逻辑分析。同时，企业内部制度同法律一样，也是一种社会规范，两者不同之处在于前者不承载国家意志，不具备国家强制力。但同样作为社会规范，规范分析的方法也可以作为分析企业内部制度相关问题的富有成效的方法之一。

制度分析的方法。较之于法律分析或规范分析，制度分析是将研究工具置于更为宏观层面的一种研究方法，致力于探索制度文明在经济、社会中的影响力。经济学应用制度分析的方法探求制度对经济效率的作用，并取得重大理论突破和丰硕的理论成果，形成制度经济学派，其中一些经济学家甚至认为新制度经济学的理论和方法能够统一社会科学。② 在法学理论中，以制度事实和制度论为视角的研究形成了制度法学派。"制度——概念是与特定的规范体系相对存在的，而且决定在该体系中存在什么样的制度的可能性。"③ 因此制度分析方法对论述企业内部制度的价值、功能、设计、供给和正当性等问题均有重要的说服力。

立法的方法与技术。无论是国家法律的创制还是企业内部制度的制定，都属于制度的设计和形成问题。国家法律是最重要的正式规则和正式制度，在中外学界已经涌现了大量成熟的立法方法、策略和技术，这些方法、策略和技术可以直接应用于研究和解决企业内部制度建置的专业化、规范化和科学化水平，比如制度设计的超前、滞后和同步，制度设计的协调性、可行性、完备性，制度的起草和形成过程，制度的营造和撰写技术、制度的稳定和完善等等。④ 引进立法方

---

① 参见周旺生主编：《法理学》，北京大学出版社2007年版，第25页。
② 参见卢现祥主编：《新制度经济学》，北京大学出版社2007年版，"前言"。
③ ［英］麦考密克、［奥］魏因贝格尔：《制度法论》，周叶谦译，中国政法大学出版社2004年版，第15页。
④ 参见周旺生：《立法学教程》，北京大学出版社2006年版，相关部分。

法和技术，可期为企业内部制度建设革新提供最为直接的和系统化的指导。

案例研究的方法。案例研究始终是法学研究乃至社会科学研究的一种重要形式。企业内部制度和法治本身以及两者之间的复杂关联，皆是最为现实的理性实践。虽然目前学界对之研究无多，但并不意味着这是一个十分狭窄的研究主题。更为深入的研究表明，生活中存在许多鲜活的实例，它们背后隐藏着各种富有旨趣的理论命题，这些都值得学者们给予充分关注、分析和探讨。因此，案例研究方法是我们发现问题和求索理论内涵的钥匙，通过对某些基本事实的再现、描述和解释、分析，揭开制度创设和运作过程中的细节和难点，寻找作用于其中并影响有关主体决策和行为的规律，最终得出些许富有启发的结论。

此外，本书在有关分析阐述中还运用比较研究的方法，考察其他国家和地区的企业内部制度建置；运用历史分析的方法，考察企业内部制度的历史发展轨迹和企业与法治共同演进的历史进程；运用博弈论的方法，研究国家立法和企业建制之间各自的范围和限度等问题。

三、本书的研究对象、研究特点和学术新意

（一）研究对象

1. 企业内部制度

企业内部制度是企业制度的重要组成部分，是本书的重点研究对象。目前学界尚无对企业内部制度的明确界定，相关研究主要是在企业内部控制制度、公司治理制度、公司管理制度、公司规章制度等主题下展开的。这些概念同企业内部制度有相近之处，但也存在明显差异。厘清它们之间的关系，有助于明确企业内部制度的涵义和范围。

（1）企业制度

学界一般认为，企业制度是指企业的产权组织形式以及与之相适

11

应的经营方式和管理制度所构成的总和。企业制度的核心是产权组织形式，也就是产权制度，企业经营方式和管理制度以产权制度为基础，三者分别构成企业制度的不同层次。企业产权制度又包括三个要素，一是出资形态，即谁是出资人、以什么形态出资；二是产权权能组合方式，即权能合一式还是权能分离式；三是责任承担制度，即承担有限责任还是无限责任。[①] 企业制度是一个动态发展的范畴，随着商品经济的发展而不断演进和创新。目前，有代表性的企业制度主要有三种：个人业主制企业、合伙制企业和公司制企业。

企业制度是一个兼具经济和法律双重意义的具有较强包容性的上位概念。就规则或者制度的角度而言，企业制度包括决定企业性质的法律制度和企业内部实行的治理与管理制度。一方面，作为企业制度的核心部分产权制度，在现代社会主要由国家的民商事法律制度予以规定，它们构成了企业的外部制度环境。比如，我国《个人独资企业法》、《合伙企业法》和《公司法》等法律详尽地规定了各式企业在产权、设立、内部运作、解散和法律责任等方面的基本规则。同时，配套性法规、规章如企业登记制度、企业清算与破产制度等，进一步规范了企业的具体商业行为和权利义务关系。另一方面，企业经营运作中采用何种治理方式、实行怎样的管理机制，也需通过制度形态表现出来，它们构成企业的内部制度。比如在公司制企业中，公司所有者股东和公司实际运作者董事会、监事会和经理之间的相互制衡关系和行为规范属于公司治理问题，主要通过公司章程加以规定；其他诸如人力资源制度、财务管理制度、生产物流制度、市场营销制度等，也必须形成体系化的规则集群，以实现企业管理的规范化。

以现代企业制度为例，现代企业制度主要指的就是现代公司制度，是以法人制度为基础的、以有限责任为特征的、实行法人治理结构的、以公司制为主体的企业制度。现代企业制度包含诸多制度性要素，主要有三个方面：一是公司法人产权制度，表现为财产结构的制

[①] 参见牛国良：《企业制度与公司治理》，清华大学出版社2008年版，第55—56页。

度规范，是现代企业制度的基础；二是有关财产所有者与企业高层决策者的行为规范和制衡关系的法人治理制度，它受到《公司法》的规范，并主要通过公司章程予以体现，是现代企业制度的关键；三是现代企业管理制度，由公司内部的管理层级制定，由一系列的管理规章制度和其他工作责任制度构成，是现代企业制度的保障和工具。①第一个要素主要由法律制度规定，第二和第三个要素都是在相应法律制度的框架和指引下由企业内部制度加以规定。

(2) 企业内部控制制度

企业内部控制制度是企业为实现内部控制各项内容而制定的规范总和。阐明企业内部控制制度的关键在于了解内部控制的概念。内部控制的含义和内容始终处于发展和变化之中，而且不同国家对其认识也存在很多差异②，这是因为内部控制的实践在经济活动发展的不同时期，随着不同的经济活动内容和不同的经济管理要求而不断演进成熟并更新发展。早在古罗马时期，罗马人实行会计账簿的"双人记账制"，体现出内部牵制的原则，产生了内部控制的萌芽。随着市场经济的发展，资本集中和技术进步促进了现代工商业的巨大发展，企业规模日益扩大，经营日趋复杂，企业形式多样化。在泰罗等管理理论的导引下，企业管理者从内部牵制原则出发，尝试着对组织结构、业务程序、处理手续等采取一系列控制措施，对其所属部门的人员及工作进行组织、制约和调节。以职务分离、账户核对为主要内容的内部牵制，逐步演变成由组织结构、职务分离、业务程序、处理手续等因素构成的控制系统。目前，国际上较为流行的关于内部控制的概念是由 COSO 报告③提出的，它将内部控制制度从原来的平面结构发展

---

① 参见刘明慧主编：《现代企业制度概论》，中国财政经济出版社 2005 年版，第 2—7 页；牛国良：《企业制度与公司治理》，清华大学出版社 2008 年版，第 60—61 页。

② 参见朱荣恩等编著：《企业内部控制制度设计：理论与实践》，上海财经大学出版社 2005 年版，第 14—35 页，"内部控制研究综述"部分。

③ 美国国会所属内部控制专门研究委员会发起机构委员会（Committee of Sponsoring Organizations of the Tread-way Commission，简称 COSO 委员会）在 1992 年发布的《内部控制——整体框架》，也称 COSO 报告。

为立体框架模式，认为内部控制是一个过程，受企业董事会、管理当局和其他员工的影响，旨在保证财务报告的可靠性、经营的效果和效率以及现行法律、法规的遵循。① 可以看出，COSO 报告更多的是站在审计的立场上诠释内部控制。确实，内部控制首先发生于会计领域，至今其核心内容仍然是围绕着保障企业财务的实效性和财务报告的可靠性而展开的，并由企业内部审计和外部审计负责评估和监控。然而，有效的内部控制制度的目标之一是保证财务报告的可靠性，但保证财务报告的有效性并不是内部控制制度的全部内容。

近年来，许多国家包括我国的内部控制整体框架开始拓展到强调治理和管理方面的内部控制，而更少地局限于会计领域。这也是内部控制概念外延越来越广，涵盖的内容越来越多的具体体现。比如最高审计机关国际组织（International Organization of Supreme Audit Institutions）下属的内部控制标准委员会（Sub-Committee on Internal Control Standards）就认识到内部控制制度不仅限于财务管理，还可适用于所有的管理活动，包含着管理的态度、方法、程序以及其他足以确保达到配合企业战略目标、保护资源、遵守国家法律制度、提供可信赖的财务资料的一系列考量措施。理论界在借鉴 COSO 报告的先进经验和依据我国国情的基础上，已经将内部控制制度和公司治理制度联系起来，将内部控制相关规范的制定作为完善公司治理的重大举措。② 因此，对内部控制制度的内容和定位十分关键。从内部控制发展的世界趋势来看，它是按所属控制系统建立内部控制体系的一种控制方式；内部控制制度应贯穿于整个企业的各项规章制度、管理报告制度、岗位责任制度、内部审计制度和各个组织机构之中，并用条文的形式予以确立。③

---

① COSO 报告还认为内部控制整体框架主要由控制环境、风险评估、控制活动、信息与沟通、监督五项要素构成。

② 参见［美］鲁特：《超越 COSO：加强公司治理的内部控制》，付陶等译，清华大学出版社 2004 年版，第 36—39 页；朱容恩等编著：《企业内部控制制度设计》，上海财经大学出版社 2005 年版，第 34 页。

③ 参见虞文钧：《企业内部控制制度》，上海财经大学出版社 2001 年版，第 4 页。

企业内部控制制度是企业实现监督和纠偏机制的内部规范准则，基本涵盖了企业内部制度的大部分内容。两者的区别主要在于规范理念和制度重心的不同。企业内控制度是通过明确的制度手段来达成各个环节的控制目标，可以说"控制"是其核心精神和要旨所在。然而，现代企业的内部制度，其价值取向不应仅限于"控制"，"激励"也应当是企业制度的题中应有之义。"控制"是企业存续的保障，"激励"是企业发展的动力。如何将激励机制的原理和手段应用于企业的运营和管理，是当下管理学中的热点问题。比如，企业中那些追求以人为本、人尽其才、实现人的最大能力和价值的制度，就是企业在开发人力资源的相关制度中的重点问题。勒波夫（M. Leboeuf）博士在《怎样激励员工》一书中指出，世界上最伟大的原则是奖励；受到奖励的事会做得更好，在有利可图的情况下，每个人都会干得更漂亮。[1] 激励机制通过一套理性化的制度来反映激励主体和激励客体的相互作用，各种激励手段只有通过制度化的形式予以明确和固化下来，才能成为常态激励，才能使企业内部人员了解它，从而产生受激励的愿望和行动，才能使激励机制具有实效。同时，有的激励机制比较复杂或者关涉重大利益，比如期权激励，因此特别需要对其加以制度化表述，以明确相关的权利、义务和程序。所以，虽然企业内控制度与企业内部制度在范围上有很大的重合，但企业内部制度是一个比企业内控制度更为全面的概念。企业内控制度总是以"控制"为其主旋律和目标，无法超越"控制"理念的制约和局限；而企业内部制度这个概念则更具有包容性和开放性。

（3）公司治理制度

公司治理是近年来管理学、经济学和法学研究的一个共享主题。不同学科从不同角度对其概念进行界说，已经形成了许多有益的成果。首先，从不同学科的研究视角来看，经济学和管理学以如何提高企业绩效为研究重点，将公司治理的研究问题分为两类。一是经理

---

[1] Michael LeBoeuf: *How to Motivate People-reward: The GreaTest Management Principle in the World*, Nightingale Conant Corp 1988.

层、内部人的利益机制及其与企业的外部投资者的利益和社会责任问题，这里既包括经理层的激励控制问题，也包括企业的社会责任问题。二是经理层的管理能力问题，其研究重点是如何建构企业内部的领导体系，以确保企业重大决策的正确有效性。而法学对公司治理的研究重点则侧重于公司治理结构特别是利益制衡机制的构架和相关的制度设计，即股东（大会）、董事（会）与经理之间的责、权、利的分配与构成问题。其次，从内容来看，公司治理可以分为公司内部治理和公司外部治理。公司内部治理是依照公司法及其他相关法律、法规的要求而确定的法人治理结构安排。我国公司法规定公司治理结构由股东大会、董事会、监事会和经理组成。其中股东大会拥有最终控制权，董事会拥有实际控制权，经理拥有经营权，监事拥有监督权。这四种权力相互制衡，共同构成公司内部治理权。这种治理权力来源于以公司股东所有权为基础的委托——代理关系，并且是《公司法》所确认的一种正式治理制度安排，构成公司治理的基础。公司外部治理主要是作为一种非正式制度而存在，其治理权来源于诸如债权人、供应商、消费者、政府、社区等与公司有一定利益关系从而拥有参与或影响公司治理的外部因素。[①]

公司治理制度和企业内部制度的区别主要在于两个方面：第一，公司治理制度主要存在于公司这种企业形式之中；而企业内部制度涵盖了各种企业形式，公司只是其中最重要的一种。第二，也是更为重要的区别，如果仅限定于公司这种企业形式，那么，公司治理制度是公司内部制度中最重要的组织制度，解决的是公司内部的"宪政"问题。公司治理是规范公司相关各方的责、权、利的制度安排，是现代企业中最重要的组织制度框架，解决横向的权力和利益分配问题、纵向的委托代理和授权问题，建立制衡和激励机制，并主要通过公司章程和股东会、董事会、监事会议事规则等规范性文本组成。比如，在国电电力发展股份有限公司修编的公司制度汇编中，将公司的内部

[①] 参见李建伟：《公司制度、公司治理与公司管理》，人民法院出版社2005年版，第50—53页。

制度分为两大部分：法人治理制度和公司管理制度。法人治理制度包括了公司章程、股东大会议事规则、董事会议事规则、监事会议事规则、董事会战略委员会实施细则、董事会提名委员会实施细则、董事会薪酬与考核委员会实施细则、总经理工作细则、投资者关系管理制度、信息披露管理制度等十一件制度文本组成。① 所以，公司治理制度并不等同于公司内部制度，从数量上讲，它仅占公司内部制度中的一小部分。但是，公司内部制度也像国家法律制度一样有着效力位阶的区分，公司治理制度是所有公司内部制度中效力等级最高的规范性文本。

（4）企业管理制度

企业管理制度是调整和规范公司管理活动的正式规则，是企业管理活动的制度化安排。企业管理制度的范围非常广泛，对其认识存在两种不同的观点：

一是认为企业中各类性质的规则制度都属于企业管理制度的范畴，不区分治理制度和管理制度，它包括了企业经营理念和价值观念、企业目标和战略、企业管理组织和各业务职能部门的工作规则等各种制度化规定②，在形式上包括企业的章程、企业规章制度、各种管理操作流程和岗位规程等。

二是认为企业管理制度是与治理制度相对应的专门化的概念。企业内部制度包括治理制度和管理制度两类性质和目标不同的制度，两者相互联系，但并不重合。公司治理关注的是组织制度，而不是企业的运营，是为确保这种运营处于正确的轨道上而作出的组织设计③；公司管理关注的是经验和方法，是运营公司，管理制度是规范企业日常管理运作的规则。公司治理和公司管理的这种分化是由于企业规模

---

① 参见《国电电力规章制度汇编》，中国国电出版社 2007 年版。

② 参见刘明慧主编：《现代企业制度概论》，中国财政经济出版社 2005 年版，第 164—165 页。

③ Robert I. Tricker 教授最早提出了公司治理和公司管理的区别和联系，参见 R. I. Tricker, *Corporate Governance: Practices, Procedures, and Powers in British Companies and Their Boards of Directors*, Gower Pub. Co., 1984 年。

化以后的专业分工而造成的。在过去,管理四大职能中包括组织职能,但现在组织制度越来越重要,有什么样的组织制度,就有什么样的管理制度,因此公司的组织机构也即公司治理结构已成为企业管理的前提保证①,因此治理制度就成为管理制度的基础。

我们认同第二种观点。因为从厘清企业股东和内部人的关系、实现企业利益最大化、提高企业运作效率的角度看,加强企业组织结构的机制设计,区分企业治理和企业管理是十分必要的。两者在企业中的地位、目的、功能、表现结构和调整范围等诸多方面都不相同,因此治理问题和管理问题更宜作为两个范畴予以对待。公司治理较之于公司管理而言是更带有根本性和基础性的,位阶更高的制度安排,它为企业提供运行的基础和责任体系框架,重在解决企业战略规划、重大决策和组织制度框架。公司管理制度主要涉及企业的具体运营过程,其任务是负责企业战略管理、中层管理和作业管理。从制度设计的角度看,公司治理规定了整个企业运作的基本制度框架,公司管理是在这个限定的框架下规范企业的各项生产经营活动。从制度的内容来看,公司治理制度规定的是股东大会、董事会、监事会、经理层的相互制衡机制和结构形式,公司管理制度规定的是各管理层级和员工的工作行为准则。如上所述,国电电力制度汇编将公司的内部制度分为法人治理制度和公司管理制度两大部分,公司管理制度本身又包含了由高到低、由宏观到微观的三个级别。在这个意义上,国电电力制度汇编者将公司管理制度视为同公司治理制度相对应的一套制度体系,它们所要调整的对象和关系有显著差异。

那么,企业管理制度同企业内控制度是什么关系呢?我们不妨将它们和公司治理制度放在一起,从考察这三者关系的角度加以辨识。有学者认为,企业内控制度是治理制度和管理制度的一个联结点。公司治理基于股东与经营者之间的委托—代理机制来负责公司内部控制制度的基础构建工作,公司管理则是为实现股东等利益主体的利益最

---

① 参见邓荣霖:《论企业制度与企业管理》,《学术论坛》2007年第10期。

大化而承担公司内部控制制度的具体运行。① 近十年来，会计职业界、企业管理界和政府监管部门不再将内部控制制度单纯作为管理的措施和工具看待，而是从公司治理和公司管理的高度看待内部控制制度。因为，现代企业制度下的内部控制制度不再局限于传统的查弊和纠错，而是涉及企业的各个方面，这与企业组织形式的发展是相一致的。在个人独资与合伙企业中，不存在现代意义上的内部控制制度，只有为保护企业主资产安全而设置的内部牵制制度，因为在这些企业中，剩余索取权与剩余控制权②是合一的。现代企业即公司出现并不断扩大规模后，所有权和经营权的高度分离，使得内部控制制度发达起来。这种内控制度不仅包括保证企业资产的安全，还将促进企业贯彻经营方针以及提高经营效率纳入其中，这是公司治理结构对内控制度提出的要求。③

无论是企业管理制度、企业内控制度还是公司治理制度，都属于企业内部制度，它们所强调的重点和所传递的信息各有不同。我们认为，公司治理制度主要是基于组织和战略的角度来说明企业内部制度，公司管理制度主要是从方法的角度来说明企业制度，企业内控制度则主要从目的的角度来说明企业的制度。它们三者都不能涵盖企业内部制度的所有方面，企业内部制度是一个中性的以规范为核心的概念。

（5）企业规章制度

在我国，企业规章制度的概念尚无统一、明确的界定，它被人们在三种意义上使用：其一，指与企业有关的政府规章，是法的形式的

---

① 参见李建伟：《公司制度、公司治理与公司管理》，人民法院出版社2005年版，第82页。

② 现代产权理论在不完全合同的基础上，引入剩余控制权和剩余索取权的概念来揭示企业所有权的本质。该理论认为，企业所有权是在合同对决策权没有规定之处行使剩余控制权的权利，在合同履行之后取得剩余收益的权利，即企业所有权是剩余控制权和剩余索取权的统一。参见朱容恩等编著：《企业内部控制制度设计：理论与实践》，上海财经大学出版社2005年版，第279页。

③ 参见李建伟：《公司制度、公司治理与公司管理》，人民法院出版社2005年版，第85—86页。

一种；其二，指企业劳动规章制度；其三，指企业为自身制定的在企业内部生效的规范性文件的总和。在以上三种用法中，第一种用法语意含糊，让人分不清究竟是关于企业的政府规章，还是企业为自身制定的内部规章。该两者有着本质的差别，前者是由国家制定的具有法的效力的规则；后者是由企业制定的不具有法的效力的组织自治规则，它只在组织内部生效。因此人们不宜在这种意义上使用这一概念。第二种用法实不合理，企业规章不能等同于企业劳动规章，二者是种属关系，企业规章是上位概念，它包含了企业劳动规章和组织规章、生产规章、财务规章等企业各职能范畴的规章。第三种用法是合理的，也是我国企业管理界人士经常使用的概念，并且在此意义上它与本书论述主题相重合。但是，由于在我国法的形式体系中有规章这种特定形式，如果将企业自治规则也称之为规章的话，容易混淆两者的界限，引起人们对企业规章是否具有法的效力的疑惑，因此本书没有使用这一名称，而使用了企业内部制度的称谓。

（6）企业内部制度

企业内部制度是企业根据自身的实际情况和所处的行业特点，在国家法律、法规和规章的框架下，以规范化制度文本的形式确认和调整企业内部关系，并在企业内部适用的各种规范性制度文件的总和。

就性质而言，企业内部制度是一种自治规则和"软法"。它是企业为实现治理模式、管理方略和经营目标而制定的各种成文化的典章制度，解决企业运营的规则之治，也即企业内部运作的规范化和法治化问题。企业内部制度建置就是一种"企业立法"，是企业以成文化形式针对内部"人"和"事"的一种建规立制，以确立稳定而普遍的行为依循之准则。这些规范具有强制性，它意味着企业所属人员应当尊重这些规则，违反规则的行为将会导致惩罚性后果。西方持法律多元化观点的学者认为，如果说强制性规则的存在意味着一种"法律秩序"的存在的话，那么企业中就当然存在着这种秩序。因为企业要运营，就需要创制具有强制性的、所属人员必须遵循的内部规则，用以判定什么是"合法"的，什么是"违法"的。这样就形成了企业内部的"法律秩序"。每一个企业也就成为一片拥有真实"法律秩序"的领地。① 我们认为这种观点有价值的一面在于，它反映出企业内部制度作为一种"类法"，同实在法一样但却在不同的层面上，发挥着型构社会秩序和规则化治理的作用，它们都拥有自治的规则体系和效力范围，反映了社会多样化生活中不同规则体系的并存。但是毕竟法和非法之间应当有明确的界限，企业的自治规则不具有国家公共强制性，因此不是国家法，而是一种典型的软法。

就范围而言，企业内部制度包括了企业治理制度、企业管理制度、企业内控制度以及其他需要以规范化文本形式加以确定的制度规范。企业内部制度的内容可以分为三个要素：其一，企业需要将同企业有直接关系的法律、法规和规章具体化的制度，它们主要分布于劳动、会计、审计等领域中，与国家法的关系最为密切。其二，企业依法所形成的有关制度。它们不同于第一个要素之处在于，这部分制度是企业依照法的精神和基本原则，根据企业自身状况、行业状况、时空状况和市场状况等因素，自主地发挥制度创新作用、实现企业自治的制度，它们在企业内部制度中为数最多。其三，企业同自然规律发生关系的制度。企业在很大程度上是同自然发生关系的，而同社会关系无涉，如部分生产制度、研发制度等。这三个要素在一定程度上存在交叉。

就结构而言，企业内部制度有横向的体系结构和纵向的效力等级结构。横向的体系结构指的是企业内部制度按照不同种类和职能模块所形成的规则群落构成的有机整体。在大陆法系国家，不同的部门法构成法的体系。企业内部制度作为一个完整的自治规则体系，也有类似的构成方式。最宏观的可以分为法人治理制度和企业管理制度，前者相当于企业的宪法部门，起到组织和统领的作用；后者是具体的管理规则，又可分为人力资源管理制度、财务管理制度、生产管理制度、市场和营销管理制度、技术和研发管理制度、行政和总务管理制度、法务管理制度和监督管理制度等诸方面，每一个方面应当至少有

---

① See Jean-Philippe Robé: Multinational Enterprises: The Constitution of a Pluralistic Legal Order, *Global Law Without A State*, Athenaeum Press, 1997, pp. 52 – 53.

五至十个规则文本。纵向的效力等级结构指的是企业内部制度由不同效力级别的规则而构成的有机整体。企业内部制度如同法一样也讲究规范的效力层级。在我国,中等规模以上的企业,其内部制度至少分为三个效力位阶:第一级为公司章程,第二级为法人治理制度和基本管理制度,第三级为具体管理制度。上市公司、集团公司或者其他大型企业内部制度则需要更多效力层次的规则,才能完整有序地对企业内部人员和事务做出全面规范。

2. 法治

法治是本书的另一个研究对象,当然由于法治的博大精深,本书仅限于讨论其与企业内部制度产生关联的一些问题。

现代法治的精神在于建立宪政和民主基础上的法律之治,其精髓在于对公权力的调控和对私权利的保护,突出体现在宪政框架下法律对财产权的保护和对契约自由的尊重这两项法治基本特征上,以及由此形成的国家和市民社会的二元界分。现代企业的内部制度之所以具有稳定的内部约束效力,正是依赖于国家法治和法律秩序的有效性,即源自于法律对财产权和契约自由的保护,对市民社会的认可。一方面,法律保护雇主对其公司的所有权,雇主有权对公司内部事务做出决策和处理,包括制定具有强制力的行为规则;另一方面,法律也保护雇员签订劳动合同的自由,劳动合同的约定意味着雇员同意加入该企业并遵守企业的内部制度。

法治的运作过程不外乎立法和用法两个环节,即法制和法的实施。一者,法制是企业内部制度需要衔接的主要对象。为什么企业及其内部制度建置需要法的规范,两者的边界划分在哪里,哪些法律、法规和规章对企业内部制度作出指引,法的指引采用何种方式、有哪些内容、产生怎样的法律后果,法的演进和发展包含着哪些企业内部制度的贡献等,这些都是需要研究回答的问题。二者,法的有效实施同样离不开企业内部制度的配合。法的实施主体包括自然人和组织两个方面。企业既是法的实施主体,企业内部制度对法的细化、延展和补白就是法的实施过程;同时,企业内部制度又是某些法作用于个人的实施媒介,因为法对劳动者权利的保护有赖于企业制定相关规则予以实现。

3. 企业内部制度与法治的关系

企业内部制度与国家法治的关系是本书研究的核心问题。这种关系归根结底是市场与法治之间、市民社会和国家之间关系的一种具体表现和实践运用。企业内部制度与法治形成各自独立而又上下联动的纵向一体化关系，这表明两者既相互关联，又有着清晰的界限。两者的联系表现在效力渊源、内容对接、效果互动和方法借鉴等诸方面，两者的界限则是由它们不同的性质所决定的，而如何合理地划分两者的边界则是市场经济条件下法治需要处理好的问题。企业是社会生机勃勃的多元化系统中的一个子系统，也是市民社会中一个重要的自治域。相应地，每个企业的内部制度都是一个完整的自治规则体系，自主地存在于国家法律体系之下。然而企业内部制度的自治性和自主性并不意味着它可以有悖于本国法或者游离于本国法之外而存在。事实上，在现代法治国家，企业内部制度已经成为嵌入国家法治系统之中的一个子系统，在完善和推进法治国家建设中扮演着重要角色。

企业内部制度建置所需注意的是：一方面如何与国家法治相衔接和互动，做到各项规章制度的制定要么具有合法依据，要么不与现行法相抵触；另一方面是如何通过借鉴立法的方法和技术来优化企业的制度设计，创制良规良则，提升企业内部制度的实施效果，彰显企业制度文明的力量，从而推动企业的发展乃至市场经济和法治国家的发展。

（二）研究特点

1. 和微观经济学，尤其是制度经济学中企业理论的不同之处

微观经济学是研究社会中单个经济单位的经济行为，如单个生产者、单个消费者、单个市场的经济活动，分析单个经济单位如何将有限的资源分配在商品的生产或消费上，以获取最大利益。微观经济学的核心理论是价格理论。企业的经济行为是微观经济学的研究对象之一，意在归纳出一定的经济模型，考察个体取得最大收获的条件。

制度经济学派对企业理论的研究有重大突破。科斯研究企业的性

质、企业为什么存在、企业如何获得经济性。经济性将通过企业有效的、深思熟虑的管理来获得。他认为企业之所以存在，是因为市场存在交易费用，市场交易的费用越高，企业内部组织资源的比较优势就越大；公司是对各种市场因素进行协调的一种选择方案，而且在某些特定的限制条件下能够比市场更有效率。他指出一种"动态均衡"的"各种动态因素"。

但是，科斯并未试图去解释为什么一些公司在进行组织和协调方面要比其他公司更胜一筹。[①] 而这个问题就不仅仅是经济问题，更是企业本身的问题，即企业内部的管理、运作何以导致企业的绩效的不同，管理者应当如何安排企业的各种生产要素，为什么一些企业比其他企业更具有竞争力，能获取更大的利润。这些问题将最终影响科斯的所谓的动态均衡。也就是说，科斯是把企业作为一个集合体和经济研究的分析工具，研究企业形态在经济规律中扮演的角色、所起的作用，以得出经济制度的规律因素和一定的经济理论。但他并未研究作为具体的、个体的企业如何通过自身的制度建设来提高竞争力和赢利能力。简言之，科斯思考了企业为什么会存在，但没有回答企业为什么会不一样。而这正是本书试图给出的答案之一。

2. 和管理学的不同之处

管理学认为管理是通过对组织资源的有效整合来实现组织既定目标的活动。[②] 事实上，经济学和管理学并非大同小异，它们在理论假设、研究内容和研究目标上有着明显不同：经济学以简化一致的经济人为假设，研究资源配置问题，它以整个社会财富的增加为目标考虑规则的合理性，从大多数人的一般行为出发进行分析；管理学超越了经济人假设，人除了经济性以外，还有社会性和心理需求，且更注重

[①] 参见［美］丹尼尔·A. 雷恩：《管理思想史》，孙健敏等译，中国人民大学出版社2009年版，第470页。

[②] 参见［美］理查德·L. 达夫特：《管理学》，韩经纶、韦福祥等译，机械工业出版社2003年版，第6页；张创新主编：《现代管理学概论》（修订版），清华大学出版社2005年版，第3页。

人的差序化和个体化，它研究如何提高组织效率，人的激励机制是核心，必须兼顾多数人的一般行为和少数人的特殊行为，因为少数的特殊行为以对提高组织效率非常重要。简言之，经济学研究生产什么，管理学研究如何生产；经济学注重提出和分析问题，管理学注重解决问题。当然两者在实际应用中也并非泾渭分明，而是经常相互交织和会通。

现在，"管理"已被人们公认为是企业在资金、人力和技术之外的第四种生产要素。在西方，18、19世纪探索和研究管理问题的人主要是一些工程师，他们发现除了技术可以提高企业效率以外，管理也可以，并且管理的好坏越来越成为影响大型企业绩效的关键要素。于是"管理"就被认为是企业的第四个生产要素。管理思想和理论蓬勃发展的时代自此拉开序幕，从系统管理到科学管理、再到一般管理理论，人们试图将这一实践问题理论化，使之成为可以传授的知识体系，使更多人成为有能力的管理者。[1]

管理理论和企业内部制度是神和形、内容和形式的关系。管理理论应用于实践，要靠两个要素：一个是人的要素，另一个就是制度的要素。未来企业管理的目标模式是以制度化管理模式为基础的。对于现代企业而言，管理理论要发挥现实作用，制度化是其要途要径。先进的管理理念、方法和内容，只有通过制度化过程，转化为有形的、可以捧读的规范，才能使之在企业的具体运营中发挥实在的、长效的作用，即所谓的"制度前进一小步，管理前进一大步"。当然，这不意味着所有管理理念、方法和内容都需要、都可以转化为制度；只有一部分管理内容需要制度性转换，它们是更为基本的、更为技术化的、更为常规性的管理内容。企业内部制度建置的任务之一就是要研究哪些管理理念、方法和内容需要进行制度化转换，如何进行制度化

---

[1] See Jack N. Behrman and Richard I. Levin, "Are Business Schools Doing Their Job?", *Harvard Business Review* 62, Jan. -Feb 1984, p.141; Ben M. Oviatt and Warren D. Miller, "Irrelevance, Intransigence, and Business Professors", *Academy of Management Executive* 3, 1989, pp.304–312.

转换，如何提高制度化的质量等。而且，企业内部制度建置研究不仅限于管理制度建置，还包括其他制度建置，比如企业治理制度，就是不同于管理制度的另一方面的内容。另外，研究企业内部制度也是联结管理理论和实践的一个重要纽带。在人们寻求将管理这一实践问题理论化的推进过程中，产生了理论化的过度发展和畸形发展，现代管理学面临着与管理实践脱节和疏离的困窘。制度是直接运用于实践的，包含着管理理念的制度可以使这些理念作用于企业的实际生活，通过制度的创设和实施来贯彻、检验和改进一定的管理理念。

3. 和企业法学的不同之处

企业法学是研究企业法的理论的学科。企业法主要是涉及企业的设立、组织形式、管理和运行等方面的所有法律、法规和规章。本书的研究同企业法学的区别之处主要有两个方面：其一，研究的对象不同。企业法学研究的是有关企业问题的国家法；而本书研究的是企业的内部制度，属于国家法范围之外的社会规范。其二，研究内容虽有交叉，但更多的是不重复的。企业法是企业制定内部制度时需要遵循的最重要的法，比如一个公司的公司章程必须符合公司法的有关规定才能具有效力，因此研究企业内部制度建设必须了解企业法的相关规定，吃透企业法的有关精神和理论。但是，企业内部制度建设绝不仅仅是同企业法相对接，根据企业不同组织结构和部门划分，相应的内部制度应当同相应的法律、法规和规章相对接，所涉及的主要的法律部门有民商法、经济法、行政法、社会法等，因此几乎是同整个国家的法制相联系的。

4. 本书的研究视角

企业内部制度建置是一个很大的研究领域，本书是从法治和企业内部制度相衔接这个特定角度切入的。之所以选定这个角度是因为，企业在现代社会生活中担当着极为重要的角色，企业内部制度也成为现代社会规范体系中愈益重要的一脉，它不仅关乎千千万万企业和员工的切身利益，关乎市场和整个社会经济生活的健康状况，而且作为一国法律制度的延伸，它也广泛和深切地影响着一国法治的状况。现代法治国家的建成和完善，越来越离不开企业这一主体，企业在法治环境中扮演的重要角色之一，就是通过内部制度建置来践行法治、延展法治和推进法治。

一方面，现代企业制度建设的法治化要求日益突出。对于现代企业而言，内部制度建置不仅仅是企业自己的事情，也关系到企业和政府的关系，不仅要考虑企业自身的问题，还要考虑公共性、社会性的问题。从世界范围来看，如果说在20世纪二三十年代之前的自由资本主义时期，企业内部制度建置主要是企业自身的问题的话，那么以大萧条为分水岭，尤其是第二次世界大战后，随着社会化倾向的日益突出，政府对企业的干预呈现出逐步加强的总体趋势。2008年世界金融危机后，这一趋势将愈加明显。在西方法治发达国家，政府对企业进行干预的主要手段之一是通过法律机制，即通过立法和司法对企业行为作出一定的控制和政策引导。因此，企业内部制度建置就不仅仅是企业内部的制度安排，还要考虑企业的外部制度环境，也即必须与国家的法律和法治相对接，做到制度建置的合法合规，以确保企业权益获得保障，降低企业的法律风险。而这种衔接关系不是零散的、偶然的，而是遍布于企业内部制度的各个层级、各个职能模块之中。

另一方面，法治的建成和完善离不开企业制度建设的实践。当我们强调中国语境下各种形式的送法下乡，强调村民自治规则的实践时，我们是否忽略了市场经济环境下非常重要的一种"自治规则"——企业的内部制度。企业是所有工业国家的重要主体和支柱，国家法治不仅要播散于个人和乡间，也要传送到企业这个重要的社会经济组织中去。企业既是法治调整和保护的对象，在许多情形下也是法治作用于个人的媒介，企业通过内部制度建设来实现法治的精神，因此它也是法治国家建设的一个重要组成部分。比如，中型以上企业的内部制度，规模庞大，内容复杂，体系严谨，与国家的民商法、经济法、社会法、行政法等多个法律部门存在大量互动关系，既要对它们进行具体化、延伸和补白，也可以在条件成熟时，上升为国家法。又比如，国外学者注意到，跨国公司的内部制度已经成为没有国家的全球法的表现。还比如，法社会学强调的国家法和民间法的二元结构，但是未注意到企业内部制度这种民间规范同国家法之间，主要不是二元结构,而是呈现出纵向一体化的关系。如果说有哪一种民间自治规则在创制上同国家法的联系最为密切和广泛,在形式上同国家法最为类似的话,那么企业内部制度自当是其中之一。

(三) 学术新意

1. 在理论层面,企业内部制度是工业社会和城市生活中一种新型的民间社会规范,是埃里希所提倡的"活法"研究在现代商业社会中的新展现和新课题。本书尝试构建企业内部制度与法治衔接关系的理论,这是迄今我国学界尚未关注和研究的一个问题,在西方学界也甚少有直接相关的理论成果,因此本书的研究对拓展法学理论的研究视阈是有助益的。

在我国学界,从法学的角度检视社会组织自治规则的相关研究虽然比较少,但也并非是理论空白,比如有对高校自治规则的研究,对村民组织自治规则的研究等,但是对企业内部制度的法治化研究几乎没有系统的学术成果。本书试图论证,在现代市场经济条件下,法治和企业内部制度存在着各自独立而又上下联动的纵向一体化关系,其中主导性的关系是企业内部制度向国家法的对接;同时,企业内部制度也可以成为国家法的资料性渊源从而推动法的演进和发展。具体而言,这种关系表现在:

其一,企业内部制度具有从属性和自主性。从属性是重要的,我国许多法律、法规和规章明确提出了企业建立健全相关制度规范的要求;自主性是广泛的,在守法的前提下,企业可以充分自主地决定内部关系的调整和人员权利义务的分配。

其二,不同领域的企业内部制度,同国家法治相衔接的紧密程度不同,大致可以分为下列三种模式:

(1) 紧密型:在法人治理和人力资源领域,衔接关系是第一位的,因为前者涉及企业的基本组织形式和企业权力的分配与制衡,从而影响到市场主体的地位、性质和交易安全甚至公共利益;后者涉及公民的基本权利,如人身权、劳动权、社会保障权等,因而企业内部制度安排面临从紧的外部制度环境的约束。

（2）适中型：在财务领域、生产领域和监督领域，由于涉及经济安全和民生安全问题，法治对企业内部制度的指引主要存在于设定业务标准的层面上，比如会计标准、质量标准、内控标准等，对于如何具体实施和运作，由企业根据自身的具体情况和实际需要自主地进行制度安排。

（3）松散性：在市场营销、技术研发、行政总务等其他领域，鉴于它们主要属于企业自主经营、自主创新的范围，只要企业遵守维护市场竞争秩序和社会公共秩序的相关法，就可以极大地享有自主进行制度安排的权利，外部制度环境较为宽松，企业内部制度的自主性是其主导面。

2. 在理论层面，本书提出的企业内部制度和国家法所形成的各自独立而又上下联动的纵向一体化关系，突破了传统法社会学理论中的民间社会规范与国家法的二元结构论。传统法社会学认为国家法和民间社会规范存在着隐性的矛盾关系或至少是相互游离的关系，它们共存于民间社会之中，司法必须在两者之间作出协调和取舍。本书提出作为现代工业社会最重要的民间社会规范，企业内部制度与国家法的关系不是二元结构，它已深嵌于国家法治的框架之中，成为法治的支流和细脉。它同传统民间社会规范相比，至少在以下几点中具有独特性：（1）存在于现代城市生活而不是传统乡村社会；（2）是适用于陌生人社会的规则而不是熟人社会的规则；（3）通过制度设计形成，而不是自然生长而成；（4）追求规范化、系统化的成文规则，而不是主要以不成文形式存在；（5）同国家法形成全方位的衔接关系，而不是紧张关系。其中第（5）点是本书论述的重心所在。

3. 在应用层面，本书将制度建设、特别是立法的理论、策略、方法和技术，运用于企业内部制度建设，以提高制度的质量和科学含量，优化制度设计水准。在实务界，对于企业内部制度建设的研究主要还局限于企业管理领域，这当然对提升制度的管理理念是极为重要的。但是人们较少从规范性文本制作的专业化角度看待企业内部制度建设，这导致缺少好的形式来传递好的治理和管理手段，从而极大地影响了制度的外在表现和施行效果，降低了制度的使用效率。

本书从制度体系建设的角度，以专业化的立法方法和技术为指导，提出优化企业内部制度建设的流程、方法和技术，提高制度的科学化水平。

第一章 制度文明与企业的生存和可持续发展

一、作为独立形态的制度文明

（一）制度文明伴随人类社会而产生和发展

在人类文明史上，除了物质文明和精神文明以外，还存在着另一种独立的文明形态——制度文明。制度文明伴随着人类社会而萌生和发展，人们无往而不生活在制度环境之中。人类之所以需要制度，是因为人类是一个群体化组织，人注定要进行社会交往，过社会生活，在这个过程中就需要依赖既定而普遍的规则保证一定秩序的生成，促进人类生活的循序发展。单个孤立的个体生活并不具有对调整普遍行为的规则的需求，因此规则是生成于充满着合作、竞争和冲突的互动社会关系之中的。制度就是适应于一般社会生活的这些规则的总和，制度文明始终伴随着人类社会而存在。可以认为，人类文明史的开始同时也是人类制度史的开始，人类制度化水平成为社会文明的标志。[1]

---

[1] 参见徐显明、齐延平：《制度文明是一独立的文明形态》，刘海年等主编：《依法治国与精神文明建设》，社会科学文献出版社2008年版，第300—302页。

在制度文明的初期,制度生成以自发型为主,其形式主要表现为无形的或者不成文的零散规则。制度的自发生成是指这些制度是在人类的交互关系中逐渐自然生长起来的,而不是由特定主体有意识地以一定的思想和方法技术为指导而自觉生产出来的制度产品。但制度的自发生成并不是要否认制度的意志性和目的性,制度总是反映特定人群的特定意志并要达成一定的目标。人类社会的早期制度具有鲜明的工具性,它们立基于互惠关系,虽然非常粗糙,但十分有用,促使着个人生活、经济合作和公共活动的顺利进行,因而能够受到人们的一般遵从。比如远在渔猎蒙昧时代,人们已在互惠互赖的社会结构和公平交换原则的基础上,自然衍生了一系列社会关系模式和行为规范,以适应生活、生产和交换的需要,如渔猎规则、分工规则、分配规则、宗教规则、婚姻制度、惩戒制度、首领制度等,它们包含了明确的权利和义务关系,而且这些权利和义务常常具有双向性。法人类学者实证考察了居住在特罗布里安德群岛的美拉尼西亚人的生活后,发现岛内盛行沿海渔民和内地村寨人之间的渔产品和农产品的交换。在两个社区间的交换行为既非杂乱无章,也不是在两个个人之间进行的无规则交易。相反,每个人都有永久的贸易伙伴,他们通常都是姻亲、盟友,或者是被称作"库拉"(kula)的重要礼仪性交换制度中的搭档,交易只在彼此间进行。[①]人类早期的制度呈现出松散零乱的非体系化状况,并通常内含于风俗、习惯、先例、宗教和礼仪之中,它们充满着浓厚的仪式性和非理性化色彩,但其对成员们的约束力比之现代社会的制度规范却毫不逊色。

随着制度文明的渐趋发展和成熟,制度的产生越来越具有自觉性,以成文化和体系化表现出来的制度形式展现了制度的高级形态。制度的作用越来越多元化,它可以减少环境的复杂性,增强环境的可预见性,从而使个人更容易与一个复杂多变的外界打交道,也使个人更易于避免"超负荷识别"。制度不仅可以带来稳定安宁,还可以有效地促进经济社会的发展。然而,人们认识到自生自发的制度虽然非

[①] 参见[英]马林诺夫斯基:《原始社会的犯罪与习俗》,原江译,法律出版社2007年版,第8—31页。

常有效，但也存在着缺陷，比如难以改变而不利于应对新情况，比较零散而不易于把握等。于是，人们开始将零散的规则整合起来，并且有意识、有计划地设计和创制出新的制度。现代社会，制度发达的地方还出现了制度创制的专业化和职业化，制度产品也越来越规范化和系统化。制度本身具有了独立的价值和自身独立的发展轨迹。比如，制度形态的典型代表法律，经历了同道德和宗教由混合到分离的发展过程，经历了由不成文法到成文法、特别是法典的过程，已经形成了自身的发展脉络和轨迹，具备了自身独立存在的方式和意义。法的发展历程代表了制度文明的发展动态。制度由作为人类行为和事件的产物，到成为产生一定行为和事件的动因，制度足以"形成了一个独立的分析视角，构成了一个特殊的解释框架"①，出现了以制度为分析研究对象的专门学问，比如制度经济学就是对经济进行的制度分析，还有制度法学、机制设计等的学问。

经典的制度文本除了满足人类生产和生活需求以外，它本身也具有文化传承的价值。它们是人类社会发展的摹写者，是人类文化的组成部分，代表并记录着人类文明的发展水平，成为人类文明史的真实写照。比如古印度法的集成《摩奴法典》就是一部综合性的历史文献宝库，包括了法律、哲学、宗教、伦理、经济和政治的现实和观念，反映了印度社会由奴隶制向封建制过渡的历史。② 罗马法则是人类社会简单商品经济模式的缩影，更令人赞叹的是它对后世法律的那种穿越时空而历久弥坚的影响力，它为民法法系和普通法系的形成提供了理论原则和科学概念，它使得民法法系的继受成为一个"基因解码"工程。③ 还有法国民法典，它不仅划分了新旧两个时代的界

---

① 徐显明、齐延平：《制度文明是一独立的文明形态》，刘海年等主编：《依法治国与精神文明建设》，社会科学文献出版社2008年版，第303页。
② 参见由嵘主编：《外国法律史》，北京大学出版社2003年版，第47页。
③ 民法的继受是一种普遍存在的、源远流长的现象。有人把它比作为一个基因解码的工程，因为当今大多数国家的民法典都可以上溯至法国和德国，并进而再上溯至罗马法，很多条文，最终都可以在罗马法中找到它最原始的法的精神。参见苏永钦："民法的积累、选择与创新"，《比较法研究》2006年第2期。

限，在西方世界树立了教俗分离、平等自由等一系列政治法律原则，而且它也值得被人们当做一部优雅洗练的文学作品来细细品味。而德国民法典则代表了制度文明的另一种美学风格，它处处显示了德国人研精究微、缜密深邃的抽象思维力量和制度编纂的技术巅峰。

制度文明是一个综合性制度体系，包括各种形态、各个领域、各类效力的制度。"在制度文明系统中，法律制度文明占据首要地位，担负着制度文明服务于人类社会的基本责任。"[1] 制度文明的范围非常广泛，除法律之外，宗教教规、社团章程、行会规则、企业内部制度等也都是制度文明的重要成员，它们共同彰显着制度文明的价值。比如阅读19世纪中叶英美铁路公司或者电报公司的内部制度，人们顿时就可以感受到先人是如何聪慧而缜密地通过制度来规范和控制新发明新技术所带来的传统经营不曾面临的风险，又是如何不遗余力地享用和扩展工业革命带来的前所未有的巨大效益。再读20世纪和21世纪企业的内部制度，人们一方面可以看到人类经济生活的几何式发展和目前的复杂程度，另一方面也可以领略企业人是如何踏着前人的经验，形成了现代的规模宏大、结构复杂的企业制度文明。

（二）制度文明独立于物质文明和精神文明而存在

制度文明是不同于物质文明和精神文明的一个独立的文明形态，原因在于：

第一，制度文明不属于物质文明，尽管制度文明主要以有形的形式出现。虽然制度文明和物质文明都是客观存在，但两者实属不同范畴的事物。物质世界先在于人类而存在着，制度文明则是自人类进入社会状态后而产生和发展的，因为制度总是和一定的社会关系相连共存。物质文明是人类利用和改造自然世界的成果，而制度文明是人类协调和促进人与自然的关系、人与人的社会关系的成果。物质文明的主要表现是社会生产力的高度发展和人们生活水平的极大提高，制度

---

[1] 周旺生：《法典在制度文明中的位置》，《法学论坛》2002年第4期。

文明则体现于为人类的生存和发展提供良规良则和有序环境。如果说物质文明是一个"人化自然"的过程的话，那么制度文明则是一个"物化意志"的过程。也就是说，物质文明总离不开物质存在为其核心，而制度文明则是纯粹的人造产品，是人们有意识有目的地创制出来的。

第二，制度文明也不等同于精神文明，尽管制度是人类精神思想的结晶。人的精神活动产生多种多样的精神产品，比如科技、文学、艺术、道德、宗教等，它们都属于人类精神文明的硕果；但并非凡经人的精神活动产生的精神产品都属精神文明的范畴，因为即便是物质生产及其物质产品，也离不开人的精神活动而打上了人的意志烙印。同样，制度的创制虽然饱含着人类的意志和理想，是人类思想的直接产物，但它们一经产生就已成为人类意志追求的一种独立的物化形式而不再从属于精神文明。如果有人认为"制度是思想的外壳"，国家政治法律制度是"上层建筑"，因而是一种思想现象，属于社会意识范畴，就此把制度文明划归精神文明的领域，那是一种重大误解。"上层建筑"是相对于"经济基础"而言，"社会意识"是相对于"社会存在"而言，它们有各自特定的含义，不能将"上层建筑"等同于"社会意识"，两者实属不同问题和范畴。比如作为上层建筑的法律制度就是一种看得见摸得着的有形规范，虽然它们的创制离不开人的思维和意志，但它们一旦产生和形成，就成了一种实实在在的"社会存在"，而不以人们对它们的主观看法和评价为转移。实际上"社会存在"不单包括社会生活的物质方面，家庭、民族、经济制度、政治制度、法律制度、乡规民约、社团章程等也未尝不是"社会存在"。不能因为法律制度和其他制度是人们有意识创制的，就否认它们是具有客观性的社会现象。[①]

制度文明是联结物质文明和精神文明的桥梁，它既受到物质文明和精神文明发展水平的制约，又反映着物质文明和精神文明的成果，

[①] 参见李步云：《依法治国与精神文明建设的关系》，刘海年等主编：《依法治国与精神文明建设》，社会科学文献出版社2008年版，第18—19页。

促进它们的双重发展。日本学者福泽谕吉在谈到何谓文明社会时说，在这里社会上的一切事物纳于一定规范之内，在这个规范内人们却能够充分发挥自己的才能，自己掌握自己的命运，朝气蓬勃，敦品励学，工商业日益发达，开辟幸福的源泉，人们不苟安于目前的小康，还有余力为将来打算。[①] 福泽把物质和精神都已达致一定水平且仍然具有成长机能的有序社会看做是相对于野蛮和半开化社会的文明社会。此处他表达了两层意思：其一，文明社会是纳于一定规范之内的，财富的丰盈和智德的发挥都要在规则的限度内展开，也即隐喻了制度文明是不同于物质文明和精神文明的一种独立存在的文明形态；其二，制度文明为人类财富和智德的发展提供条件、创造环境，物质和精神难以在制度规范匮乏的环境下仍然保持良性发展的生命力。事实上，制度文明的产生和演化是对物质文明和精神文明发展需求的回应，比如没有剩余产品的出现，就没有对物的占有观念的产生，也就没有财产所有权制度的确立。制度文明的发达程度也总得与物质文明和精神文明的发达程度大体一致。比如没有工业革命带来的资本主义经济，就没有资产阶级对财产、平等和自由保护的人权启蒙思想，也就难以产生近现代的宪政制度。可见，制度文明是物质文明和精神文明协调发展的纽带。

二、制度：企业的第五种生产要素

法律制度是人类制度文明的典范。亚里士多德早在两千多年前就提出了国家要"以法律为治"，"建立制度就是法律"，他指出法治比人治更具有优越性，原因在于其一，人治是用一个人的智慧统治，而法治是用多数人的智慧进行统治，能做出更好的裁断；其二，人容易腐败，而法治不易产生腐败；其三，人有偏私，容易感情用事，难免于兽性和爱憎，而法律没有偏私，是理性的体现；其四，一个人的精

---

① 参见［日］福泽谕吉：《文明论概略》，北京编译社译，商务印书馆1959年版，第10页。

力有限。① 当今世界发达国家莫不厉行法治，就某种意义而言，法治的发达程度反映了国家的文明程度。

企业制度是人类制度文明的新锐。制度对于企业的价值已经上升成为企业的第五种生产要素。② 在 18 世纪以前，人力和资本是企业的两种最主要的资源形式。工业革命以后，技术越来越成为企业的第三种资源形式。自 19 世纪大企业日益成为西方世界一个普遍事物之时，企业家或者管理的作用愈加凸显，学者们提出将管理视为生产的一个要素，它能提供一种竞争优势，促使公司绩效发生改变。③ 20 世纪，企业规模的扩张引发了对制度的需求。制度可以当做生产性的资产，称为"制度资本"。"制度化管理模式"被认为是现代企业的基本管理模式之一。晚近的新制度经济学的研究更表明，制度也是企业的生产要素之一。

制度是企业的第五种生产要素。由制度确认资本地位，调节人力资源运作，激励技术创新，固化管理流程，只有人力、资本、技术、管理和制度的结合，才能使现代企业实现可持续发展。新制度经济学认为，制度是约束人们行为的一种规范，同时制度又是一种稀缺要素。以往人们认为，资金、劳动力、技术之类的要素短缺会制约经济的发展，新制度经济学的分析表明，制度短缺或制度供给的滞后同样会制约经济发展。在经济活动中，资金设备短缺可由劳动力替代，劳动力短缺可用机器设备替代，只要市场充分发展或健全，这些问题并不难解决。但是，制度具有"资产专用性"，制度短缺不能由其他要素来替代。一种体制比另一种体制效率高的原因就在于制度的不同。同样的生产要素在不同国家，效益的差异实质

---

① 参见［古希腊］亚里士多德：《政治学》，吴寿彭译，商务印书馆1965年版，第165—175页。

② 所谓生产要素，是指进行社会生产经营活动时所需要的各种社会资源，它包括劳动力、资本、技术、管理等内容，而且这些内容随着时代的发展也在不断发展变化。参见 http：//baike．baidu．com/view/262850．htm。

③ 参见［美］丹尼尔·A. 雷恩：《管理思想史》，孙健敏等译，中国人民大学出版社2009年版，第48—50页。

上也就是制度的差异。① 正如拉塞尔·罗布（Russell Robb）在哈佛大学新成立的商学院上所作的演讲中提到的，企业管理者必须意识到"组织的一个重要因素是'制度'，即整体机制"②。制度和制度文明是企业生存和可持续发展的必要条件，只有注重企业的制度建设，企业才有可能具备应对各种挑战的能力，才有可能长远发展。

企业对制度建设的倚重经历了一个过程。企业制度文明的雏形可能起源于对货币出入的控制制度，这在文明古国留下的文物和古籍中常有记载。在古埃及，人们就知道在货币存入银库之时、谷物运进谷仓之前，要由专门人员做好纪录。古罗马人采用"双人记账制"，以审查控制财产收支。在中国周代，根据宋代朱熹的《周礼理其财之所出》一文记载，当时规定任何一笔财务的出入，都要经过数人的耳目，所谓"一毫财赋之出入，数人之耳目通焉"③。这些都只是非常原始的对经济财务实行控制的制度实践。中世纪的手工作坊流行着一些商业习惯，它们来自于商业经验的积累，靠的是口口相传、师徒传授和业内流传。系统化的企业制度建设产生于近代工业革命以后，随着企业经营规模的扩大，产权与管理权的分离，管理的复杂化和层级化，企业产生了对制度的迫切需求。

（一）泰勒：企业内部制度建设的首倡者

企业内部制度建设和科学管理、系统管理的思想是相并而生的，与科学管理之父弗雷德里克·温斯洛·泰勒（Frederick Winslow Taylor，1856—1915年）的名字连在一起。在19世纪最初几十年中，以铁路公司和通信公司为代表的大型企业遇到了跨地域管理的难题，

---

① 参见卢现祥、朱巧玲主编：《新制度经济学》，北京大学出版社2007年版，第9页。
② Russell Robb, Lectures on Organization, privately printed, p.173，参见［美］丹尼尔·A. 雷恩：《管理思想史》，孙健敏等译，中国人民大学出版社2009年版，第285页。
③ 朱荣恩、徐建新编著：《现代企业内部控制制度》，中国审计出版社1996年版，第2—3页。

规模扩张又带来了经营混乱和低效的困境,他们不得不设计出一系列管理制度,来克服这些难题。新创设的管理制度收到了良好的效果,大大提升了企业生存和可持续发展的能力。泰勒以这些制度实践为基础,提出了企业要避免资源浪费,提升经营效率,必须寻求管理的系统化和制度化的理论,由此开创了科学管理的时代,并使得企业内部制度的理论、实践和意义得到了更为深刻的诠释。

泰勒在其《科学管理原理》一书的前言中提出:"过去,人是第一位的;未来,制度是第一位的"[1],他认为从科学管理"这门学科的角度来说,则包括建立规章制度和操作规程,以取代单凭工人判断的做法"[2]。那个时代正值美国企业家所有的小公司向大规模一体化企业转变的时期,泰勒推动了这个转变的形成。当时美国工业的特点是技术先进,市场需求很大,但是企业缺乏管理理念和知识,突出表现就是,由于生产混乱,劳资关系紧张,工人"磨洋工"现象大量存在,导致企业生产效率低下。泰勒正当其时地指出,在美国,比物质资源的浪费更为严重但被商贾们视而不见的是人力资源的浪费,也即意味着工作效率非常低下,没有人宣传鼓动"提高全国性效率"。从大公司的总裁到家庭主妇,人们仅仅把注意力放在挖掘和求取"人才"身上,而忽略了未来的发展趋势将是通过制度和培训形成由普通人组成的、却能有效合作的集体,它将超越在旧的管理模式下伟大人物所能创造的业绩。他认为必须把科学知识和系统运用于管理实践,科学地制定出严格的规章制度和合理的工作量,实行管理的例外原则。1898—1901年期间,泰勒在伯利恒钢铁公司对他的管理和制度理论进行试验,并且大获成功。

泰勒的经验和理论说明:根治效率低下的良药在于系统化的管理,而不在于收罗某些独特的或不同寻常的人物;科学管理的基础是

---

[1] [美]弗雷德里克·泰勒:《科学管理原理》,马风才译,机械工业出版社2008年版,"前言"。

[2] [美]弗雷德里克·泰勒:《科学管理原理》,马风才译,机械工业出版社2008年版,第28页。

企业制度与法治的衔接

明确界定了的规则和原则,并且科学管理原理可以应用于一切人类活动中去。泰勒提出的科学管理原理是在管理实践和经验中提炼出来的高效节能的工作方法、流程和规则,是更高层次的系统化管理方式。他强调以制度化的普遍管理来取代人的经验式管理,因为对于大量重复的日常工作而言,制度比人更具有连续性和明确性。此外,制度的好处还在于它能使人发挥更大的作用。他在提出制度是第一位的主张时,并没有否定人的作用,而是接着说,这并不意味着不再需要伟大的人物了,正好相反,任何先进制度的首要目标是造就一流的人才。而且在制度管理之下,最出色的人将比以往更有把握、更快地被提拔到领导岗位上来。①

泰勒的科学管理理论以发展和效率为终极目标、以制度建设为基石。他提出一系列工时研究、有效激励机制、任务管理系统、职能工长制等方法和制度的改进措施,由此形成的科学管理制度能够在更大的范围内以绝对的一致性来充分调动工人的积极性。而除了工人方面的这种改进外,泰勒认为更为重要的是管理者必须承担起新的职责,其中最重要的一项即科学地制定制度:把工人已有的传统知识汇集起来,加以分类、制表,并编制成规章制度和操作规程,以取代异想天开或凭经验办事。这些规章制度和操作规程只有经过系统的记录、编制索引等工作后,才能得到有效利用。②

其后,泰勒的追随者、科学管理运动的宣传者和发展者们在不同的行业领域推进这一研究和实践。例如吉尔布雷斯夫妇为建筑行业撰写的《现场制度》、《混凝土制度》、《砌砖制度》等,都是详细的操作程序制度手册,对于企业改进工作方法、简化流程、减低成本,提高效率大有助益。

---

① 参见[美]弗雷德里克·泰勒:《科学管理原理》,马风才译,机械工业出版社2008年版,"前言"。

② 参见[美]弗雷德里克·泰勒:《科学管理原理》,马风才译,机械工业出版社2008年版,第27—28页。

(二) 韦伯：大型组织的理性化和规则化运作

为企业制度化运作提供更为理论化依据的是德国经济学家和社会学家马克思·韦伯（1864—1920年），他的组织理论和官僚制度理论为大型组织如何实现理性和系统的运行提供了解决方案。

韦伯试图回答这样一个问题：任何一种大型组织，无论是国家、教会还是企业，或者其他组织形式，应当用什么样的方式对它们进行组织和管理，才能使它们理性而系统地行使职能，有效地运行呢？当然，这里讨论的是管理权而不是所有权，因为所有权完全是另外一回事。他的答案就是必须为这些大型产业的组织和管理建立一种理性的基础——科层制度或理性官僚制度，也就是规则化的等级制度，根据预先制定的理性规则，由官职或职位来进行管理，而不是由个人或"世袭"身份来管理。科层制度被认为是理想的，虽然它不意味着是最合适的，但却意味着是组织的"纯粹形式"。科层结构可以作为一种标准模式，从而易于小型企业组织或者世袭组织向大型组织中的专业化管理过渡。

韦伯认为有三种类型的合法权力：理性法定型权力（rational-legal authority）；传统型权力（traditional authority）；魅力型权力（charismatic authority）。这三种权力结构导出服从的不同机理。理性法定权力的效力通过有意识制定的理性规则来表示，这种规则是经过一致同意或者自上而下设置出来的具有普遍拘束力的规范。在这样的组织中，秩序产生于对理性规范授权的合法权力的服从。其要害在于服从是对规范、而不是对个人而言的。治理结构中的理性化行为以官僚制度为典型的表现形式。传统型权力结构是建立在传统的神圣性基础上，主要由习惯造就；其服从是对特定个人而言的；其典型代表是家长制。以个人魅力为特征的统治结构建立在特定个人的权威基础上，而这种权威与理性的规范或传统无关。[①] 传统型权力和魅力型权力虽然

---

① 参见［德］马克斯·韦伯：《论经济与社会中的法律》，张乃根译，中国大百科全书出版社1998年版，第336—337页。

企业制度与法治的衔接

在权力的渊源上存在明显差异，但它们具有一个共同特征，就是权力结构下的治理方式是以个人为主导的。而法定权力结构下的治理方式则是以理性规则为主导的。例如，一家企业、政府机构、军事组织或者其他组织，如果以法定权力为基础，那么下属应该服从合理建立的层级制度及其衍生的各种行为规范；如果以传统权力为基础，那么所服从的是占据传统上被认可的权力职位的那个人；如果以魅力权力为基础，那么对领导人的服从是出于追随者对其权力的信任或信仰。

家族式企业常常依赖传统型权力，家族享有对企业的世袭管理权，企业重要职位总是由家族人员所掌控，他们对企业的运作具有实质影响力，而且往往或明或暗地超越企业的制度规制。传统型权力的运作效率较低，因为它不是根据能力来挑选领导人，而且管理层将以行动来维护过去的传统。另外一种企业是魅力型权力结构的典型，它们以"火箭的速度"发展起来，成功的秘诀是企业的组织和管理围绕着一个才能卓著的领导者而展开。但是这样的企业总是难以跨越代际发展的危机，它的隐痛在于随着这个魅力型领导的退出，企业将迅速衰败。将超凡权力作为企业运营的第一位的合理权力，将难以避免感情用事，因为它是非理性的，它比传统型权力更为明显地忽视规则和程序，而更为依赖个人的感召力。这两种模式的企业所表现出来的这些特征往往呈现出你中有我、我中有你的情形，没有决然的界限。因此，它们总是不约而同地面临共同的难题，即企业的成功模式无法复制，企业的连续性较差，规模化发展颇具或然性。

韦伯认为小型企业组织要向大型组织的专业化管理过渡，就必须使家族企业的个性化和非正式结构让位给企业制度化管理的逻辑性，就必须采用理性法定的权力结构，而这种权力又是以官僚制为其基础的。"官僚组织的成功，决定性原因在于其纯粹的技术优势。一个充分发展的官僚行政与非官僚行政相比，如同机械化与非机械化生产方式的比较。"[①] 因为它（1）为管理的连续性提供了基础；（2）是合

---

① ［德］马克斯·韦伯：《论经济与社会中的法律》，张乃根译，中国大百科全书出版社1998年版，第351页。

理的，也即领导者是基于完成任务的能力而被选中的；（3）为领导人提供了一种行使权力的合法手段；（4）对权力进行了明确的定义，并根据完成组织的任务所必需的职能对所有权力加以细分。① 韦伯得出结论，现代资本主义经济中的管理特别地要求最大限度的快速、准确、严格和持续性。庞大的现代资本主义企业本身就是无可比拟的彻底官僚化的组织，其业务操作完全是以日益提高的准确性、持续性和速度为基础，官僚化为从纯粹技术角度实现管理分工原则提供了最佳的可能性。在这种情况下，"职业性"管理首先意味着"不考虑个人因素"，完全根据明文规定做事，因而"规则的可预见性"具有至关重要的意义。管理人员要严格遵守与其任务相关的规则、纪律等制度，这些规则和制约是客观的、理性的和去人格化的，毫无例外地适用于所有情况。② 现代企业文明的性质要求企业运作的这种"可预见性"和"非人格化"的充分实现。企业中规则的准确和统一，信息传递的畅通和迅速，合作的协同和严肃，可以使得人力和物力减至很小的代价，带来秩序和目标的实现。韦伯特别强调规则而不是人，他通过提出组织的理性化从而对传统组织模式予以解构，并提供了经济组织所需的实现效率的蓝图。可以看出，官僚制度是对泰勒"职能工长制"或者说职能管理理论的深化，它不仅将工作的职能分工和专门化上升为整个企业抽象的运作理念，更重要的是其精髓在于强调对理性规则的服从，制度化管理是其题中应有之义。

韦伯提出的大型组织的官僚化运作和理性规则，对于企业的生命周期，以及由此而必然延伸到的规模化问题，具有重大意义。在组织的草创阶段，也就是创业期，一般都以一种更为人性化的方式来进行组织和管理；随着组织的发展，权力和责任分布更为广泛和细腻，此时协调就应当通过去个性化的制度设计来实现，由职位来支配员工。

---

① 参见［美］丹尼尔·A. 雷恩：《管理思想史》，孙健敏等译，中国人民大学出版社2009年版，第261页。

② 参见［德］马克斯·韦伯：《论经济与社会中的法律》，张乃根译，中国大百科全书出版社1998年版，第351—352页。

"那些由市场驱动但是受到政府管制的大型资本主义组织,需要稳定的、严格的、集约的以及可预测的管理。这种需要使得官僚制度成为社会中的一个关键角色,并成为任何类型的大型组织中的核心要素。"① 韦伯提出大型组织在设计上需要形式主义,而将这种形式主义予以理性固化,并将其明确表达出来的就是企业内部制度。

(三) 制度经济学:经济的制度分析

20世纪流行于美国的制度经济学,以"制度"和"经济"作为双重研究对象,将制度作为经济的分析工具,研究制度对经济绩效的影响,提出制度也是一种生产要素。

1. 古典制度经济学

古典制度经济学是19世纪末20世纪初在美国的产生一个经济学派,主要研究制度和制度因素在经济乃至社会发展中的作用,认为制度是经济进步的动力。他们指出,资本主义的市场经济存在着缺陷,通过制度分析和结构分析可以找出这些缺陷,并通过国家的政策和法律对私人经济生活进行干预,对经济加以调节,从而达到改良的目标,最终得以避免和克服这些缺陷。比如,古典制度经济学代表人物康芒斯分析了美国公司法和反垄断法对消除美国经济弊端,推动其向好发展起到的决定性作用。古典制度经济学区别于传统经济学之处在于,它转移了经济学研究的根本单位:前者研究的是商品和孤立的人;后者研究的是人和人之间的交易,是经由制度联结在一起的人。可以说,古典制度经济学派是对传统经济学的一种回应甚至挑战,他们指出经济是无法同其深深植入其中的政治和社会制度相割裂的。②

对于何为制度,康芒斯认为,在抽象的意义上,制度是"集体

---

① [美] 丹尼尔·A. 雷恩:《管理思想史》,孙健敏等译,中国人民大学出版社2009年版,第262页。
② 参见 [美] 康芒斯:《制度经济学》,于树生译,商务印书馆1962年版,第92—93页。"Institutional Economics",http://en.wikipedia.org/wiki/Institutional_economics。

行动控制个体行动",制度的实质就是"集体行动抑制、解放和扩张个体行动"。可以看到,康芒斯侧重从制度的产生和运作机制的角度对制度加以界定,集体控制的目的和结果是形成一系列包含着各种利益的对应性权利和义务,其所产生的社会关系则是一种"经济的状态"。这种集体控制可以来源于公司、卡特尔、事业协会、联合贸易协定、交易所、政党或者国家本身。在具体的意义上,制度是组织和组织的运作规则。组织为自身制定一系列"业务规则",规定一定的行为标准,保证组织运转不停。同时,他把组织本身也视为一种制度,是制度的产物。[1] "业务规则"在历史上是不断发展变化着的,贯穿于不同的组织之中,包括国家和一切私人组织在内;而不同的组织,其业务规则不同,它们有时候被称作行为准则,最高法院则把它们称之为合理的标准,或者合法程序。然而,不管它们用什么不同的名义,却有一点相同,即它们明确了个人能或不能做、必须这样或必须不这样做、可以或不可以做的事,并由集体行动使其实现。对这些集体控制的分析提供了经济学、法学和伦理学的相互关系,伦理学研究集体控制的道德性,经济学研究集体控制的利益性,法学研究集体控制的强制性,制度经济学则研究三者的相对优点。[2]

2. 新制度经济学

新制度经济学是一个目前仍在迅速增量的理论集群,它本身包含了大量彼此孤立的理论[3],因此对之加以有效的爬梳剔抉颇有难度。然而这并不影响该理论对法学、历史学、社会学、政治学等各社会科学领域的强大辐射力,新制度经济学的研究方法和研究范式已为越来越多的社会学者们所关注和借鉴。新制度经济学的研究路径是一方面

---

[1] 这让我们联想到了世界贸易组织,WTO 实质上就是由一系列法律制度构成的实体,没有相关法律制度就没有 WTO 的存在,在这一意义上,组织和制度实是一物两面。

[2] 参见 [美] 康芒斯:《制度经济学》,于树生译,商务印书馆 1962 年版,第 86—90 页。

[3] 参见 [美] 阿兰·斯密德:《制度与行为经济学》,刘璨、吴水荣译,中国人民大学出版社 2004 年版。

对经济学进行制度分析，提出制度和制度变迁对经济绩效的影响；另一方面用经济学的方法来研究制度的构成和运行，以发现制度在经济运行中的地位和作用。他们从多个分支领域展开这种研究，具有代表性的如交易费用理论、产权分析理论、企业理论、变迁理论、合约经济理论，和经济历史、政治经济学、宪政经济学的新制度分析理论等。①

新制度经济学所说的制度是多方面的，包括经济制度、政治制度、法律制度、技术制度等。新制度经济学代表人物诺斯认为，制度是一个社会的游戏规则，更规范地说，它们是为决定人们的相互关系而人为设定的一些制约。制度通过为人们提供日常生活的规则来减少不确定性。制度包括正式规则和非正式规则。非正式规则来自于社会传递的信息，是文化传承的一部分。正式规则包括政治和司法规则、经济规则和契约，它们处于一般规则到特殊界定的不同层次，从宪法到成文法和普通法，再到具体的内部章程，最终到个人契约。正是这些制度界定并限制了人们的选择集合。② 诺斯特别提到了要对制度和组织作出明确区分，正是两者的交互作用决定了制度变迁的方向。

新制度经济学通过多种研究进路论证了制度在经济生活中的重要位置。好的制度的作用不仅在于为人们提供行为规范，还在于它会给人们带来效率。主流学者们主要关注两个核心的但又不同的问题：一是制度如何影响经济增长，二是制度如何兴起。第一个问题是更为核心的问题。制度具有深刻的效率因素，能够影响经济的增长，制度非常重要这一认识是在过去的 20 年中才获得广泛认同的，有人把这一发现比作哥白尼式的革命。③ 诺斯对制度的经济绩效做了专门研究，他指出，不同经济的长期绩效差异从根本上受制度演化方式的影响，

---

① 参见［美］埃里克·弗鲁博顿、［德］鲁道夫·芮切特：《新制度经济学》，姜建强、罗长远译，上海三联书店 2006 年版，第 39—41 页。

② 参见［美］道格拉斯·诺斯：《制度、制度变迁与经济绩效》，杭行译，上海格致出版社 2008 年版，第 3—4、51、65 页。

③ 参见卢现祥、朱巧玲主编：《新制度经济学》，北京大学出版社 2007 年版，第 4 页。

但以往的经济理论都未能揭示制度在经济绩效中的作用。制度通过其对交换与生产成本的影响来影响经济绩效，当然可能起到正相激励的作用，也可能是反相的。与所用技术一起，制度决定了构成总成本的交易费用和生产成本。① 他在分析为什么一些国家富裕而另一些国家贫困时，认为由于缺少进入有法律约束和其他制度化社会的机会，造成了现今发展中国家的经济长期停滞不前。② 经济理论的三大传统柱石是天赋要素、技术和偏好。随着经济研究的深入，人们越来越认识到仅有这三大柱石是不够的。新制度经济学家以强有力的证据向人们表明，制度就是经济理论的第四大柱石，制度至关重要。土地、劳动和资本这些要素，有了制度才得以发挥功能。③

企业理论是新制度经济学的重要研究领域。新制度经济学既关注宏观的经济问题，也同样关注微观的经济个体研究，企业理论是其学术主阵地之一，这一学派就是从科斯的著名论文《企业的性质》拉开帷幕的。科斯注重对企业的研究，认为在现代经济学理论中市场本身的地位不及企业④，他用交易费用理论分析企业存在的理由和企业的规模，认为企业的存在是为了节约交易费用和市场运行成本，雇用合约促成了企业的产生，他指出"企业很可能是在期限很短的合约不令人满意的情形下出现的"⑤。企业存在的另一原因是市场失灵可以由私人企业加以处理，因为集体行动是克服市场失灵的有效途径之一，而集体行动并不局限于政府行动，任何复杂程度的企业都是集体行动的一种诠释。但是科斯没有进一步深入讨论合约形成之后的问

---

① 参见［美］道格拉斯·诺斯：《制度、制度变迁与经济绩效》，杭行译，上海格致出版社2008年版，第3、6页。

② 参见［美］道格拉斯·诺斯、罗伯特·托马斯：《西方世界的兴起》，厉以平、蔡磊译，华夏出版社1989年版。

③ 参见卢现祥、朱巧玲主编：《新制度经济学》，北京大学出版社2007年版，第3页。

④ R. H. Coase: *The Firm, the Market, and the Law*, University of Chicago Press, 1990, p.7.

⑤ R. H. Coase: The Nature of the Firm, *Economica*, New Series, Vol. 4, No. 16 (Nov., 1937), p.391.

题，直到后来的学者们在这一领域进行更精细的微观分析。总的来说，新制度经济学的企业理论主要运用（1）产权分析方法、（2）交易费用经济学、（3）合约理论来引导分析，其中合约理论主要用于回答企业规模、所有权和控制、资本结构这三个问题。企业被视为个体之间为有效组织生产而构成的关系性合约网络，大部分合约关系建立在自由协商、受法律保护的长期合约基础之上。关系性合约网络的治理结构决定了某个企业中每个成员的产权分配以及对如何转让或使用这些产权作出规定。企业首先要处理的是订约后的交易活动，即执行、控制和实施。[1] 简言之，新制度经济学的企业理论将企业看成是合约的联结物，研究在一定的产权制度、科层制度和博弈规则的环境中，如何通过合约的优化选择对企业的参与者实行控制和激励，从而实现联合体的利益以增进企业运行效率。

三、企业内部制度实证检视

（一）铁路公司：西方早期企业制度化管理的先驱

企业的制度化管理是同企业规模扩张和跨地域经营联系在一起的。

在19世纪上半叶，虽然纺织业代表了英美最大规模的私营企业，但真正对企业管理提出挑战并催生管理制度创新的则是在蓄势待发的交通和通讯革命中应运而生的铁路公司。18世纪英国工业革命孕育和创造了工厂体制和公司，规模经济的需求使得这些公司在必须持续成长的压力下经历着优胜劣汰的激烈竞争，到了19世纪在竞争中胜出的公司不断发展壮大起来。然而，由于缺乏新的管理手段，当时颇为兴盛的毛纺织企业却在这股企业规模的扩张浪潮中显露了保守性，它们中的一些代表主张抵制企业成长的压力。例如毛纺织品制造商委

---

[1] 参见［美］埃里克·弗鲁博顿、［德］鲁道夫·芮切特：《新制度经济学》，姜建强、罗长远译，上海三联书店2006年版，第419、349—354页。

员会（Committee on Woolen Manufacturers）1806 年的一份报告说，大规模工厂的发展将不会给企业主带来许多优势。如果继续采用家庭包工制，企业主能够节省大量的资本投资，而且将无须"经常为监视大量工人而感到棘手和担忧"①。由于缺乏能够应付大型工厂的管理办法，早期工厂的规模经常以企业主能够亲自监督的工人数量为上限，工业资本的投资规模也比较小。

1830 年前后，铁路、凸缘车轮和"气喘吁吁"的火车头开始出现，铁路带来交通运输业的一次革命。铁路公司的内在特点决定了管理者必须寻求新的管理手段，此前的"以人管人"的方法显然已经不敷使用。铁路迅速发展的规模和复杂程度，意味着运营铁路的公司必须满足与此相匹配的巨额资金，建立一体化的铁轨和车站管理系统，分担高额的固定成本，以及管理分散在广泛地理区域的劳动力。这些因素要求管理者以一种系统的方式强调管理，制定含有各种方法和手段的制度集群，来管理这第一个跨地区行业。首先，铁轨和车辆的投资极其巨大，因此必须制定周详缜密的长期计划和企业战略以防止巨额固定资本投资投入错误的市场区域。其次，和纺织厂及其他行业的工厂不同，铁路公司的业务是高度分散的，无法通过派遣人员视察和监督数百个车站和几千英里铁路的方法来进行控制，这使得沟通和通信成为一个显著问题。再次，对于铁路公司的成功运作来说，乘客的安全以及保护货物免遭损害或丢失至关重要，在行程安排方面的服务要求良好的规划和协调。铁路公司必须制定长期的公司管理规章制度来指导低级管理者作出决定和规范员工的日常工作，以维持公司业务的正常运转。② 可见，正是铁路公司的发展催生了制度化管理的

---

① Sidney Pollard, *The Genesis of Modern Management：A Study of the Industrial Revolution in Great Britain*, Cambridge, Mass：Harvard University Press, 1965, p.11, 转引自［美］丹尼尔·A. 雷恩：《管理思想史》, 孙健敏等译, 中国人民大学出版社 2009 年版, 第 50 页。

② Alfred D. Chandler, *The Railroads：The Nation's First Big Business, Sources and Readings*, New York：Harcourt Brace Jovanovich, 1965, pp.9 - 10, 转引自［美］丹尼尔·A. 雷恩：《管理思想史》, 孙健敏等译, 中国人民大学出版社 2009 年版, 第 97—98 页。

兴起。制度的明确、统一、可预期和标准化的优势，不仅可以克服分散管理和沟通通讯的困难，又有利于提高安全系数和服务质量。制度化管理是当时铁路公司必须面对和解决的重大制度创新问题，也是管理领域中的一次制度创设革命。

1. 丹尼尔·麦卡伦：系统管理和制度构建[①]

丹尼尔·克雷格·麦卡伦（Daniel Craig McCallum，1815—1878年）是运用制度手段创造企业系统化管理的先驱人物。他于1848年受聘于纽约—伊利铁路公司，他的工程管理才华通过制定了最初一套程序来管理萨斯奎汉纳分公司而展现出来。1854年他即被任命为该公司的总管，以应对铁路整合导致的越来越多的问题以及高事故率。在他看来，良好的管理需要良好的纪律、具体的工作描述、经常而准确的绩效报告制度、基于价值的报酬和晋升制度、权责明确的上下级权力结构制度。总的来说，就是采用一种使公司主管能够不仅立即发现错误而且可以找到失职者的制度。麦卡伦为整个公司制定了全面周详的规章制度和组织细则。比如，他根据任务来划分和确定工人们的等级，并且要求所有工人穿戴一套能够标识其等级的特定制服。他用制度来明确限制员工随心所欲地从事工作的权利[②]，他制定的公司内部制度第6条规定，如果火车在岔道出轨，即使是扳道工人操作不当，火车司机也负有责任。这条规定是为了使火车司机在经过所有岔道时，无论是否停车，都应放慢车速，亲自检查岔道的情况。29名工程师因为违反第6条规定以及不执行他制定的其他安全规定而被解雇。此外，他还制定了一张正式的组织图，该组织图采用了树状形

[①] 参见［美］丹尼尔·A. 雷恩：《管理思想史》，孙健敏等译，中国人民大学出版社2009年版，第98—103、114页。

[②] 18、19世纪的企业管理者们面临着现代人想不到的劳动力问题。比如很多工人是由非熟练的农业人员转变而来的，而这种从农场或家庭作坊到工厂的转换，对这些新兴工人的生活来说是一个巨变。他们不仅要背井离乡来到喧嚣混乱的城市就业，更令他们难以适应的是工厂工作单调的、日复一日的固定工作时间以及要求他们一直全神贯注于一个细节工作的规定，而此前他们早已习惯于松散的农村和家庭的劳作务工方式。

式,标识出职权和责任的层次和结构、各个业务部门的劳动分工以及报告和控制的传达路径。因为在他看来,执行一项严格的纪律制度,对获得成功是不可或缺的,而且这种统一责任制度的执行不应该存在任何例外情况,否则他的基于个人责任的控制系统将会被破坏。麦卡伦的制度化管理是成功的,受到当时顶级商业期刊《美国铁路杂志》(American Railroad Journal)著名编辑、铁路行业发言人亨利·普尔的最高称赞。普尔称这一制度是朝着正确方向迈出的一步。麦卡伦因他成功的铁路管理制度而闻名,南北战争之后,他还担任了亚特兰大—大西铁路公司(Atlantic and Great Western Railroad)和太平洋联合铁路公司(Union Pacific)的顾问。

然而,麦卡伦的制度并非没有遭遇反对。纽约—伊利铁路公司的工人举行罢工,其目的不是缩短劳动时间,也不是获得更高工资,而是抵制麦卡伦实施他的制度。早期的纽约—伊利铁路公司的管理和财政是如此之差,而引起了亨利·普尔的极大关注。麦卡伦的制度,试图在混乱中建立秩序,因而要求更加严格的控制和公司组织中更严格的层级结构,这都导致工人们对该制度的抗议。但是普尔却认为这些抗议过于极端,并且为制度化的需要进行辩护:"我们无法找到任何其他方法能够使这样一台庞大的机器安全而成功地运转",只有通过制度、纪律和秩序才能够做到。

麦卡伦去世后,他的制度化模式并没有消失。无数人在使美国第一大行业系统化的过程中效仿了麦卡伦的风格。艾伯特·芬克(Albert Fink)设计了一种使用信息流、成本分类以及统计控制方法的成本会计制度,而且该制度成为了现代企业财务控制制度的一种模式。美国钢铁巨人安德鲁·卡内基则从麦卡伦那里学到了组织、报告、会计和控制制度,从而成为了一位建立了美国钢铁帝国并留下巨额财富的大企业家和"慈善家",因为他使美国铁轨的价格从 100 美元下降到 12 美元,而使美国的钢产量在 30 年间从是英国的 1/13 猛增到是英国的 5 倍。

2. 英国铁路公司的内部制度解读

(1)1848 年《爱丁堡—格拉斯哥铁路公司主管和员工应予遵守

的规章和细则》①

1838 年获得国会的设立法令后,爱丁堡—格拉斯哥铁路公司正式成立,1842 年第一条连接格拉斯哥和爱丁堡这两个城市的 46 英里的铁路线投入使用。② 1848 年该公司出台了一部制度手册,它由目录、董事会相关摘要、主管和员工须知、正文四部分组成。

据董事会摘要记载,该规章细则汇编经 1848 年 4 月 11 日召开的董事会予以批准,并开始实施;它是爱丁堡—格拉斯哥铁路公司主管和员工的指引和指令,此前所有的规章细则均予以废除;每位在编员工在岗期间都应当随身携带一册,违者罚款 5 个先令。

主管和员工须知中载明,任何违反该规章细则的员工都将被罚款,罚款金额由主管该员工的经理根据谨慎调查后决定。罚款可以是现金、工资扣款或者从劳动时间中扣除,也可以根据决定予以免除。公司员工应当特别关注他们所在部门的规章和细则,并应当对公司所有规章和细则给予普遍关注,这样他们就不仅仅能够彻底明确自己的相关职责,而且还能够知道同他们一起工作的其他部门员工的职责,并以此而持有全面贯彻执行公司整体制度系统的观念。

正文由 11 个文本组成。前 10 个文本均为公司的内部规则,每个文本中的内容都以条文形式出现,并以阿拉伯数字标序,就如同英国议会法令的形式一样。其中前 9 个文本是针对公司内部员工的规章,第 10 个文本是针对客户或其他主体的细则。第 11 个文本是规制铁路问题的议会法令选摘。具体如下:

第 1 个规章为适用于公司所有员工的一般性规定,共有 12 个条文。③ 这部分内容相当于"员工手册",意在约束公司普通员工的一

---

① *Rules and Regulations to be Observed by the Officers and Men in the Service of the Edinburgh & Glasgow Railway Company*, Glasgow: Printed by James Hedderwick & Son, Printers to the Queen, 1848.

② "Records of the Edinburgh & Glasgow Railway Co., Scotland", from: http://www.archiveshub.ac.uk/news/0406egrc.html, surfed on 17 April, 2009.

③ 它们是:(1) 每一位员工都应当将他的所有时间服务于公司,如果根据公司需要的话也包括星期日,当然公司会注意尽量减少占用员工星期日的时间。每位员工

般行为规则，而且主要是义务性规则，几乎没有关于员工的权利性规则，其制度核心是通过限制员工权益来维护公司权益。以现代的眼光看来，这些规定无异于公司的"霸王条款"，公司和员工完全处于强弱两极不平等的地位，没有民主可言。公司为了克服当时劳动力普遍存在的松散、偷懒和专业技术能力低下的问题，为了最大限度地减少差错率，提高劳动质量，改善公司运营效率，制定了这些不对等规则，如今读来令人欷歔。但它却是当时新兴工业社会的一个缩影，折射了普通劳工受到资本压迫的社会现实。直至20世纪初，劳工问题愈益突出，劳工不稳定、放纵、贫穷、童工和女工等社会问题，开始受到一些改革者的批评和攻击，他们主张劳工有组织工会以抵抗雇主的权利，劳工有利润分享的权利，提出对劳资争议进行仲裁的解决办法，动议国家通过立法来管理对员工的雇佣和解雇等。现在，这些主张都已成为现实，并且成为人们认为理所应当的事情，它们被普遍反映在世界各国的社会立法当中，比如劳动法、劳动仲裁法等。同时，

必须根据要求随时随地上岗工作。（2）员工应当立即执行他所收到的上级主管的命令，并严格遵守所有规章制度。当他不明白如何行为时，他应当向他的上级主管请示。（3）在任何情况下，员工都不得从任何人处收取小费。（4）公司有权因员工不履行义务而扣减其工资。公司的每位员工都被视为同意他所处的这种状况。（5）每一位被解雇或自己辞职的员工，在离任之前，应当上交公司提供的每一件衣服和设备工具；如果他正住在公司提供的寓所中，他应当立即将他的所有家具和物品搬离该寓所，并使该寓所恢复至他入住时的状况。（6）如果上交的这些设备工具和物品被不适当地使用或者损坏，或者所住寓所有所损坏，那么该员工在离任时应当被支付的工资中将扣除足以抵消这些损毁的费用。（7）任何一位员工如被发现处于醉酒状态，或者被公司经理发现有违反公司规章细则的错误行为，或者被治安法官或法官判处违反公司章程而有罪时，他与公司签订的劳动合同将失效，并且他可以被立即解雇。（8）任何粗暴无礼的行为都将被处以罚款或者解雇。（9）每一位员工都应当对他因疏忽而导致的损失负责。（10）任何一位员工在任何情形下都不允许在未向他的直接主管请假的前提下擅自离守工作岗位。（11）每一位员工在岗时都应当保持员工服的干净和整洁；任何公司提供的物品被不正确地使用或被损坏时，责任人应负责将其恢复原状。（12）在铁路沿线或公司建筑物中发现的任何财物都应立即上交给格拉斯哥主车站的主管人员。但是，如果发现此类财物是从某一辆火车上掉落下来的，发现者应当将其交于下一趟火车，或者尽快交给火车驶往的车站，并随后通知格拉斯哥主车站。任何员工如被发现私藏他所发现的财物，都将被严厉处罚。

企业制度与法治的衔接

现代企业内部制度制定的合法性和民主性也保障了企业建规立制必须体现员工的基本权利。可以看到，企业内部制度是社会历史的缩影和写照，它不仅仅反映了公司的管理理念，更折射了社会现实和社会问题，而制度的强制性加剧了社会问题的积聚和爆发，推动了改革力量的萌生，并在某种程度上间接影响着一定的国家法律制度的生成和走向。

第2至第9个规章是以工作主体和特殊工作区域为主题而制定的具体规则。其中，第2个文本是信号规则。信号问题对于铁路公司而言，可谓是关系到安全运营的企业生存之本，因此作为第一个具体规则出现在这个公司内部制度汇编之中。该规章分为总则和分则两部分，即"关于信号一般规定的总则规定"、"关于车站信号、火车信号和引爆信号的分则规定"。在总则规定中，第一条是解释性条款，文本以非常简洁的语言和大号字体说明红色为危险信号，必须停止；绿色为谨慎信号，必须减速行驶；白色为正常信号，可以通行。随后，是规则性条款，即红、绿、白三种信号的使用规则和火车转轨时的信号使用规则。分则规定是关于车站信号、火车信号和引爆信号[①]的具体使用规则。第3个文本是火车司机和司炉工规则，第4个文本是一般看守员规则，第5个文本是货车看守员规则，第6个文本是车站主管规则，第7个文本是搬运工和扳道工规则，第8个文本是铺轨工、铺路公和其他铁路沿线工人的工作规则，第9个文本是在格拉斯哥卡尔兰地区的斜坡和横堤处的工作规则。

在阅读第2至第9个规章时，给我们留下深刻印象的，不仅是它细致严谨的内容，更在于它形式上的实用性。起草人使用了制度构造技术性要素——条文主题标注，即在每一条文的左侧或右侧页边空白处均标注了关键词。比如，在信号一般使用规则中的红色信号使用规则、绿色信号使用规则、白色信号使用规则和火车转轨时的信号使用规则这四个条文边上，分别注明"红色"、"绿色"、"白色"和"转

---

① 用于晚间或雾天的一种加强信号。

54

轨指令"；在火车司机和司炉工规则中的相应条文边上注明了"火车司机出车前检查引擎和煤水车"、"司炉工点火并检查炉条"、"火车司机对引擎负责、司炉工服从火车司机的指令"等字样。这样一来，繁复冗长的文字立即变得主旨突出，要点明确，大大降低了工作人员阅读和理解的难度，提高了可读性和阅读效率。这就好比立法中设置条文标题，这个技术性要点看似平常，实则"不仅能在更大程度上方便读者，而且对立法者，首先对法案起草人、法案审查和审议者提出了更高的要求"[①]。在《德国民法典》和中国台湾地区的许多法中，法条条文都设有自己的标题。在19世纪的英国议会法（Act of Parliament）中也早有这种做法，英国人戴维·沃克说议会"法令的实质部分由一系列用数字标序的条文组成，每一条都有一个小标题表明该条的主题，印在页边空白上"[②]。在这份公司规章汇编的最后一部分"法令摘选"中，也可真实地看到英国议会法律的这种形式。可见，这家英国铁路公司的内部规章制度完全采用了议会立法的形式技术，不仅以系列数字标序条文，还加注条文标题。而在目前的中国立法实践中，虽然早有立法学专家提出建议，但立法机构一直没有采行这样的做法。中国的企业内部制度建设更是缺少制度起草技术的指导而鲜有采用这种先进做法的。事实上，企业内部制度应当是更具有操作性和可读性的制度文本，是企业各级各层员工在日常工作中需要经常翻阅使用的，而不像法那样有时被认为是给精英化的法律专业群体运用的，因此企业内部制度的简洁明了、清晰易懂尤为重要。难以想象将企业内部制度制定得如同德国民法典一般艰深晦涩，否则就距离企业内部制度的受众特点和指引功能相去太远了。加注条文标题是使得制度文本要领更加突出明了、内容更加清晰易懂的一个极为有效的技术性辅助手段，有利于员工一目了然地翻阅、查找和理解公司制度，从而有利于制度的实行和实效。

[①] 周旺生：《立法学教程》，北京大学出版社2006年版，第504—505页。

[②] ［英］戴维·M.沃克：《牛津法律大辞典》，李双元等译，法律出版社2003年版，第14页。

企业制度与法治的衔接

第 10 个文本（Bye-Laws），是根据特定国家法而制定的细则。在英国，这种细则是"除议会之外的其他权力机构或社团就授权管辖的事务而制定的附属法规的形式。它具有法律效力，但仅在该机构的责任区域或责任范围内适用。普通法上的法人具有制定从属于章程、并属于章程目的范围之内的细则的隐含权力；制定法上的法人常常都被授予在规定的限度内，为实现创设的目的而制定细则的权力"①。所以对于公司而言，这种 Bye-Law 就是将国家法律进一步细化和具体化的细则。爱丁堡铁路公司制度汇编中的这个细则包括了两个部分，一是根据《公司设立法令及其修正案》制定的规则和处罚节选，共有 16 个条文。这部分规则不针对公司员工，而是关于乘客、托运人或者其他与公司运营和财产有关的人员的行为规则，比如：经过载有牲口或者其他动物、物品的车厢而疏于将该车厢两边的门关闭和拧紧者，处以 40 先令以下的罚款；托运危险品的客户必须在包裹表面注明托运物的性质，违者处 10 英镑以下的罚款；毁损铁路沿线标注距离的木牌、石头或者标记者，处以 5 英镑以下的罚款，等等。二是在 1848 年 1 月的一次公司大会中制定的细则，它由 4 章组成，分别是关于乘客、关于货物、一般规定、关于公司员工，其后附有公司总裁的签署。在该文本末尾还有一注脚，说明该规章已提交英国同业公会并根据维多利亚第 97 号法令获得批准。从第 10 部分细则的内容可以看出：其一，这部分内容不仅涉及公司员工，而更多地涉及公司客户及其他社会主体的义务和责任设定，因此这些规则的制定应当具有直接的国家法律依据，比如《公司设立法令及其修正案》、维多利亚第 97 号法令等。如果说公司享有对其内部员工在工作期间和工作范围内的权利义务设定权的话，那么公司同其客户和其他有关主体之间的权利义务关系则应当通过签订契约来达成，而不能以公司单方面创设规则的形式加以规定，公司不具有这种权限，除非法律有明文授权。因此，就如同这部分的细则一样，公司要制定涉及员工以外的主体的

---

① ［英］戴维·M. 沃克：《牛津法律大辞典》，李双元等译，法律出版社 2003 年版，第 149 页。

行为规则时，必须要有法律授权，也就是要十分注重与国家法律制度的衔接，而且应当是一种直接衔接，而不能缺乏法律的依据。其二，同业公会起到了半官方的作用，由它来确认公司的这类规章的合法性，以保障有关主体的权利和自由不受侵犯。

第 11 个文本是关于规范铁路事项的相关议会法令选摘。所选摘的法令有 1840 年维多利亚第 97 号法令和 1842 年维多利亚第 55 号法令。第 97 号法令摘选的内容分别是第 8 条"铁路公司雇员不当行为犯罪的惩罚"，第 15 条"对侵害铁路者的惩罚"，第 16 条"对妨碍铁路公司主管或者侵害铁路相关设备和建筑者的惩罚"；第 55 号法令所摘选的内容是第 17 条"铁路公司雇员不当行为犯罪的惩罚"，第 18 条"苏格兰治安法官的管辖权"。其中，97 号法令的第 8 条和 55 号法令的第 17 条都明文规定，铁路公司的主管或者经铁路公司正当任命的警察有权抓捕或扣留上岗时醉酒的或者违反公司规章的火车司机、看守员、搬运工或者其他公司员工，并将他们扭送至有管辖权的治安法官处；经审慎裁决，上述为不当行为者可被判处两个月以下的监禁或劳动监禁，或者处以 10 英镑以下的罚款。这两条规定表明了公司内部制度的效力，即国家法律认可铁路公司的内部制度可以决定公司员工在工作范围内的权利和义务，并且法院和法官也可以公司内部制度作为裁决有关主体不当行为或犯罪是否成立的依据，并对之施以国家制裁。

（2）1863 年《曼彻斯特—谢菲尔德—林肯郡铁路公司规章和细则》①

曼彻斯特铁路公司的这份规章细则比之前面的爱丁堡铁路公司规章细则晚出 15 年，从内容上看显得更为详尽复杂，从形式上看则更为系统化和技术化，其不同于前者的特色在于：

其一，整套制度文本的条文采用数字连续编号的方式。曼彻斯特铁路公司规章制度的内容更为丰富，文本划分也更为精细，共由 14

---

① *Rules, Regulations, and By-Laws of the Manchester, Sheffield, & Lincolnshire Railway Company*, Manchester: Bradshaw and Blacklock, Printers, 1863.

个部分组成，前13个文本是针对公司员工的规章制度，按照不同的工作主体或工作职能而分为13个规章①，第14个制度文本是针对客户和其他主体的法律细则（Bye-Laws）。然而，与爱丁堡铁路公司制度文本不同的是，曼彻斯特铁路公司对前13个公司员工规章制度的所有条文，都采用了阿拉伯数字连续计数编号的方式，而不是每一个制度文本单独重新编号。这样，读者可以知道整套员工规章制度是由278个条文构成的。这种连续编号方式的好处，不仅仅在于让读者知道该制度汇编的规模，更在于为下面一点所要谈到的起草技术作出准备。

其二，制作索引便于查找有关内容。起草者根据每一个条文所要解决的事项制做了一个按首字母顺序排序的索引，并在该事项后面标注条文序码。由于整套制度文本的条文是统一编序的，因此这个索引就得以把整套制度中涉及的所有事项都排列出来，并对应以不同的条文数。设想如果每个规章的条文是重新计数的话，那么不同事项所对应的条文数就可能是重复的了，当然也可以在每个事项后面标注第几个规章的第几条这种方式来解决重复问题，但是这样编制出来的索引就不那么间接明了了。我们所看到起草者制作的这个索引是非常详细的，共列了18页，而索引所涉及的整个制度文本本身是103页。这又要归功于下面第三点谈到的起草者对调整事项的极为细致的归纳。

其三，条文主题标注更为细致具体。与爱丁堡铁路公司规章制度的一个条文一个标注不同，曼彻斯特铁路公司制度的起草者的工作更为精细：若一个条文由数款构成，起草者便在每款的页边空白处都标

---

① 它们分别是第1部分"适用于公司全体员工的一般规章"（第1—37条）；第2部分"信号"（第38—64条）；第3部分"主管职员、车站长和督管员"（第65—86条）；第4部分"信号员、扳道工、警察和搬运工"（第87—94条）；第5部分"看守员"（第95—126条）；第6部分"管门人"（第127—135条）；第7部分"火车司机和司炉工"（第136—191条）；第8部分"火车时速表"；第9部分"引导车的操作"（第192—199条）；第10部分"斜面操作"（第200—207条）；第11部分"压载"（第208—225条）；第12部分"铺路工"（第226—252条）；第13部分"单轨操作"（第253—278条）。

注主题。这样就使得一些规模较大的、含有几个层次意思的条文，也条分缕析，阅读起来十分方面。更为重要的是，这还能促使起草者制作的索引更为详尽、更为实用。因为索引的实质性内容正是来源于这些主题标注，主题标注归纳的细致程度和质量好坏，直接决定了索引的有效性和实用性。在这里，我们不仅看到起草者所下的工夫和职业精神，更隐含着起草制度文本中的技术性要素不只是一个技术问题，而对起草者的综合素质提出了很高的要求。

以上三个特点，虽然看起来只是制度文本在形式上的略作改进，但细细观察，可以发现它们是环环相扣的起草技术改良，蕴涵着起草者的智慧，其受惠者则是制度文本的所有运用者，阅读枯燥、严谨和冗长的制度文本变得更为轻松，阅读的效率和质量大大提高了。

此外，就该公司规章细则与国家法律相衔接的情况而言，主要表现在：其一，在第6部分管门人规章的文本末尾，附录了1845年《公司条款合并法案》（Company Clauses Consolidation Act）中第47条关于"火车车门和管门人"的摘选，以示这部分的规则是根据议会法令而具体制定的。其二，在第14部分细则中，不仅有具体条文，而且在条文之前还详细写明，该细则是根据维多利亚第97号法令、设立该公司的法令、1845年《公司条款合并法案》和其他的相关议会法令而制定的，并已经英国同业行会批准。在细则之后，同样是对维多利亚第97号法令的选摘。

（二）通信公司和快递公司：企业内部制度范围的拓展

19世纪初的铁路不仅带来了交通运输业的革命，而且也开创了系统化制度管理的先河。受惠于铁路交通并与铁路公司相比肩的则是在通信革命中出现的电报公司。就像科技革命把今天的我们席卷入数字信息的浪潮中一样，通信革命使一百多年前的人们拥有了"维多利亚时期的互联网"——电报。电报线路通常沿着铁路线的右侧架设，它既促进了运输系统，又能够快速处理商业和个人信息，大大缩短了世界的距离。电报对商业通信的影响极其显著：新闻信息可以通过电报传送，从而使日报能够及时向读者传递信息；股票价格能够通过收报机纸带从股票交易所传递给投资者；金钱也能够通过电报来邮寄；技术性商人还首次使用了"电子商务"成交生意。交通和通信领域的这些技术革命，即铁路和电报，将消除地方贸易限制，为移民们开辟新土地、扩展市场和重塑商品配送战略，并且为旅行和商业提供了一种廉价、迅捷、全天候的方式。① 因此，在19世纪后半叶兴起了一批大型电报公司，其业务的跨地域性决定了它们同铁路公司一样面临着系统化制度管理的挑战。

（1）1866年《西联电报公司规则、规章和指令》②

该制度文本的大体布局是：扉页注明仅为公司雇员知悉所用，而不作为广告或公共信息；公司对之保留修改权。在规则正文之前，有一个类似于前言的"告西联电报公司经理、主管和操作员"，载明以下规则制度为保证公司各部门统一运行所必须，以避免威胁或严重侵害公司正常运营的不良影响。全部规则制度分为接收部门、操作部门、免费信息、信息传送、一般规则5个部分，连续编号共计131条，并附空白表格清单。

如果单从制度文本的形式上看，西联电报公司的规章制度并不那么精良，比如它没有目录，更没有索引和条标，作为总则的"一般规则"没有放在分规则之前，而是放在最后，不符合常规制度文本的总分模式。

然而从制度文本的内容上看，西联电报公司的规章制度是有相当进步之处的，其最主要的价值在于它拓展了企业内部制度的内容和范围，显露了企业内部制度的结构体例问题。具体而言，其一，该制度文本的一个特色是，在规章正文之后附有西联电报公司记账和报告所用空白表格清单，并规定了产生新表格的规则要求，这使得该公司业务所需表格具有统一性和通用性，也使得表格流转有章可循。其二，

---

① 参见［美］丹尼尔·A. 雷恩：《管理思想史》，孙健敏等译，中国人民大学出版社2009年版，第96—97页。

② The Western Union Telegraph Company, Rules, Regulations and Instructions, Cleveland: Sanford & Hayward, Printers, Binders and Lithographers, 1866.

也是更为重要的进步之处，与前述铁路公司的内部制度相比，西联电报公司的规章增加了"一般规则"，其内容涉及了：①公司行政管理，如有关办公用品的申请、采购、发放、流转规则、信息保密规则、办公场所进出入规则等；②公司财务管理，如记账规则、财务月报规则、报销规则、凭证规则等；③公司人事管理规则，如薪酬规则、请假规则等。这些规则都被归入"一般规则"之中。从中可以看出，一方面，公司内部制度在规制范围上有了重大延展，涉及行政、财务和人力资源等业务支持职能；另一方面，公司内部制度的体系和结构安排问题也显露了出来。公司管理和各种职能的日益复杂化和关联化，使得公司内部制度不能仅局限于业务性规则，仅针对业务操作制定的规则已经不敷使用，无以保障公司作为一个有机组织实现各部门的协同运营，服务性和支持性部门的运行同样需要规则之治。然而，当时公司内部可能尚不存在现在这样划分清晰的各个部门，但是西联制度文本告诉我们类似于财务、人事、行政、采购这样的专业管理职能已经出现，相应的规则需求也应运而生。但是由于公司各部门尚未独立划分，而是融合在业务部门之中，所以相应的职责和规范也未能独立成体系，而是混杂在一起。为了和主营业务规则相区分，起草者就将它们归入"一般性规则"之中。这或许可以解释为什么起草者没有把这部分"一般规则"按照常规置于分则之前，而是放在了最后。可以想象起草者在构思文本时也许经历了左右为难的踌躇：从标题看应当将这部分内容放在最前面，以为统领整套规章制度的基本原则和精神；但是其内容大大不同于总则意义上的一般性规则，而是关于服务性职能的具体规则，放在第一部分显然不合适，放在最后倒是同其辅助性作用相匹配的。

可以看到，前述铁路公司的内部制度是单一的、平面化的规则体系，其主要内容是公司的主营业务规则，因此并不存在制度的体系结构问题，就好像人类最初的法律制度都规定在一个法典之中。到了西联电报公司时期，越来越多的公司职能开始分化并显示了它们的重要性，因而开始了制度化规范，而不再是仅凭习惯或者主管者的意志来加以"人化"管理。但是由于企业管理的分工尚不明确和清晰，所以相应的规则也被归集到一起而模糊地称之为"一般规则"。随着日后企业经营的进一步复杂化，企业管理分工的进一步细化，出现企业各职能部门的划分和独立，并最终形成了现代企业内部制度的体系结构。现今，任何一个完整的公司内部制度都是由公司治理、生产、营销、财务、人事、行政等各个部分的规章集群形成的一个庞大的有机整体，类似于一个国家的法律体系是由各个部门法构成的有机整体一样。

　　西联电报公司内部制度给我们留下的另一个深刻印象是它在内容上的精细度和定量化，这不仅使得规则的可操作性大大提高，同时也更加易于对规则的实施效果加以评估，从而提高公司的整体执行力。比如在关于接受部门的规则中，第7条规定，如果信息包含金额或数字，客户应当于每一处都用文字表述数字，并随后再写明数字，但数字不会被计费；此种情况中的数字应当紧随其欲表述的数字文字之后。此条后面还附有具体例子，俾便人们理解。在关于操作部门的规则中，第30条规定，雇用了一个以上雇员的办公室应当保证在用餐时间应当有一半人员在岗；在工作时间，任何情况下办公室都不得无人在岗；第43条规定，和不熟练的新操作员一起工作时，应当书写得缓慢而清楚，并保证信息已经被完全理解；一个优秀的操作员不在于他快速地处理业务，而在于他为避免出现差错而采取的最大限度的谨慎。在"一般规则"中，第87条规定，应当以统一的格式制作月报，收入和支出应当仔细地予以分类并登记在相应的项目之下；第95条规定，每个办事处的经理应当在月末制作月报，并在不晚于下个月第三天之前呈交给地区主管，月报须附有经审核的凭单；第124条规定，任何时候办事处都应当保存一份本制度的副本，并仅用于本公司员工的知悉和指引。相比之下，我国企业内部制度的一大弊病就在于常常采用模糊性表述而导致无法以其作为依据进行绩效考量。当然，这些规则的制定不是完美的，它们存在一些明显的缺陷，比如原文经常运用被动语态以至于行为主体不明确，原文也惯用大量形容词和论证性语言，而同制度文本的陈述性语言风格不符。但是瑕不掩瑜，我们还是禁不住感叹于150多年前的美国人在制定制度时所作的缜密、周到和细致的思考，更感叹于他们对制度和系统的重视和信赖。他们的规则意识是我们中国企业人尤其应当学习借鉴的宝贵经验。

(2) 1862年《美国运通公司规则、规章和指令》①

快递业务也是随着交通运输业的发展而兴起的热门行业，它和铁路公司、电报公司一样，面临着业务高度分散的跨地区管理难题。正如"美国运通公司"在其公司内部制度汇编的"告公司经理、主管和员工"和"关于公司业务的总体评述"中所指出的，快递公司业务的性质特点就在于非常的"细致"，对所有员工而言，这就意味着系统、精确、准时、审慎、有礼和最重要的"当日的工作当日完成"。为此，公司不得不制定极为明确清楚的规章和指令制度，同时公司的每位员工都必须认真地学习这些制度，并且对于业务操作中所犯的任何错误，行为人不得以不了解公司内部制度为由而请求免除责任。可见，制度化管理的模式是快递公司得以生存和维系业务运转所必需的手段，公司内部制度尤其是有关快递业务操作的制度对公司而言，不是一个可有可无的选择，人治化管理必须让位于制度化管理作为公司运营的首要方式。

遗憾的是，就我们所看到的《美国运通公司规则、规章和指令》而言，它还算不上一个精良完善的制度文本，至少无法和前述铁路公司制度文本所表现出来的体系化优点相媲美，也没能像美国西联电报公司内部制度那样在制度的内容和范围上有所拓展。它的主要的不足之处在于比较散乱，制度起草似乎缺少章法，也缺少创新，仅仅关注了制度的细节内容。整套制度文本由索引、组织图、告公司经理主管和员工、公司业务和快递线路、关于业务的一般评述、地区主管的一般规则、办公室主管一般规则、快递员一般规则、非报告主管的一般和特殊规则、办公室主管特殊规则、快递员特殊规则、收费表、年度或季度合同、办公室分类等内容构成。在一些规则中夹杂着国家法律

---

① *American Express Company, Rules, Regulations and Instructions*, Chicago: Beach & Barnard, Printers, 1862.

选摘（第 99 条、105 条）和大量的费率表格，而国家法律选摘部分也未标明援引自哪一部法令；有些规则以排序条文形式出现，有些则仅以段落形式出现；有些规则标注了条文主旨，但这种标注并非贯穿全文。规范性内容和非规范性内容不断穿插混杂。所以，该制度读来有零乱错杂之感，，缺少规则文本的起草技术支持。

但是从内容上看，制度起草者非常注重"细节"，条文内容非常细致，极具操作性，这是我们可以引为借鉴的积极性因素。比如"地区主管的一般规则"第 3 条规定，在本公司此地区被解雇的员工，如未获得解雇他的主管的批准，不得在本公司彼地区再获雇用；"快递员一般规则"第 17 条规定，"没有所在地区主管的同意，快递员不得变换或离开由他负责的常规路线"，"快递员不得以任何方法、形式或手段进行投机买卖，一经发现即予开除"，这样细致的规定是随处可见的。

（三）前述公司的发展及其启示

系统化和制度化管理是企业成长和行业特色的产物。19 世纪初交通和通信行业的发展刺激了企业的成长。通过对代表当时最先进管理经验的大型企业内部制度进行的考察，我们发现当时企业规模的扩张和跨地区管理的难题催生了企业对系统化制度管理的需求和倚重，"资源积累和系统管理视为对大型组织成长所作出的一种反应"[①]。大型公司纷纷通过制度化管理来加强企业内部秩序和资源整合，企业内部制度成了这些企业维持运营和生存下去的必要因素和资源之一。

实际上，铁路公司和电报公司的管理难题是 19 世纪英美企业所面临的共同难题的尖锐表现。正如美国学者指出的，英美企业的初步成功和急剧扩张已经发展到了这样的局面，企业内部运营越来越混乱、令人费解和低效。从横向上看，企业内部的信息流转和工作协调非常脆弱，相关指令和流程常常被延误、遗忘或者被错误地理解和执

[①] [美] 丹尼尔·A. 雷恩：《管理思想史》，孙健敏等译，中国人民大学出版社 2009 年版，第 123 页。

行；从纵向上看，企业科层组织之间缺乏有效的控制力，上层管理人员对所辖部门和人员的事务和行为不甚了解，导致低层管理人员数量膨胀，高层内部控制信息过度繁杂而无法吸收利用，信息纵向流转失效等诸多困境。简而言之，各种问题集中体现于企业运营流程松散而未形成有效整合，高层管理又对企业内部的控制能力不断下降。

针对这一问题产生了各种对策，系统化管理程序和方法是当时最见成效的一种解决之道，它所依赖的主要手段有建立程序，以指导员工做什么、如何做、何时开始、何时完成；促使管理人员的行为符合一定的标准和方向等。这些手段的实现都需要建立管理制度，即制定规定、标准和程序，比如生产控制制度、库存控制制度、会计制度、责任分配制度以及诸如此类的制度。虽然，各种企业所处的行业和领域不同，规模和发展程度不同，但是它们所建设的制度都具有一些基本的共性：一是，建立各种程序制度，以规定特定岗位和特定员工的任务；二是，在各种程序制度之间建立关联性，以加强企业内部的协调性和一体化，并且这种机制的运行具有明确性和自动性的特点；三是，在企业内部形成自主化的信息流转。[1] 可见，为了应对企业因规模扩张而引发的内部管理失控，人们所采用的各种管理对策和系统建设，都需要诉诸于系统化的制度建置才能得以实现。企业内部制度是新的管理理念、管理经验的载体，是它们得以实施的基础性条件，也是提高执行力的一剂良方，它追求的终极效果就是通过提高企业的内部控制能力而提高生产效力。大规模企业生存和发展需要"最有效的制度……这是生产的经济性和标准化所必需的"[2]。

前述铁路公司和电报公司正式通过建立系统、明确的制度规范，一方面细化了企业内部的劳动分工，增进管理的有序化，大幅提高劳动效率；另一方面，根据国家法令的相关内容所制定的规则，解决了

---

[1] Joseph A. Litterer, "Systematic Management: Design for Organizational Recoupling in American Manufacturing Firms", *Business History Review*, winter 1963, 37, pp. 369-391.

[2] Oberlin Smith, "System in Machine Shops", *American Machinist* 8, October 31, 1885, p. 1.

企业对外部相关利益者的规范问题，从而有利于企业经营业务的开展。它们所建立的企业内部制度帮助企业在激烈的市场竞争中成为强者生存下来并不断发展。它们在此后的一百多年中又经历了怎样的发展之途？他们是否能够适应20世纪的巨变？如今它们还是不是21世纪市场竞争中的佼佼者呢？

成立于1838年的爱丁堡—格拉斯哥铁路公司始终运营良好。1865年它被并入北英铁路公司（the North British Railway Co.），一家由它自己发起的公司。爱丁堡—格拉斯哥铁路线至今仍是连接这两座城市的主要交通线，而北英铁路公司则最终成为苏格兰地区拥有最长铁路里程的一家铁路公司。后来，根据英国1921年铁路法令，英国实行铁路公司集团化（"The Grouping" of Railways）政策，1923年北英铁路公司成为伦敦—东北铁路公司（the London & North East Railway）的一部分，业务范围覆盖了英格兰伦敦至苏格兰罗西茅斯（Lossiemouth）。其后，根据英国1947年交通法令，英国实行铁路网络国有化作为公共服务国有化政策的一部分，1948年1月1日伦敦—东北铁路公司作为"英国四大铁路公司"（Big Four British Railway Companies）之一被国有化为大英铁路公司（British Rail）的一部分。[1]

曼彻斯特—谢菲尔德—林肯郡铁路公司是在1847年通过合并而成立起来的。为了在1899开设伦敦沿线，该公司于1897年更名为大中心铁路公司（the Great Central Railway）。1923年大中心铁路公司也成为伦敦—东北铁路公司（the London & North East Railway）的一部分。[2]

---

[1] "Records of the Edinburgh & Glasgow Railway Co, Scotland", from：http://www.archiveshub.ac.uk/news/0406egrc.html；"Records of the North British Railway Co., Edinburgh, Scotland", from：http://www.archiveshub.ac.uk/news/0406nbrc.html；"British Rail", from："http://en.wikipedia.org/wiki/British_Rail". Surfed on 17 April, 2009.

[2] "Manchester, Sheffield and Lincolnshire Railway", from：http://en.wikipedia.org/wiki/Manchester,_Sheffield_and_Lincolnshire_Railway, surfed on 17 April, 2009.

西联电报公司自成立始就一直演绎着自己的辉煌。成立于1851年的纽约—密西西比印刷电报公司，在它的创始人之一埃兹拉·康奈尔①（Ezra Cornell）的坚持下于1856年更名为西联电报公司。其后不久，它的电报业务从美国扩展到了欧洲，并逐渐主导了整个电报行业，成为一个工业垄断巨头和第一个通讯帝国，开启了世界通讯业的发展。1871年它借助于自己广泛的电报网络推出了货币转账服务。当1884年纽约证券交易所创立第一个道琼斯指数交通运输指数（the Dow Jones Transportation Average）时，它就是最初的11家公司之一，而且在这11个公司中，9个都是铁路公司，只有2个非铁路公司，西联就是其中之一。在整个20世纪，西联不断在通讯领域中开拓和创新，利用新科技升级换代传统电报业务，它率先为客户提供信用卡服务，率先推出唱歌电报、城际传真、电传打字机，率先涉足电信行业并拥有自己的通讯卫星等。在与因特网等其他通信服务的激烈竞争中，2006年1月，西联不得不宣布结束所有电报和商业信息传送业务，这标志着西联155年不曾间断地提供电报服务的终结，也标志着整个电报时代的终结。在这150多年的历程中，西联发展迅猛，不断推陈出新，扩展产品线，曾收购了500多家公司；它也经历了业务转型、拆分、并购、重组、遭遇抵制等诸多变故，但它至今仍然是活跃在竞争异常激烈的世界市场中的一个强势国际化企业。西联公司（the Western Union Company）如今是国际汇兑市场的霸主，截至2008年9月，它在240多个国家和地区拥有375000个代理商，年营业额50亿美金。②

美国运通公司成立于1850年，最初从事邮件快递业务；1882年开始涉足金融服务领域，并在日后将之作为自己的主营业务。它是纽

---

① 这位电报行业的先驱人物，后来用自己在西联电报公司中积累起来的财富，出资创建了一所大学，即著名的康奈尔大学。

② Company's website at：http：//corporate. westernunion. com/history. html；"Western Union"，Wikipedia，from：http：//en. wikipedia. org/wiki/Western_Union；"Western Union Corporation"，Encyclopædia Britannica，from：http：//www. britannica. com/EBchecked/topic/640918/Western-Union-Corporation.

约证券交易所第二古老的道琼斯工业指数（the Dow Jones Industrial Average）最初30家公司之一。1891年自推出旅行支票（Traveler's Cheque）后，美国运通成为一家真正的跨国公司。当第一次大战爆发时，它已经成为铁路快运的垄断企业。但由于美国战时对军需物资统一运输的需要，罗斯福政府的州际商业委员会决定对铁路快运实行严格控制，"战争努力"（the war effort）① 最终导致铁路线的整合，所有铁路快运公司全部合并为一家新的公司"美国铁路快运代理公司"（American Railway Express Agency Company），其40%份额来源于最大贡献者美国运通，它转让了114710公里、10000余个办事处的铁路快运业务。战后，美国运通将公司发展重点投向金融领域，它在信用卡、旅行支票、旅游、财务计划及国际银行业占领先地位，如今它是国际上最大的旅游服务、综合性财务、金融投资和信息处理的环球公司。②

我们可以看到，两家英国铁路公司由于国有化政策而被并入国家铁路系统，两家美国公司则一直存续到今天，而且始终保持着行业领袖地位。虽然它们已经不再从事公司成立时经营的业务，而是全面跨入了新的领域，而且转型同样获得了成功。成功转型的事实说明了公司具有强大的生命力和对不断变化着的市场环境的适应能力。其原因在于，其一，最初主营业务的终结，并不是出于公司的经营不善，而是由于一些客观原因，比如新科技的普遍化自然要淘汰一些传统事物，或者由于战争这种特殊因素的介入，使得公司必须改变发展轨道。但在此之前，它们在本行业中始终保持着主导地位，这为其成功转型打下了坚实的基础。其二，这两家公司所拥有的科学化内部制度和系统化管理模式保证了公司的健康运营和可持续发展能力，使得它

---

① "战争努力"是指在战争期间对包括工业和人力资源在内的社会资源的协调和动员，以支持军事力量。

② Company's website at：http://home3.americanexpress.com/corp/os/history.asp；"American Express"，Wikipedia，from：http://en.wikipedia.org/wiki/American_Express.

们一方面保持着传统业务的行业领导地位，另一方面又能及时捕捉和抓住新的市场机遇，积极开拓新的业务领域。当市场环境改变或遭到大的变故时，公司不至于全面衰败而退出市场，或者猝不及防地轰然倒塌。当然，公司的成功转型，不可能归因于制度这个唯一因素，而必定是诸多因素合力的结果；但是，如果没有一套科学合理的内部制度来实施有效管理，很难想象这些巨型公司能够始终保持有序化、高效率和低成本的健康运营，能够历经百年的变故和战争的冲击，而依然保持着强大的生命力，占据着行业领导企业的地位。

让我们再放眼世界最成功企业的发展历程。西方有学者对1994年《财富》500强企业进行过调查，发现39%即193家企业具有百年以上的历史，几近一半即247家企业是在1880—1920年间创办的。虽然它们最初的名字可能和现在不一样，但很多现代公司都始于这个时代，例如柯达、可口可乐、百事、西尔斯、通用电气、福特汽车、通用汽车、IBM、迪士尼、波音、达美航空等耳熟能详的名字。这些企业"往往在它们的行业中最先进行必要的投资和创造对开发新技术和新市场至关重要的企业组织"[1]。而管理者必须意识到"组织的一个重要因素是'制度'，即整体机制"[2]。西方制度主义者们有时将组织机构和制度视为可互相化通的概念，任何组织的存在都离不开制度规范的因素，两者是互相依存的。企业要形成有竞争力的组织整体，必定离不开制度建设的努力。

本章小结

人类的文明形态不断发展，在物质文明和精神文明之外，关于制度文明的记载也有着悠久的历史，从"原始社会的犯罪与习俗"到"汉谟拉比法典"、从"唐律疏议"到"法国民法典"，它们无不镌刻着人类对良法美制孜孜追求的足迹。人类的社会属性决定了制度文

---

[1] Harris Corporation, "Founding Date of the 1994 Fortune 500 U.S. Companies", *Business History Review*, Spring 1996, 70, pp. 77–84.

[2] Robb, *Lectures on Organization*, p.173.

明是为组织维护基本秩序和调处利益关系的不可或缺的一个独立要素。在某种意义上，国家好比一个大企业，企业好比一个小国家，它们的生存和发展都依赖于制度规范的理性之治。法治之于国家的重要性，已有了两千多年的理论积淀。而制度之于企业的意义，则是在19世纪末20世纪初才进入人们眼帘的，这一时期正值企业迅猛发展和急速扩张。出身实业界的泰勒所提出的企业科学管理原理，便是围绕着制度管理优于人力管理的洞见而阐发的，"制度"代表着"科学"，这不禁让人联想起亚里士多德提出的法治优越于人治的论断。经济学家和社会学家韦伯则通过学术化的理论论证提出了基于理性规则的组织理论和官僚制度理论，从而为大型组织的理性和有序运行提供了解决方案。20世纪流行于美国的制度经济学更是将制度置于企业生产要素的高度，集中系统地阐述了制度在提高经济效益方面不可替代的作用。在商业实战中，检视西方企业的内部制度实践，我们看到的是制度和企业相辅相成的发展历程。制度文明将越来越成为企业生存和可持续发展的一个决定性因素。

第二章　企业内部制度与法治衔接的基本问题

一、企业内部制度与法治衔接的历史和发展趋势

(一) 早期的衔接：公司章程和公司治理

企业内部制度与国家法的衔接最早体现于公司章程之中。在企业的历史发展进程中，当它最终获得法律认可，成为具有权利能力的公司法人之后，公司章程便起到了联结政府与公司的纽带作用，并在一定程度上反映政府对市场主体的调控观念。其原因在于：首先，公司章程是公司设立的法定必要条件，是公司对政府作出的具有法律效力的书面保障。公司的设立程序以订立章程为开始，它作为公司设立的最重要的法律文件，一经批准就对外产生法律效力，公司依章程享有权利、履行义务。其次，公司章程的法律地位、内容、制定和修改程序、效力均由国家法作出规定，制定公司章程必须遵循法的依据。公司章程就是公司法在特定企业的实施细则和具体延伸，不熟悉公司法，就无从起草公司章程。而公司章程中法定内容的多少则取决于国家对公司自治权的认可程度。最后，公司章程也是公司对外进行经济交往的基本法律依据，其记载事项为投资人、债权人和第三人与该公

司进行经济交往提供了条件和资信。由上可见，公司章程应当具有法定性、真实性和公开性的特点，是国家管理监督公司的主要依据。因此，一经出现公司，就必然带来公司章程与法律衔接的事实。

当然，公司章程的法律效力和公开性并没有改变公司章程的自治性。公司章程不是公司内部制度体系中的一般规则，而是公司的根本大法，是公司"宪章"，为公司各项活动提供最高准则。章程虽然具有法律效力并对外公开，但由于它是经公司制定的记载股东意思表示一致的文书，而不是由国家制定的规范性文件，因此其效力仅及于公司及相关当事人，而不具有社会普遍效力。

公司章程的内容主要在于规定公司的性质、基本权力配置和组织结构、公司经营原则和管理体制等基本问题。以现在的观念来看，公司章程解决的主要就是公司治理的问题，但是在公司刚刚诞生之际，人们还没有提出公司治理的概念。因此，可以认为，企业内部制度与国家法的早期衔接，主要发生于公司治理领域。

1. 从特许状到公司章程

18世纪后半叶至19世纪上半叶是西方国家各类企业崭露头角并繁荣发展的时期。这是工业革命和大机器生产带来的必然结果，也同国家自由放任主义的思想观念和刺激经济的积极政策有关。当时法律的指导思想不在于强化对市场主体的控制，而在于形成一个充满活力的环境，促使企业最大限度地发挥自由创造的主动性，为经济发展提供制度动力。

在这一时期的英美法中，一个至关重要的法律概念是特许权，公司是与特许制度紧密相连的。公司是法律的产物，其创立采用特许制，在18世纪末19世纪初的英美国家，每个私人公司的成立都要获得国家通过立法行为颁发的特许状（a special state charter）[1]，从而赋予公司同自然人一样的法律地位，公司便成为法律上拟制的"人"，即法人。于是，特许权就成了"从取之不尽的国家权力的水库中授予个人的东西。

---

[1] See "special charter", *Black's Law Dictionary*, 8th ed., Thomson West 2004, p.250.

从历史上说，它意味着自由、意味着解放。"特许权的意义"集中于如何在不损伤基本价值及不打破权力均衡的前提下打开企业的发展之门。"①

由于每个特许状都是针对一个公司的具体情况而特制和核发的，因此当时英美公司的公司章程就是以这个法律形式的特许状表现出来的，法人治理的相关问题也自然包含于其中。换言之，英美公司章程（the corporate charter）实际上是一个国家规范性法律文件和公司内部制度二位一体的文本。特许状规定了公司设立、公司作为法人而享有的权利，以及公司内部基本权力结构等问题。对于国家而言，它是一个公司运营的许可证明；对于公司而言，它则是公司内部治理的基本规则。可见，在英美国家公司发展的早先岁月中，国家法律和公司章程呈现一体化的面貌。

比如在 19 世纪以前的美国，公司还是一个极其新颖的鲜有事物，1800 年以后商业公司才慢慢出现，主要是一些银行、保险公司或者公路运河公司。每个公司成立前必须获得国家颁予的特许状。这种特许状既针对公司设立又针对公司治理问题，也即它不仅仅是允许公司运营的一个官方证明，"就它的具体内容而言，它更像是一部规定公司内部架构的宪法。"② 公司关于某一个事项是否有权制定公司细则，应取决于该特许状有无相关规定。在著名的达特茅斯学院诉伍德沃德案（Dartmouth College v. Woodward, 1819）中，美国最高法院认为特许状是国家和法人之间签订的契约，法人拥有什么样的权利取决于特许状的规定。③ 在 Tayler v. Griswold 案中，新泽西最高法院在认定一家公司是否有权制定关于股东代理投票权的公司细则时认为，公司只有在特许状明确授权的情况下，才有权制定代理投票权的细则；如

---

① ［美］弗里德曼：《美国法律史》，苏彦新等译，中国社会科学出版社 2007 年版，第 183 页。

② James Willard Hurst, *The Legitimacy of the Business Corporation in the Law of the United Stated 1780—1970*, Charlottesville, VA, 1970, pp. 15 - 16.

③ 在本案中，最高法院马歇尔大法官论述了法人的性质。法人是一个拟制体，看不见摸不着而仅存在于法律之中，由于它仅是法律的创造物，它只能享有成立特许状中赋予它的权利。

无明确授权条款，无论是股东还是董事都无权规定代理投票事项。规定股东投票权是一个典型而重要的公司治理问题。选举程序一般都在特许状中予以规定，而选举权则因不同州和不同公司的特许状而各异。① 这也说明了特许状的双重身份，它既是许可公司设立的特别法，又扮演了公司章程的角色，它主要解决的是关于公司与债权人、公司股东、董事、职工之间关系和权利义务的公司治理问题。

  国家法律和公司章程相分离，完全是由于法律的一般化而引起的，也就是特许状为一般公司法所替代。当特许状的需求量急速上升，为成立公司而提出特许状的申请已经成为一个普通而大众化的现象时，国家无法、也没有必要再以一个公司一个特许状的方式来应对公司成立这个法律事实。成立公司的许可已经放开，公司成为人们普遍欢迎的一般商业形式。立法机构无需对每起公司设立的事例进行审查，因为制定符合每个公司具体情况的条款，这既浪费了立法机构的时间，又使公司设立程序繁复而笨拙。于是随着时间的推移，已经变得程式化、标准化的特许状申请制度最终被制定成普遍化的规则，全部纳入一般公司法和公司判例法之中，由公司法对公司的设立、公司基本权利义务和其他公司重大问题统一作出规制。由特许状到公司法的一般化过程是渐次推进的，美国人首先按照行业来制定公司法。1811 年纽约州的一部关于制造公司的法律通常被认为是美国第一部一般性的商业公司法。② 19 世纪 20 年代末第一批铁路公司终于获得政府特许状而建立起来。后来由于需要大量成立铁路公司的特许状，美国遂颁布了关于成立铁路公司的一般法，从而使得铁路公司的成立无需特定的特许状。③ 自此，公司在设立时必须为自己制定章程，而

---

  ① Charles W. Wootton and Christie L. Roszkowski, "Legal Aspects of Corporate Governance in Early American Railroads" *Business and Economic History*, Winter 1999, pp. 325 -336.

  ② 参见［美］弗里德曼：《美国法律史》，苏彦新等译，中国社会科学出版社 2007 年版，第 197 页。

  ③ Charles W. Wootton and Christie L. Roszkowski, "Legal Aspects of Corporate Governance in Early American Railroads" *Business and Economic History*, Winter 1999, p. 325.

章程的制定又必须以一般公司法为最重要、最直接的依据,公司章程与法律相衔接的问题也应运而生。

2. 公司治理的法律规范

企业内部制度与国家法律的衔接问题,与公司治理有密切联系。其原因,一方面在于公司章程解决公司基本权力架构问题,属于公司治理的内容;另一方面则在于出现了所有权和管理权相分离而导致的商业腐败。在 19 世纪前半叶,法律对公司行为的规制很少,商业条款适用范围狭窄,主要是关于公司设立的一些基本问题。但是随着公司所有权和管理权相分离而出现的商业腐败问题愈演愈烈,国家开始对集资的有限责任公司提高警惕和防范,并着手从统一规范公司章程的制定、对公司财务提出法律要求这两方面开始,加大了法律与企业内部制度的衔接范围。这些衔接是由公司治理问题引发的,是从公司章程和财务制度方面率先开始的。由于公司治理问题在铁路公司初露端倪,因而改革商业行为的第一次尝试出现在铁路行业。

在英国,根据 19 世纪的法律,每家集资公司的设立都必须获得一个单独的特许状的批准,因此,法律对每家公司的要求不尽相同,每家公司都拥有不同的公司章程。当时的会计和财务报告不存在任何法律或者通行的规定,公司法也仅具备雏形。纺织厂主要是由独资和合伙人所有和管理,对会计和财务报告的要求很是简化,公司治理问题并不凸显。而铁路行业具有一种浪漫的魔力,吸引了众多投资者猛烈投机,并形成集资式的公司。管理和控制着英国 5000 英里铁路的大亨乔治·哈德逊(George Hudson)就是其中的投机者,在那里发生了最高管理层渎职行为的早期案例。他向资本派发红利;更改铁路运输和收入的账目,以显示比实际更高的盈利能力;向投资者发布虚假声明;还倒买倒卖公司的铁轨,将其中的利润装入自己的腰包。铁路公司由于所有权和管理权相分离而出现了一系列商业腐败和欺骗行为,给投资者造成严重伤害,给社会造成巨大的负面影响。

为此,英国议会于 1845 年通过了《公司条款合并法案》(Company Clauses Consolidation Act),给公司章程的制定带来一定程度的统一,要求公司保存"完整和真实的账目,并强制要求三位董事和首席执行官核实和签署公司的资产负债表。这是国家运用法律手段开始约束公司内部行为的早期实例。

在美国也同样如此：1869 年，马萨诸塞州通过了第一个针对铁路行业的法令；19 世纪 70 年代的《格兰杰法》（Granger Laws）将管制引入其他行业；美国还第一次在和平时期征收联邦所得税，即 1894 年制定的《威尔逊—戈尔曼税法》（Wilson-Gorman Tax Act）。① 公司在制定和修改相关内部制度时必须将法律的要求纳入其中，以保障公司行为的合法合规。

当然，所有这些，并不意味着国家对企业加强了干涉和监管，而只是表明，国家意识到公司应当保持最低限度的诚实道德和商业伦理，并就此提出了法律要求和约束办法。在资本主义初期，资本主义国家仍然坚持着亚当·斯密的观念，盛行着自由竞争的自由放任精神，主流管理业界仍然提倡政府的角色是保护而不是控制，唯一必要的立法仅在于保护"诚实的理性人"免受不诚实的股票发起人和管理人的伤害。

（二）分水岭：20 世纪的经济大萧条

发生于 20 世纪二三十年代的经济大萧条，是资本主义世界的一道分水岭。长期萧条的局面对国家、社会和个人造成巨大冲击，导致西方国家在经济、政治、社会乃至个人的价值观、心理和生活上产生重大转变。自由主义个人观开始向国家干预的社会化观念转变，政府开始从"看不见的手"向"热情的手"转变，经济人的时代开始向社会人的时代转变。②

政府、经济和企业的关系也随之发生变化。政府采取凯恩斯主义，有些国家的实际政策甚至比凯恩斯的新经济学走得更远，政府越

---

① 参见［美］丹尼尔·A. 雷恩：《管理思想史》，孙健敏等译，中国人民大学出版社 2009 年版，第 104—105、133 页。
② 凭借个人努力和自由市场，就可以使从赤贫到暴富的美国神话成了水中之月，人们感到无力独自应付经济困难，转而向政府要求救济。

来越多地介入经济生活,对经济资源的配置进行干预,将政府援助同工业资本主义结合起来,并致力于改善劳资关系、加强就业和社会保障体系。企业作为经济发展的核心力量,自然也在许多方面受到国家的引导和干预,自由放任的私人企业制度走向衰落,"虽然资本主义被保留了下来,所有权和管理权仍然掌握在私人手中,但是控制和政策线路逐渐落到执政党手中。新的公司概念将公司与公共利益前所未有地结合起来,一方面号召企业领导者要具有'经济上的政治家才能',另一方面主张对公司的权力集中进行公共规制。"①

政府加强了对企业的引导和监管,对企业内部管理及相应制度也产生了直接影响。这些引导和监管,就手段而言,在西方法治发达国家,主要是通过法律来实施的;就发生的领域而言,自大萧条至第二次世界大战前,率先在劳资关系领域,或者说在更广泛意义上的企业人力资源领域受到影响和规制的。自此,企业必须承担起法律赋予的社会责任。

美国是实现这一转型的最具代表性的国家。在罗斯福总统上任的头100天内,国会就以《联邦紧急救济法》(Federal Relief Act)、《铁路重组法》(Railway Reorganization Act)、《国家工业复兴法》(National Industrial Recovery Act)等一系列法律拉开了拯救自由企业和加强社会保障的序幕。此后,联邦和州议会通过了大量新政法律和法令,美国最高法院虽然在一开始死守放任主义和限制政府权力的理论,做出一些反对新政的判例,但面对现实危机,面对与政府的激烈斗争,最终改变了思想,转而支持新政法律。②就这样,联邦政府权力在政府—企业关系中达到了甚至连进步党人都未曾预料到的程度。

与此同时,在当时的政治气候和法律的积极肯定下,全国性的工会行动成功组织起来。1932年胡佛政府的《联邦反禁令法》(Federal

---

① 参见[美]丹尼尔·A. 雷恩:《管理思想史》,孙健敏等译,中国人民大学出版社2009年版,第431页。

② 参见"新政判例"、"有限的宪法革命"部分,[美]伯纳德·施瓦茨:《美国法律史》,王军等译,法律出版社2007年版,第168—174页。

Anti-Injunction Act）是第一批保护工人参与工会活动的法律之一，它规定联邦法院不得阻挠劳工联盟的组建、罢工和其他针对企业管理的活动，而在此之前，雇主们是占尽优势地位的。1933 年《国家工业复兴法》加强了这一规定，其第 7 条 a 款规定，员工有权利组织工会和通过他们自己选择的代表来进行集体谈判……雇主不得加以干涉、限制或强迫；b 款规定了最高工作时间、最低工资和最低工作条件；c 款还授权总统执行本法以免劳资双方签订有关的自由契约。

此后，美国政府又出台了一系列劳动保障法。1935 年《社会保障法》（Social Security Act）为社会弱势人员提供援助；1936 年新修订的《铁路劳动法》扩大适用于对航空业工人的保护和纠纷解决；1938 年《公平劳动标准法》（Fair Labor Standards Act）为特定工人确保了每小时最低工资为 25 美分，每周工作时间最多为 40 小时；1938 年《铁路失业保险法》（Railroad Unemployment Insurance Act）是第一部全国性失业保护法。当 1935 年美国最高法院宣布《国家工业复兴法》违宪无效后，国会又迅即在年中通过了《国家劳动关系法》（National Labor Relations Act, or called Wagner Act），以更为全面地保护了工人组织工会、集体谈判、参与罢工以及其他一致性的维权活动。该法律规定了劳动者最低工资和最高工作时间，还设立了全国劳动关系委员会，来对不公正劳动关系进行调查和裁决，对通过提供更好的工作培训和发展工作流程来提升员工素养予以监督。此外，该法律还说明了 5 种不正当管理行为[①]，从而对企业管理者能够做什么施加了限制条件。该法的施行标志着美国劳资关系的一个重要转折点，而其折射出来的美国 20 世纪 30 年代所发生的理念上的变化，则可以从罗斯福总统 1937 年在参议院的演讲中窥见一斑：工人享有集体谈判的权利是社会正义的底线，也是商业事务中合情合理的行为，拒绝

---

① 包括：a 干涉、限制或者强迫员工行使合法权利，这些权利包括自由结社，互相帮助或保护，组织、参加或协助工会组织，通过自己选择的代表就工资和劳动条件进行集体谈判等；b 协助或主导劳动组织；c 歧视雇员以鼓励或劝阻雇员采取支持劳动组织的行为；d 歧视提出控告或证明的员工；e 拒绝与员工代表谈判。

或遵从这一权利意味着专制和民主之间的分野。①

自此，权力的天平从企业家手里转向政府和有组织的劳工手里，政府的要求、工会的力量、立法和司法保护都成了企业管理决策时需要考虑的新变量。这些变化对企业及其内部管理的影响是重大而深刻的。企业不再是一个真空领域，它在追求商业利益的同时还必须顾及政府和法律对其提出的要求和社会责任。正如罗斯福总统智囊团的一位成员所言，企业按照自己的意愿行事的美妙时光已经一去不复返了，新的企业领导人必须承认工会的存在，并且谨记最大多数人的最大利益。②

除了在劳资关系领域企业必须考虑法律制度的约束以外，在企业的财务、产品质量监管等其他领域，法律之手也逐渐伸向企业的内部管理。例如，美国在20世纪20年代以前，在财务会计方面没有法律规范。会计行为只是为了加强内部经营管理和取得银行贷款，很少考虑股东的需要，国家也不强制要求股东提供财务会计报告。这一时期被西方学者称之为"银行家"的时代。经济大危机之后，美国政府先后于1933年和1934年公布了《证券法》和《证券交易法》两部重要的法律，要求股份公司在向社会公众出售股票之前，必须向证券交易委员会登记，并公布其会计报表。由于送交证券交易委员会的会计报表必须按公认会计原则编制，并经独立会计师的审计，这就对企业的会计信息质量形成强有力的约束。目前，在西方国家，法律的规定构成了对会计信息质量的最基本的监督和约束。③ 在产品质量方面，罗斯福总统新政期间，国会出台了一系列食品及其他产品安全方面的法律、法规，其中最具代表性的是1938年国会通过了较为完善的《食品、药品和化妆品法》，构成了美国食品药品法的基本框架，

---

① Harry A. Millis, *From the Wagner Act to Taft-Hartley: a study of national labor policy and labor relations*, University of Chicago Press., 1950.

② Rexford Guy Tugwell, *The Industrial Discipline*, New York: Columbia University Press, 1933, p.158.

③ 参见朱荣恩等编著：《企业内部控制制度设计——理论与实践》，上海财经大学出版社2005年版，第6页。

此后的食品药品法都是以它为基础的。

企业的内部制度直接反映了这些变化。大萧条前的企业充分享受着自由放任主义政策的风气，国家鼓励企业的自由发展以快速实现国家的工业化。为配合这一目标，国家一方面通过法律赋予企业合法地位，比如英美国家简化了公司设立的特许状制度，制定统一公司法来统一公司设立行为，并明确企业的法定权利和义务；另一方面，国家对经济生活和社会生活很少介入，在商业管制方面几乎没有实施有效政策，法律的立场非常清楚，只要不违反企业的盈利性目标，就不予干涉。因此，企业除了在制定公司章程时需要与公司法的有关规定相对接以外，其他的内部制度规定主要以反映系统管理和科学管理为宗旨，重点在于提高企业的生产效率和合理利用资源，而无需过多考虑与国家法的关系，两者需要衔接之处甚少，这也意味着企业内部制度的高度自主性是这一时期的主要特征。

在大萧条之后，企业内部制度与国家法治相衔接的领域不断扩展。在经济危机时代，个人和小企业转而向政府寻求救济，政府也"开动水泵"，刺激消费，促进经济恢复，加强宏观调控，消解社会矛盾，改善社会关系。国家通过出台一系列法律法规和最高法院的司法判例来实现干预职能。为顺应法制的这种变化，企业内部制度在满足科学管理的需要之外，还必须考虑政府和公共规制的因素，回应法律对企业行为提出的要求。比如，企业的人力资源领域一般包括人员招聘与录用、劳动合同管理、薪酬、培训、考绩奖惩、辞职辞退、退休管理、福利保障等方面的内容。如前文提到的美国政府在大萧条后大量介入劳资关系，提高劳动条件和社会保障，那么美国企业在制定相关的内部制度时，不能不熟悉相关的《国家工业复兴法》、《社会保障法》、《国家劳动关系法》、《铁路劳动法》、《铁路失业保险法》、《公平劳动标准法》等法律，以确保企业有关人力资源制度不与相关法律、法规相抵触，否则就会受到有关机构，如美国的全国劳动关系委员会的调查和否定裁决。这一趋势日渐增强，一位管理史学者指出，"从20世纪60年代开始，而且此后处于不断加速的发展当中，一系列关于招聘、雇用、薪酬、退休金计划、职业安全与卫生以及人事工作其他方面的法律规定，使人事专家的作用变得更加重要。"①这里的所谓人事专家，已不仅仅指富有人事管理理念和经验的专家，同时也应当是谙熟国家劳动、社会保障和其他有关法律、法规和政策的专家。这说明了企业的管理及其制度不仅是企业自身的问题，也包括其与政府和法律的关系。这些事实都意味着企业内部制度与法律相衔接的范围日益扩大，以至于在今天，企业内部制度在人事、会计等特定领域已经成为解决法律具体实施问题的重要媒介。

（三）全球化：跨国公司企业内部制度的机遇和挑战

国与国之间的贸易和商业往来有着悠久的历史，并非新鲜事物，但经济全球化的浪潮却是伴随着科学技术的迅猛发展和自由市场的全面开放而在最近一个世纪席卷而来的。经济全球化带来了法律全球化的论争，而私法尤其是商法的全球一体化已是一种客观存在。② 经济全球化也催生了众多跨国公司，它们正在以公司利维坦的形式展现着企业的力量，一些大公司比如微软的产值超过了小国家的 GDP。2008 年的金融危机则向世人展现了跨国金融企业如何牵动着世界经济的神经。跨国公司的影响力如此之大，其内部制度也越来越引起西方法学学者们的关注，因为在那里更强调自由市场、平等竞争和市民社会自治，因此跨国公司内部规则在社会秩序的建构中扮演者越来越重要的角色。

跨国公司的强势力量使得其内部庞大复杂的规则系统在商业和法律的型塑过程发挥着越来越重要的作用。有学者基于法律多元化的立场，认为跨国公司的内部规则是一种商法（lex mercatoria）或新的商人习惯法，这种商法还包括了技术标准、职业规则、国际行业组织的规则、标准化合同、国际仲裁机构的仲裁、国际商事公约等在内的规

---

① ［美］丹尼尔·A. 雷恩：《管理思想史》，孙健敏等译，中国人民大学出版社 2009 年版，第 496 页。

② 参见江平：《法律的全球化趋势已是一种客观存在》，《领导决策信息》2003年第 5 期。

则形式。它们是没有国界的全球法（global law without a state），在世界范围内生效，并且独立于国家法。① 它们以私性主体制定规则的形式出现，并正以全球化的规模发展着，这个过程体现着在市民社会各个领域中大量的去中心化的"法律"创制过程。② 新商法的共同特点在于：其一，具有"国际性"的法，因为贸易无国界；其二，具有自治性，属于自治法或者私法，它们跨越国界而独立存在着；其三，它们同国内法既互相依存，也互相影响，在发展过程中，国内法要从现代商人法中吸取新的素养以适应调整国际商事关系发展的需要，现代商人法则要依靠国内法来承认它的法律效力。③

1. 跨国公司内部制度与法治的衔接

由于跨国公司内部制度国际化特征，它同国家法的关系变得更为错综复杂。宏观而言，两者处于一种博弈关系，合作与竞争并存；微观而言，不同领域有不同的关系表现。跨国公司不仅仅跨越国界，而且常以母子公司、集团公司的复杂形式出现，并常在数个领域进行多元化经营，因此其内部制度较之一般的国内企业更为庞大，也更为复杂。跨国公司内部制度建构的突出特点在于：

一方面，总部的公司章程是下属企业或者分支机构共同遵循的行为规范，总部制定的规则体系在整个跨国公司内部具有约束力，下属企业或者分支机构可以制定自身的制度规范，但一般不得同总部规章制度的精神和原则相抵触。跨国公司设有完整的决策体系和最高决策中心，公司总部或者母公司行使相当大程度的统一规划和统一决策权，各子公司或分公司虽各有自己的决策机构，可以根据自己的经营业务和不同特点进行决策活动，但其决策必须同最高决策中心保持和谐关系。④ 可见，跨国公司总部的规则体系对分布在不同国域、不同

---

① See Gunther Teubner: "Golbal Bukowina": Legal Pluralism in the World Society, *Global Law Without A State*, Athenaeum Press, 1997, pp. 3 – 4.

② See Gunther Teubner: Foreword: Legal Regimes of Global Non-state Actors, *Global Law Without A State*, Athenaeum Press, 1997, p. xiii.

③ 参见冯玉军：《法律全球化的实现途径刍议》，《求是学刊》2004 年第 1 期。

④ 参见 http://baike.baidu.com/view/9740.htm? fr=ala0_1。

经营领域的下属实体，也同样具有统领作用。

另一方面，跨国公司跨国经营，其内部规则势必同不同国家的法律制度产生关联。总部的制度规范同本国的法制相衔接，在本国的法律秩序下生效。在异国的子公司或者分支机构，由于线形的管理层级和法律效力的属地原则，它们实际上需要遵循二元制度体系，即一则通过遵守总部的规则体系而间接地遵守总部所在国的法制，二则它们还必须遵守所在国的法律法规。两者相较而言，遵守所在国的法律更为重要，因为现代社会在法的效力上普遍采用属地主义为主的原则，跨国公司下属机构应当首先尊重所在国的法律，这是它们在所在国合法经营的基本要求，也是它们履行对所在国社会责任的基本要求。我国《外资企业法》和《中外合资经营企业法》均规定，外资或者合资企业应当遵守中国的法律、法规。[1] 联合国《跨国公司行为章程》（UN Draft Code of Conduct on Transnational Corporations, 1990）也有相关规定，跨国公司的下属机构应当遵守经营地所在国的法律、法规和行政管理。[2] 当然，法律的规定是简单明确的，但实际情况总是复杂的多，大致可以分为三种情形：

其一，跨国公司内部规则所涉及的本国法律有规定的事项，在其他国家没有相应规定的，位于其他国家的下属机构内部规则是否应当遵循这些规定？理论上说应当遵循母公司所在国法律的规定，但是在

---

[1] 我国《外资企业法》规定，外资企业必须遵守中国的法律、法规，不得损害中国的社会公共利益。《外资企业法实施细则》第10条和第15条还规定，申请设立外资企业应当向有关审批机关报送外资企业的章程，章程应当包括内部组织机构及其职权和议事规则，财务、会计及审计的原则和制度，劳动管理等内容；第56条规定，外资企业应当依照中国法律、法规和财政机关的规定，建立财务会计制度并报其所在地财政、税务机关备案；第64条规定，外资企业在中国境内雇用职工，企业和职工双方应当依照中国的法律、法规签订劳动合同。合同中应当订明雇用、辞退、报酬、福利、劳动保护、劳动保险等事项。《中外合资经营企业法》和《中外合资经营企业法实施条例》也有类似规定，比如实施条例第69条规定，合营企业的财务与会计制度，应当按照中国有关法律和财务会计制度的规定，结合合营企业的情况加以制定，并报当地财政部门、税务机关备案。

[2] UN Draft Code of Conduct on Transnational Corporations, 1990, paragraph 8.

实际操作中，不同的法律会使得跨国竞争变得更加复杂。比如1977年美国《反海外腐败法》（U. S. Foreign Corrupt Practices Act）禁止从事公开交易的美国公司向外国政府官员或外国政党、政党官员或其代理人行贿。但实践中，该法案很少被使用，而且由于妨碍了美国公司在其他国家的竞争而受到批评，争议的焦点在于美国的合法商业行为标准是否应该应用于其他国家？① 公司总是以利润最大化为追求的，这一追求也同样会影响它同法治之间的博弈关系，当法治有利于公司利润最大化的目标时，公司内部制度就同法治产生合作关系，反之则两者将呈现竞争的关系，公司内部制度将尽力规避法治的约束。本例中位于海外的下属公司就可以所在国法律没有规定而规避母公司所在国的法律。

其二，跨国公司下属机构所在国法律规定的事项，在跨国公司本国没有规定的，下属机构的内部规则应当遵守所在国的法律制度。

其三，跨国公司本国的法律和跨国公司下属机构所在国的法律规定不一致时，应当优先适用所在国的法律。在这种情况下，就很有可能出现跨国公司下属机构的内部规则同总部的内部规则和总部所在国的法律制度不相吻合甚至冲突的局面。这种情况在企业的某些职能领域中颇为常见，并且这种冲突在不同的领域中也会产生合作或者竞争的不同关系。合作意味着海外下属企业内部制度最大化尊重当地法律和法规，竞争意味着出于跨国公司整体利益和政策的一致性，海外下属企业内部制度尽力规避当地法律和法规的做法。比如在人力资源领域，合作关系占主导地位，因为跨国公司一般都倾向于实行去中心化的人事政策，将具体人事规则的制定自主权下放到当地企业，这不仅是出于人事管理涉及地区文化特点，企业必须适应地方人文环境，也由于在劳动关系方面普遍存在较高水平的地方法律控制，② 当地企业

---

① 参见［美］丹尼尔·A. 雷恩：《管理思想史》，孙健敏等译，中国人民大学出版社2009年版，第556页。

② See Peter T. Muchlinski: *Multinational Enterprises and the Law*, Oxford: Blackwell Publishers, 1995, chapter 13.

必须贯彻当地的社会劳动保障法律、法规和政策。而在财务管理领域，情况就趋向于复杂化。跨国公司的财务控制通常位于组织的更高层级上，① 因此对下属企业的财务会计倾向于实施更统一化的管理。而一国的法律和法规又往往会对企业财务、会计、审计的原则和规则作出相当具体的规定。如果一国的财务会计法律制度国际化程度比较高，与国际通行的准则融会贯通，那么跨国公司海外下属企业的规则设定就能较好地同当地法律法规衔接起来；反之，适用当地法律制度难以体现跨国公司统一的财务政策和盈利模式，那么制度竞争就在所难免，海外下属企业可能以种种策略和协调机制来规避所在国的法律法规。

2. 跨国公司对外部法律制度的影响

跨国公司在国际商业界中的强势力量，使得它们在法制发展进程中也有机会扮演重要角色。位居业界领导地位的跨国公司的制度实践在推进国际商法的演进方面功不可没。贸易无国界，商法是最具国际因素的一种法，也更倚重于商业习惯和商业实践在法的形成过程中的渊源作用，因此跨国公司内部制度对国际商事规则的形成有着毋庸置疑的重要作用。

正如一位美国学者指出的，跨国公司已经并将继续积极参与它们所处市场和行业中的法律标准的形成。凭借它们强大的市场和品牌力量，它们有能力影响商业法律规则的原则和内容。在一个特定市场中最为通用的法律规则很有可能源于业界领导企业的交易条款。最典型的例子就是在使用标准合同的行业中，随着时间的推移，合同的条款逐渐成为商业习惯法并最终成为商事制定法。比如，在海事保险领域，自14世纪开始就出现了规范货物和船只的保险条款，世界范围内有多个保险中心，但是随着大英帝国的崛起和扩张，18世纪末伦敦成为最重要的海事保险中心。到19世纪并直至20世纪前期，英国主导了国际航海交通，垄断了国际海事保险业务。Lloyds是当时海事

---

① See Alan C. Schapiro：*Multinational Financial Management*, 4th ed., Needham Heights：Allyn and Bacon, chapter 1, 15.

保险的领军企业，Lloyds 船只和货物格式合同（Lloyds Shop and Goods Form，缩写为 SG Form）成为海事保险标准化条款的直接渊源。18 世纪末英国法院采信已被普遍接受了的 SG 格式合同中的具体条款及其商业含义，于是同海事保险有关的法律也随之成形。这一过程最终发展为将海事保险普通法法典化为 1906 年的《海事保险法》（Marine Insurance Act 1906）。SG 格式合同被附于该法之后，以彰显其在该法制定中的重要地位。不仅如此，SG 格式合同还影响了其他国家相关法律制度的形成，并以此对国际海事保险规则作出重要贡献。[1]

3. 余论

在经济全球化的背景下，2008 年金融危机使跨国企业的高风险业务给世界经济带来的危机暴露无余。比如业务遍布全球的美国投资银行，它们以有限责任给世界经济带来无限风险；还有其他各类金融企业，它们往往参与跨国业务，交易的范围遍布全球性，但如何受到所在国的法律规制确实是个难题。面对这样的情形，人们不禁要问，这些跨国公司与国家法治是什么关系，法治当如何应对和控制跨国业务可能出现的种种弊害呢？这是一个具有挑战性的问题。一方面，社会和商业的实践总是走在法律的前面，正是这些问题的出现使得人们反思现存法治的漏洞和缺陷，从改善法律环境的角度来加强金融监管，通过健全和完善法律法规来引导企业制定自我规训的制度规范，从而抵制无限贪婪的资本意志。当相关的法律监管尚未健全时，很难要求企业用自身的规则系统约束资本的行为，因为资本的意志和力量是无限强大的。另一方面，法律和制度不是全能的，也不是没有边界的，许多问题并不是法律或者制度可以解决得了的，需要综合运用其他社会、经济、政治、伦理等杠杆予以调节和平衡。

---

[1] See Peter T. Muchlinski: "Global Bukowina" Examined: Viewing the Multinational Enterprise as a Transnational Law-making Community, *Global Law Without A State*, Athenaeum Press, 1997, pp. 86 – 87.

二、法治与企业内部制度衔接的动因

法治与企业内部制度的衔接是现代国家经济、社会和法治发展的必然结果，也是企业履行社会责任、进行制度建设的客观需要。现代企业的内部制度是法治和自治的有机结合。因为企业不是在放任自由的商业环境下存在的，国家对企业实施有限调控，而这种调控不应以行政化的管制方式出现，而应当以适合市场经济发展的法治化形式出现，因此在市场法治化条件下，企业是在遵守法律的过程中适应国家的经济管理的。20世纪后半期以来，国家越来越注重扮演两个角色，一个是作为市场经济中"看得见的手"，积极进行市场调控，维护经济的稳健前行，履行国家的经济职能；另一个是作为福利国家，在实现社会正义和保障生态文明中起主导作用，履行国家的社会职能。这两个方面都是与企业息息相关的。

（一）市场经济条件下企业和法治的互动

自近代以来，世界各国的历史发展都向世人印证了现代国家和社会的文明进步离不开市场经济和现代法治这两个要素。市场经济的发展是现代社会进步的内在动力和经济基础，现代法治是经济和社会发展的制度保障和激励机制。市场经济对法治的需求和依赖程度比之其他类型的经济形式要显著得多，实践证明了市场经济就是法治经济，或者说就是制度经济，是各种经济关系契约化、法治化的过程。[1] 在市场经济和现代法治的共生发展中，企业不仅是处于其中的重要主体，也是一股重要的推动力量。

在市场经济的发展过程中，企业作为重要的经济主体，成为现代生产力发展的主要推动力量。梅因的"从身份到契约"的著名论断，实际上也是从以身份为主导的旧的经济关系到以契约自由为主导的新

---

[1] 参见周旺生：《法理学》，北京大学出版社2006年版，第142—143页；周旺生：《企业制度规范的新境域》，《开滦精煤股份有限公司制度规范集纂》，"编后语"。

企业制度与法治的衔接

的市场经济关系转变的过程。企业在这样一个过程中扮演着日益重要的角色。企业作为实现生产力的承担者、市场经济的主体，已经成为改变生产方式、优化社会的主导力量。企业自身的繁荣发展带动了社会整体大规模的进步。美国在19世纪初期就经历了这样一个过程："在上一个世纪，如果仅仅依靠单个企业家的积极性和财力，那种根本改变了这个社会的性质的工业发展是难以实现的。正是公司制度，使人们能够聚集起对这个大陆进行经济征服所需要的财富和智慧。"[1]

企业作为一个现象或整体，其发展壮大的过程，也是现代法治发达的过程。从诸如法治的平等原则、契约自由原则和权力限制原则，到一系列具体的法律概念、法律规则和法律制度的出现，其形成动因之一，就是为保障和促进企业的发展、维护企业与社会的和谐进步。比如，法人概念、公司制度就完全是法律上的一种拟制或创造物，其目的是将一定的社会团体纳入法律保护的范围，使其成为像自然人一样享有权利和承担义务的主体。商业企业最先被创设为法人，东印度公司、皇家非洲公司和哈得逊湾公司等均根据英国的特许状而成立。[2] 19世纪美国的立法者和法官进一步创制了关于企业公司的法律制度，大大控制了企业的风险，促进了企业和经济的发展。又比如，在现代法治国家中，公法制度应当致力于对公民和组织基本权利的保护和对国家公权力的限制，这就为企业赢得了不受公权力非法侵犯的发展空间。民法和商法等私法制度赋予企业以合法地位，并为企业构建了健康经济交往的平台和规则。社会法则使得企业在追求自我利益最大化的同时，承担起一定的社会责任，如对雇用人员基本权益的保护，对环境资源的合理利用等，使企业与社会得以和谐地同步发展。可见法治的发展同企业的发展是密不可分的。

市场经济中的企业对法律制度供给存在内在需求。市场经济要求有完善的法律体系，法律就是市场经济中的游戏规则，没有完善的法

---

[1] ［美］施瓦茨：《美国法律史》，王军等译，法律出版社2007年版，第69页。
[2] 参见［英］沃克：《牛津法律大辞典》，李双元等译，法律出版社2003年版，第265页。

律，就无法形成完全的市场环境。在依靠行政命令或行政手段影响市场主体作出行为决策的条件下，企业缺乏稳定的预期，难以获得自由和健康的发展，完善的市场经济也无从建立，企业和市场都是脆弱的。因此，市场经济和企业的发展在客观上需要法律的规则之治，企业对法治的需求是内在性的。因此，企业在制定内部制度时，自然要做到与国家的法律制度吻合起来，使自己适应市场环境，符合市场标准，在此基础上才有可能提升市场竞争能力。而在法治不完善、市场经济不完全的条件下，遵循市场规则和法律规则未必是最有利于企业发展的途径，企业可以通过其他手段来谋求利润增长。在这样的状况下，企业内部制度建设与法治的衔接就必定不是企业面临的主要课题。

现代法治的完善和践行需要企业以自我创设的制度为媒介，推动法治目标的实现。一方面，国家法治需要企业内部制度予以延伸。对于每个企业而言，国家的法律制度仍然是框架性的和原则性的，需要企业以更为具体、更具操作性的制度规范予以细化和展开。与"送法下乡"一样，在城市生活中需要送法下企业。法治有赖于企业的践行，其方式之一就是将企业的自治规则和法律制度连接起来，在国家和企业之间形成一体化的社会规则体系，减少规则冲突。另一方面，法治的有效实施有赖于企业内部制度的推动。法律关系的主体分为自然人和组织，许多法律规定的权利义务常常通过组织作用于自然人。比如某些社会法所规定的社会保障制度的有效实施和对个人基本权利的保障，需要通过企业予以具体实现，相关的企业劳动规章就成为联结法治和个人的制度媒介，实现法治对社会正义和个人权利的保障。此外，法治所调整的市场经济关系也有赖于企业通过自治规则来规范自身的行为，从而实现公平竞争的市场秩序，保证国家整体的经济安全。

（二）最低限度企业商业伦理和社会责任的法律规制

1. 企业社会责任的发展

企业承担社会责任是企业和社会发展的必然趋势。追求经济利润曾经是企业的唯一任务，然而随着企业对经济和社会发展产生日益重要的影响，这种影响包括积极的和消极的两个方面，企业也必须接受或者主动承担一定的社会义务，成为"企业公民"。

现代企业需承担的责任最粗略地可以划分为经济责任和社会责任两大类别。经济责任是第一位的，也曾经是企业唯一应履行的责任。在19世纪初期的美国，法院对公司将一部分利润用于和企业无关的慈善活动加以严格限制，认为企业管理者和董事是股东的受托人，他们不能利用公司财产为所欲为，只有当捐赠财产能够给公司带来可衡量的利益时公司董事才可以这样做。所以在当时，公司的慈善行为可能遭到质疑，企业家们只能以个人名义而不是企业名义从事慈善事业。直到1935年《联邦收入法》（Federal Revenue Act）修订了"5%条款"、1953年史密斯制造公司诉巴洛等人案以后，公司才能够从事造福普通大众的活动。[1] 可见，追究经济利益不仅是企业的终极目标，也是企业的根本责任。

随着企业主体地位的不断提升，它在为经济繁荣和社会进步做出巨大贡献的同时，也产生了一系列负面影响，比如企业未能尽到的对人的责任[2]，对产品的责任，对环境资源的责任等。企业应承担起适当社会责任的呼声不断涌现。

如今，企业社会责任的范围非常广泛，并且由于其同公共利益的紧密联系，企业社会责任的内容随着社会价值观的改变而不断变化。利益相关者（stakeholders）说是诠释企业社会责任最具代表性的理

---

[1] "5%"条款允许公司从净收入中最多扣除该比例来捐献给慈善机构。在史密斯制造公司诉巴洛等人案中，该公司向普林斯顿大学捐赠了1500美元用于基础教育。一些股东提出了诉讼，声称这种行为超出公司章程所授予的权限。新泽西州最高法院的判决赞成该公司的行为，认为企业对高等教育的支持符合自由企业社会（free-enterprise society）的最佳利益。该案件并没有继续上诉，而对于企业参与社会活动持赞成立场的这个判例也得以确立。参见［美］丹尼尔·A.雷恩著：《管理思想史》，孙健敏等译，中国人民大学出版社2009年版，第126—127、546页。

[2] 主要指对员工生产安全、基本福利保障、就业机会均等、反对歧视等方面的责任。

论。企业拥有各种利益相关者，他们不仅包括那些能够影响企业目标实现的个人和群体，也包括企业实现目标的过程中受到影响的所有个人和群体。[1] 企业管理者对他们负有责任。这些利益相关者的参与和投入或者分担了企业的经营风险、营造了良好的市场环境，或者为企业的经营活动付出了代价。因此，斯坦福研究院学者们认为利益相关者是这样一些群体，如果没有他们的支持，该组织就不复存在。[2] 企业管理者理应对他们负有责任，企业追求的是利益相关者的整体利益，而不仅仅是某些主体的利益。

企业社会责任首先表现为商业伦理，也就是关于企业如何道德经营的期待，也可以表现为企业的慈善责任，它完全是企业自愿的社会奉献。商业伦理和社会责任虽然有所不同，比如商业伦理也包括企业员工个体的商业道德行为，但两者之间的界限并不总是泾渭分明的。不应当也不可能要求每一个企业都能履行所有社会责任的内容，作为市场中独立主体的企业应当享有自己的选择权。因为：一者，对于任何企业而言，经济责任仍然是第一位的，除非经济目标得以实现，否则其他责任都没有兑现的基础，只有通过所创造的经济成果，才能证明企业存在的正当性和价值性，企业才有资格追求社会的或非经济的目标。二者，有些如慈善捐赠的社会责任，属于高层次伦理道德行为，应当完全出于企业的自愿行为。但是，我们也要看到经济目标和社会目标并不是互相排斥、非此即彼的命题，它们之间是可以互动和叠加的，有些基本社会目标和远期经济目标是一致的。因此，国家可以根据所处社会的价值观念和具体情况，对企业应当履行什么样的社会责任、践行何种程度的商业伦理提出最起码的要求，并通过法律加以规定，这样的社会责任就成为企业应当承担的法律责任，而法律责任则反映了公司社会责任的最低标准。

---

[1] R. Edward Freeman, *Strategic Management: A Stakeholder Approach*, Boston: Pitman, 1984, p.31.

[2] R. Edward Freeman, *Strategic Management: A Stakeholder Approach*, Boston: Pitman, 1984, p.31.

2. 企业社会责任的实现

企业实现社会责任可以出于遵循市场规律、遵守法律、道德自律三种动机。法律规制是除市场机制之外促使企业履行社会责任的有效手段。

其一,遵循市场规律,市场为企业履行社会责任提供激励机制。恪守市场规律是企业的内在动力,这种方式因企业自身的认同和追求而往往效度很高,当然前提是企业所处的是完全的市场经济环境。西方学者在研究美国 20 世纪初期制定的《肉类检验法》(Meat Inspection Act)、《纯净食品和药品法》(Pure Food and Drug Act)和一系列其他产品责任法得以通过的各种幕后因素时发现:一方面,接连发生食品丑闻之后,消费者虽然没有组织起来,但他们逐渐向政府施加压力,迫使政府采取立法行动。消费者拒绝购买的浪潮使那些食品公司遭到了惨重损失,并吓得它们接受或事实上要求对自身加以控制。[1] 另一方面,许多企业对这些法案持积极态度,迫切希望通过法律来保护消费者和他们自己。人们往往把这些法案的通过归功于那本让人看后作呕的著作《屠宰场》和总统的支持,但更深层次的动因并非如此。许多来自食品加工、制药、酿造、焙烤和蒸馏行业的人士,联合起来支持这次立法,以保护诚实制造商和消费者的利益。[2] 市场的自由竞争从根本上触发了企业承担基本社会责任的动力。据西方学者统计,从长远意义来说,富有社会责任感的企业可以使包括股东在内的所有企业利益相关者受益最大,因为企业将因此而拥有良好的声誉,与竞争对手相比,企业的投资和经营风险降低,受到社区居民喜爱和支持,获得友好的外部环境,企业综合竞争力将会得到提升。[3]

其二,遵循法律规范,法制为企业履行社会责任提供了制度规

---

[1] 参见〔美〕弗里德曼:《美国法律史》,苏彦新译,中国社会科学出版社 2007 年版,第 499 页。

[2] Donna J. Wood, "The Strategic Use of Public Policy: Business Support for the 1906 Food and Drug Act", *Business History Review* 59, Aut. 1985, pp. 403 – 432.

[3] 参见〔美〕加雷恩·琼斯、珍妮弗·乔治、查尔斯·希尔:《当代管理学》,李建伟、严勇、周晖等译,人民邮电出版社 2003 年版,第 106 页。

制。法律为企业确立了最低的道德标准。由立法机构制定的规范、管理和监督商业活动的法律制度成为企业履责的外部约束，这种外部约束因其具有国家强制力的特性而成为有效手段。市场难免"失灵"，经济的发展航向和社会进步也时常不能同步，诸如财经安全、劳动者权利保障、产品质量标准、消费者权益保障、环境保护和可持续发展等诸多经济和社会问题，需要政府的规制。因此，关于企业在这些方面需要承担何种责任的法律规定是不可或缺的。因为，第一，在市场竞争中形成的对企业承担社会责任的基本要求，需要法律将之加以固化和普遍化，以改善市场竞争环境。市场经济就是法治经济。前面提到的美国食品业界对自身提出质量规范的要求，其根本动因来自于市场竞争的优胜劣汰，而形成稳定、普遍、长效的食品质量标准，仍然需要以政府立法的形式正式确立下来，以资所有相关企业共同遵守。第二，对于市场本身难以解决的，但又对保障社会安全稳定、生态环境健康至关重要的企业责任，就得通过法制化手段予以强制实施。企业对利润的片面追求，有时会导致恶性竞争和唯短期效益是图的后果，从而给社会整体发展带来负面的外部影响。这时就需发挥政府的经济和社会治理职能。而对于市场中的问题，不宜过多运用行政手段，这可能导致政企不分，效率低下，资源浪费的恶果。法治化手段是西方发达国家采用的最主要方式，它有利于企业根据有预见性的规则来调整自身的经营战略和管理制度。第三，社会责任的法制化也折射出国家向企业转嫁一定的社会问题，由企业分担一定的社会责任，国家对企业的权力扩张加以平衡抑制的现实。企业公共管理理论认为企业、政府和社会是一个相互依存、相互影响的系统，企业以自己的行为影响着社会，企业也理应承担一定的公共问题。各国法律都规定企业应当承担所雇员工相当比例的社会保险和保障金，这可以视为国家将一部分社会保障问题转移由企业来分担。同时，随着企业规模越来越大，企业世界性扩张和资本力量的全球性渗透，使得企业在社会经济和政治生活中的影响力也逐渐增强。企业对于个人、大公司对于小公司、跨国公司对于国家，都存在着某种权力失衡和利益博弈。对企业在劳动保障、维护消费者权益、反垄断等方面提出的法定社会责任，也是国家做出的利益均衡的选择。

其三，遵循道德和善的自律。崇高的道德之心和行善之举是企业最高层次的价值选择和伦理取向，企业所承担的也是最高规格的社会责任。但是企业不是慈善组织，也不能以慈善者的道德标准要求企业家。这些社会责任的取舍完全出于企业和企业家的自愿选择，也取决于企业的经济状况。

3. 企业社会责任的规范化

随着企业社会责任获得社会普遍认可，企业社会责任的实现也从非规范化逐渐向规范化转变。企业社会责任的规范化包括两个方面：

一是企业社会责任的立法保障。企业社会责任是企业、政府和社会利益相关者之间利益冲突、博弈和协调的路径选择。[1] 三者在互相博弈过程就企业最低限度社会责任和商业伦理所达成的大体共识，通过法律的途径确立下来，就成为企业承担社会责任的外部制度约束。事实上，自企业社会责任理论日渐成熟以来，企业社会责任立法化的趋势从来都没有停止过。[2] 企业社会责任的法律规制不仅通过公司法予以体现，而且还需各部门法协同配合，由整个法律体系共同反映这一公共政策。我国公司法总则第5条明确提出了企业社会责任条款，[3] 其他许多法律也涉及企业社会责任，比如劳动法、劳动合同法、产品质量法、消费者权益保护法、环境保护法、反垄断法等，还有更大量的相关法规、规章等配套性制度规则。这些规定都对我国企业履行社会责任提出了法定要求。此外，国际组织的一系列文件还构成了企业承担社会责任的国际法约束，比如，国际劳动公约、国际劳工组织1977年的关于多国企业和政策的三方原则宣言、经合组织1976年的多国企业的指导方针、1995年哥本哈根首脑会议关于促进社会需要

---

[1] 参见胡鸿高：《企业社会责任：政府、企业、利益相关者》，载楼建波、甘培忠主编：《企业社会责任专论》，北京大学出版社2009年版，第45页。

[2] 参见朱慈蕴：《公司的社会责任：游走于法律责任与道德规范之间》，载楼建波、甘培忠主编：《企业社会责任专论》，北京大学出版社2009年版，第144—145页。

[3] 《公司法》第5条第1款规定，公司从事经营活动，必须遵守法律、行政法规，遵守社会公德、商业道德，诚实守信，接受政府和社会公众的监督，承担社会责任。

和基本权利宣言等。①

二是企业自身对社会责任和商业伦理的规范化管理。西方大型企业常常将有关商业道德、职业品行和社会责任的内容制定成为规范性文件，以强化其有效实施。据统计，在美国大约有80%—93%的大企业已经有道德伦理规范；在日本，这一数字为77%；在欧洲，50%的大公司有道德规范章程，其中英国占71%，德国占35%。②更为重要的是，企业通过规范化手段践行商业伦理和社会责任不限于制定商业道德方面的规范性文本，因为它的范围是有限的；企业还应当在治理制度和管理制度中贯彻落实符合企业实际情况的商业道德精神和社会责任内容，通过系统的制度建设来实现自身的社会责任。

企业社会责任的外部立法保障和内部管理规范，不是孤立存在的，而是相互联系和支持。企业社会责任的法律约束是企业制定内部规范的指引；企业制定社会责任的内部规范，既是将法律约束内化为企业自身制度的过程，也是履行法定社会责任的过程。两者的有效衔接，有利于提高企业履行社会责任的效果。

（三）福利国家和社会化国家的趋势

西方国家主流思想经历了从古典自由主义到左翼新自由主义的转变，在国家政府的观念上经历了守夜人式国家到福利国家、社会化国家的转变。古典自由主义的学说曾经是近代自由资本主义时期的正统思想。它主张经济秩序是一种自然生长的秩序，是个体自由意志自发行动的结果；自由竞争是经济领域的最高原则，国家仅扮演"守夜人"的角色，而不应干预经济生活，国家职能限于维护社会治安、司法和维持公共事业。但是自19世纪后半期尤其是20世纪的经济危机以后，西方国家的经济和社会发生重大转变。左翼自由主义思想家

---

① 参见［法］热罗姆·巴莱、弗朗索瓦丝·德布里：《企业与道德伦理》，丽泉、侣程译，天津人民出版社2006年版，第382—384页。

② 这些数据不尽准确，但仍可说明问题。参见［法］热罗姆·巴莱、弗朗索瓦丝·德布里：《企业与道德伦理》，丽泉、侣程译，天津人民出版社2006年版，第382页。

根据新的时代特征,对古典自由主义作了重大修正。在个人观念上,从原子式的个人转变为社会性的个人。个体在追求自身利益和实现自身价值的同时,也要向社会承担必要的义务,对自身的利益做出必要的限制。在国家观念上,从强调政治、思想自由转变为强调经济、社会权利,从"警察国家"转变为"福利国家",国家应当适度干预经济,承担社会责任,解决社会问题。这种福利自由主义逐渐成为西方国家的治国方针,成为正统的、主流的自由主义思想。最近发生的金融危机更加印证了市场经济的运行及其社会效果是双重的,既有其巨大的推动经济增长和社会进步的积极作用,也有一定的、有时是相当严重的消极影响。所以,市场经济需要国家为之创造和维护良好的外部环境,需要政府通过法律手段对经济运行和经济活动实行宏观调控,并在此基础上实现经济发展和社会进步的整体文明。①

就政府和企业的关系而言,无论在自由放任时期还是在有限干预时期,政府对企业的影响是始终存在的。对于工商界而言,政府的作用主要有两个。其一,在宏观策略上,促进或者收缩工商业的发展,并体现政府重商或抑商的执政理念。政府可以通过运用信贷、税收、补助等经济杠杆和法律、政策等措施,来刺激或者抑制各类企业的发展,调整国家经济运行的态势。在自由资本主义时期,西方国家以最小化干预来激发工商业的活力,给予企业最大限度的发展自由。并且,无论在什么时期,政府还总是购买商品和服务的最大主顾。其二,在具体的规则制定方面,政府在多大程度上限定企业的经营活动,体现了政府持放任还是干预的价值取向。随着20世纪以来国家社会化、福利化倾向的增强,国家为保障每个人的权益和所要达到的社会目标而制定了大量法律,这意味着政府对企业经营和管理的约束范围不断扩大。在西方法治发达国家,正如美国著名管理学学者所言,每一个企业主管人员都被密如蛛网的法律、规定和法院的决定所包围。其中,有些是为了保护工人、消费者和地方权益的;另一些则

---

① 参见张文显:《二十世纪西方法哲学思潮研究》,法律出版社2006年版,第203—206、239页。

是为了使签订的合同能如实地按拟定的条款履行和保护财产权；又有许多是用以限定工商企业主管人员及其下属人员的行为的。在任何一个组织中的主管人员，他所能做的一切事情很少与法律无关，很少不受法律的专门控制。因此，工商企业的主管人员在作出决策时，身边总是有一位法律专家陪同，就不足为奇了。①

福利化社会化国家理念认为，国家有责任实现社会共同体的整体幸福。企业相对于个人而言是强势主体，福利国家通过财富的再分配和社会正义的实现来协调强与弱之间的关系。因此国家在谋求经济发展的同时，也有责任提高社会福利化程度。企业作为直接拉动经济增长的组织，成为国家立法规制的对象。国家法律一方面服务于企业的生存和发展，为其提供法制保障；另一方面也要强制企业实现基本商业伦理，承担基本社会责任。比如企业作为一种组织，需要通过一定的规则实现稳定的内部秩序和控制。制定规则就涉及对个人权利义务的配置。企业成员应当遵守企业制定的规则，这可以认为是一种契约，由劳动合同予以约定。那么，企业在什么范围内可以对个人施加义务，可以施加什么样的义务，在早先时期曾经几乎是没有什么限制的。"雇主可以随心所欲地雇工人；很少或根本没有劳动安全保障；而且工人被企业的制度网牢牢地禁锢着。"② 企业拥有经济上的支配权而处于强势地位，个人为求生存权而丧失了平等谈判的地位。福利国家主张企业对个人施加的义务应当有合理的限度，这个最低限度由国家的法律予以限定，企业劳动关系方面的内部规则就必须符合国家劳动社会保障方面的法律制度。

事实上，国家社会化和福利化的发展，不仅仅是出于政治和民主的需要，也有其经济现实性。制度经济学者指出，联邦政府权力的稳固上升和它对美国生活更多方面的渗透，明显减少了政府性安排的革

---

① 参见［美］哈罗德·孔茨、西里尔·奥唐奈、海因茨·韦里克：《管理学》，黄砥石、陶文达译，中国社会科学出版社1987年版，第123—124页。
② ［美］弗里德曼：《美国法律史》，苏彦新等译，中国社会科学出版社2007年版，第612页。

企业制度与法治的衔接

新成本。比如，关于社会保障方面的措施或立法，在一个世纪以前，涉及的成本是远远超过其潜在利润的，以政府形式实现收入再分配的成本似乎是无限高昂的；但是在 20 世纪 30 年代，这种政府性安排被创造出来，并被人们接受下来，只是成本依然很高；然而在今天，出台一个类似的社保制度安排，就能在低得多的成本下产生出来。因为一者，一旦一类政府性安排为人们广为接受，那么推广它的政治成本就会下降；二者，按某种导向建立起来的现存官僚政治基础，经常可以使得类似的制度安排相对更便宜地从一种方案扩展到另一种方案中去。① 因此，社会价值的转变、政治和民主对社会化、福利化国家的呼声在客观上降低了政府推行相关政策的成本，从而稳定了这一趋势的发展。

从上述论述中可以看到，在市场经济条件下，除经济杠杆之外，国家对企业的影响，主要不应当采用行政主导型干预，而应当采用法律主导型干预，即通过法律的手段对经济主体的行为进行引导和制约，并形成企业最重要的一种外部环境。现代西方国家对企业进行法律干预主要有两种途径，即立法和司法。立法是指由国家颁布一系列规范企业运行和活动的法律、法规和规章，实施"事前规制"。司法就是指法院对企业事务广泛介入，司法裁决成为权利义务的最终救济和正式安排，以形成稳定的经济秩序。司法介入一方面可以防止行政机关直接干预，另一方面也可以有效弥补公司自治的不足，实现弱者的权利救济，使企业承担一定的社会责任。② 而立法和司法正是法治的两个要端，反映出企业与法治的关联是如此的直接和广泛。企业离不开健康的法治精神、正当的法律观念、完善的法律制度和良好的法律环境。特别是我们国家，刚刚拉开市场经济建设的序幕，刚刚开始

---

① 参见［美］戴维斯、诺斯：《制度创新的理论：描述、类推与说明》，《财产权利与制度变迁——产权学派与新制度经济学派译文集》，上海三联书店 1994 年版，第 301 页。

② 参见李建伟：《公司制度、公司治理与公司管理》，人民法院出版社 2005 年版，第 377—378 页。

向法治国家迈进，更加需要注意企业与法治的内在联系，为企业创设一个健康完善、激发企业活力的先进的法治环境。

三、嵌入法治之中的现代企业内部制度

（一）企业面临的两种制度规范：制度环境和制度安排

任何社会主体都处于制度规范的网络之中，企业也不例外。较之作为自然人的社会主体，企业作为组织的社会主体，它所面临的制度规范更具有复杂性。企业面临的制度规范由内外两个方面构成——企业的制度环境和企业的制度安排。

制度环境是企业的外部制度，是社会存在的、用以调控生产生活和利益关系的规则体系及其结构，包括基本的政治、社会和法律规则，例如法律和产权规则、社会传统等。[1] 企业首先存在于一定的制度环境之中，受到一般社会规则的约束。这些社会规则可以是正式规则，也可以是非正式规则，前者表现为法律制度和法治环境，主要是体现市场经济要求的法律制度；后者往往来自传统、道德规范、意识形态、习俗、惯例、个人行为准则等多方面的交融。

企业外部制度环境的主体是正式规则中的国家法。在我国，任何一个企业都面临着众多法律、法规和规章构成的制度环境。首先，是民商事法，它们是那些确认企业法律地位、赋予企业法律权益、规范企业经营活动的法律规范性文件，如公司法、竞争法、合同法、知识产权法、税收法等。这些法为企业划定了一个框框，企业的经营活动不得超越这个既定的范围。其次，调整劳动关系方面的法也对企业发生着广泛影响。企业如何处理自身和员工之间的关系，要受到法律的规制。再次，部分行政法对企业也具有重要指引作用。比如有关产品质量、生产安全等方面的法。从我国的情况看，在我国现行法的体系

---

[1] 参见鲁鹏：《制度与发展关系研究》，人民出版社2002年版，第187页。

中，同企业直接相关的国家法已涉及相当广泛的主题，包括：企业的基本形式；企业的产生、变更和终止；企业的等级与规模；企业基本权益与管理体制；企业的基本建设；企业劳动人事管理；企业财务管理；工业产权；企业生产技术管理；企业的标准、计量与统计工作；运输；合同；企业营销管理；企业涉外经营；国际贸易；保险；金融与信贷；财政与税收；计划与物资管理；自然资源的开发；环境保护；诉讼；审计；行政监察与行政复议；三资企业；特殊行业、企业及产品等。可以看到，国家法对企业不仅发挥着从产生、到发展、到消亡、到再生的全过程、全方位的影响，还解决了企业与市场、企业与政府、企业与社会、企业与消费者利益的诸多关系。

制度安排是企业的内部制度，是在特定领域内约束人们行为的一组规则，它至少应当具备两大目标：一是提供一种结构，二是提供一种机制，制度的规范结构和规则机制共同构成制度的形式和实质。① 企业要生存和发展还必须为自身制定一系列同市场经济运作相适应的运营规则，这些规则只在企业内部适用，对企业所属主体或者关联主体有效，如企业治理制度和企业管理制度。这是企业自身的制度选择，故称之为企业的制度安排。企业内部制度是调整企业内部关系的规范性文件。它"涉及企业与出资者、企业与债权人、企业与经营者、职工的责、权、利的关系。企业内部责、权、利的明确，可以有效激励和约束各方参与人，强化企业的市场竞争力。"② 完善的企业内部制度的对于稳定企业内部秩序，降低企业经营风险，营造健康的企业文化，提高企业综合竞争力，具有不可替代的作用。

理想的企业外部制度环境和内部制度安排应当协调互动，共同构成规范企业活动的制度保障。"如果说体现市场经济要求的法律制度是市场经济主体走出自身而参与市场经济时所须遵照实施的基本规则。那么，企业自身的那些使市场经济法律制度具体化的制度规范，

---

① 参见卢现祥：《西方新制度经济学》，中国发展出版社1996年版，第20页。
② 李建伟：《公司制度、公司治理与公司管理》，人民法院出版社2005年版，第46页。

则是作为市场经济主体的企业在进入市场经济领域之前所应遵循的初始化的制度规范,和企业在走出市场经济领域之后而修缮自身时所应接受的规制。"① 企业为自身所进行的制度安排必须在企业的制度环境下有序展开,也就是说,企业的内部制度应该在适应企业外部制度环境的前提下建立起来,不得违背法律制度。"企业如果是市场经济中的现代化企业,就需要通过企业自身的制度规范体系,将企业自身的内部管理同国家法律制度衔接起来,将企业参与市场经济的各种行为同国家有关市场经济的法律制度连接起来。"② 当然企业内部制度所调整的范围不限于法律制度所涉及的范围,它还享有更为广阔的自主空间。但从总体来看,企业的外部制度环境和企业的内部制度安排是相互关联的,前者是基础和平台,后者是延展和生发,两者的和谐联动为企业在市场经济中综合竞争力的提升提供了制度动力。

(二) 法治对企业内部制度建设的指引

国家各种规范性法律文件对企业内部制度建设提出了多层次、多领域的全方位的指引。法律对社会主体行为的指引功能也表现在对企业制度建设行为的指引方面。随着我国立法的不断发展和完善,这种指引愈加强化、细化和明确化。国家法对企业制度建设的指引既有授权性的,也有义务性的,而且明确的义务性指引更为常见。中国企业内部制度建设面临的是整个法律体系的规制,就纵向的效力位阶而言,法律、行政法规、地方性法规、政府规章对企业内部制度建设提出了从原则化到具体化的要求;就横向的部门法而言,不同领域的部门法对企业内部制度建设的各个职能模块都有相应规制。国家法对企业内部制度建设的指引方式可以分为明示和默示两种。下面就从法的效力位阶和部门法两个方面,从明示和默示两种方式,说明国家法对

---

① 周旺生:《企业制度规范的新境域》,《开滦精煤股份有限公司制度规范集纂》,"编后语"。
② 周旺生:《企业制度规范的新境域》,《开滦精煤股份有限公司制度规范集纂》,"编后语"。

企业内部制度建设的全方位指引。

1. 明示指引——从法的形式的角度

现代企业制定内部制度规范，不仅是科学管理的需要，也是国家法治的要求。为了规范企业的组织和行为，提高企业的管理水平，促进企业遵守市场经济秩序，履行社会责任，国家法以明确的方式授权或者要求企业制定总的章程、全局性的治理制度、基础性的管理制度和某一方面的具体管理规则，这就是国家法对企业建规立制的明示指引。在我国，不同效力位阶的法都有这方面的规定。

法律 法律是规定和调整国家、社会和公民生活中某一方面带根本性的社会关系或基本问题的一种法。[①] 所以，法律一般以原则化的方式对企业制度建设作出宏观规定。比如同企业联系最紧密的《公司法》、《劳动法》和《劳动合同法》中都有明确的表述。《公司法》对公司建立制度规范作出了总体性规定，其中一种是义务性规定，即公司必须依法制定公司章程，另一种是授权性规定，即董事会有权制定公司的基本管理制度，经理有权制定公司具体规章。[②]《劳动法》和《劳动合同法》以义务性规则规定了用人单位应当依法建立和完善规章制度，保障劳动者享有劳动权利和履行劳动义务。[③]《劳动法》和《劳动合同法》所指的规章制度，主要是属于企业人力资源领域中的制度规范，同时也包括企业其他职能部门中涉及劳动者权利义务配置的制度规范。

此外，我国还有许多其他法律针对企业某一方面职能或者事项，对企业提出制度建设的法定要求。比如，《会计法》规定，企业必须依照本法办理会计事务，应当建立、健全企业内部会计监督制度，并规定企业内部会计监督制度应当符合的法定要求。[④]《环境保护法》规定，产生环境污染和其他公害的单位，必须把环境保护工作纳入计

---

① 参见周旺生主编：《法理学》，北京大学出版社 2007 年版，第 316 页。
② 参见《公司法》第 11、47、50 条。
③ 参见《劳动法》、《劳动合同法》第 4 条。
④ 参见《会计法》第 2、27 条。

划，建立环境保护责任制度。① 《循环经济促进法》第9条规定，企业应当建立健全管理制度，采取措施，降低资源消耗，减少废物的产生量和排放量，提高废物的再利用和资源化水平。《产品质量法》规定，生产者、销售者应当建立健全内部产品质量管理制度，严格实施岗位质量规范、质量责任以及相应的考核办法；销售者应当建立并执行进货检查验收制度，验明产品合格证明和其他标识。② 2009年最新制定的《食品安全法》中的第四章"食品生产经营"，更是详尽地规定了企业应当建立有关食品安全管理的各方面的制度规范。该法首先提出总的要求，即食品生产经营企业应当建立健全本单位的食品安全管理制度，并规定食品生产经营企业应当符合的法定要求之一就是有保证食品安全的规章制度。随后，该法逐一提出食品生产者和经营者为了保障食品安全而应当建立的各类制度规范，如食品生产经营者应当建立并执行从业人员健康管理制度；食用农产品的生产企业和农民专业合作经济组织应当建立食用农产品生产记录制度；食品生产企业应当建立食品原料、食品添加剂、食品相关产品进货查验记录制度，应当建立食品出厂检验记录制度；食品经营企业应当建立食品进货查验记录制度。在第六章"食品进出口"中还规定了进口商应当建立食品进口和销售记录制度。在法律责任中，对未建立并遵守查验记录制度、出厂检验记录制度，进口商未建立并遵守食品进口和销售记录制度的，都由有关主管部门在职责权限范围内依法给予行政处罚。③

行政法规和部门规章 作为法律的实施细则或者为履行政府行政职能的行政法规，对企业提出的制度建设要求，较之法律而言显得更为具体化和个性化，涉及的范围更为广泛，因此对企业建规立制的规范是以中央层面的行政法规为主导的。企业的人力资源、财务管理、行政管理、产品质量、技术开发、审计、法务等职能部门的制度建设都有相应的行政法规提出具体要求。以企业的产品质量管理为例，

---

① 参见《环境保护法》第24条。
② 参见《产品质量法》第3、33条。
③ 参见《食品安全法》第27、32、34、35、36、37、39、67、87、89条。

《产品质量法》和《标准化法》对企业建立健全质量管理制度提出原则性要求，行政法规则在更为细分的产业领域对企业提出更为具体化的要求。比如《工业产品质量责任条例》规定，产品的生产企业必须建立严密、协调、有效的质量保证体系，明确规定产品的质量责任；承储、承运企业在产品入库储存或出库、产品承运或交货时，应按照国家有关规定，严格执行交接验收制度，明确质量责任。[1]《棉花质量监督管理条例》规定，棉花经营者应当建立、健全棉花质量内部管理制度，严格实施岗位质量规范、质量责任及相应的考核办法；棉花经营者收购棉花，应当建立、健全棉花收购质量检查验收制度；棉花经营者承储国家储备棉，应当建立、健全棉花入库、出库质量检查验收制度，未建立棉花入库、出库质量检查验收制度的，由棉花质量监督机构给予行政处罚。[2] 对于生产经营食品的企业而言，食品就是它们的产品。《食品安全法实施条例》对食品生产经营企业为保证食品安全所应制定的规章制度作更为详尽的规定。"三鹿奶粉事件"发生后，就如何控制乳品质量，国务院于2008年10月紧急制定了《乳品质量安全监督管理条例》，该行政法规规定了从奶畜养殖到乳制品销售这一奶业链条中各类企业制定相关制度的法定要求，比如设立奶畜养殖厂、养畜小区应当具备的条件之一是有生鲜乳生产、销售、运输管理制度；生鲜乳收购站应当由取得工商登记的乳制品生产企业等开办，并应具备的条件之一是有卫生管理和质量安全保障制度；乳制品生产企业应当建立质量管理制度、建立生鲜乳进货查验制度；乳制品销售企业应当建立并执行进货查验制度。[3]

部门规章亦是企业建立相关制度不可忽视的一种规范性法律文件。它们是在最微观的层面上同企业发生点对点的联系，即针对符合特定条件的企业或者就特定事项对企业提出制度建设要求。出于打破地方保护主义、建立国家统一市场的需要，当有关事项尚未制定法律

---

[1] 参见《工业产品质量责任条例》第8、13条。
[2] 参见《棉花质量监督管理条例》第3、7、10、27条。
[3] 参见《乳品质量安全监督管理条例》第12、20、29、31、38条。

和行政法规时，部门规章通常起到最为重要的作用，对企业产生直接影响。比如企业内控制度日益成为企业制度建设的最重要和最主要的内容，国家尚无此方面的法律和行政法规，而财政部、证监会、审计署、银监会和保监会则于 2008 年 5 月联合颁布了《企业内部控制基本规范》，它就成为指导企业建立和完善内控制度的最主要的国家法。该规章第 6 条规定，企业应当根据有关法律法规、本规范及其配套办法，制定本企业的内部控制制度并组织实施，并在分则中对企业如何建立和实施内控制度提出了非常详尽的制度指引。

地方性法规和地方政府规章 对企业制度建设的法律规范不仅仅存在于中央立法的层面，地方性法规和地方政府规章也有大量的相关规定，它们有些是为了实施法律和行政法规的内容而制定的实施条例，有些是根据本地实际情况制定的有地方特色的规则。仍然以企业的产品质量管理制度为例，大多数省、自治区和直辖市，部分较大的市都根据《产品质量法》制定了产品质量监督管理条例，就生产企业和销售企业的产品质量管理制度提出更为细化的要求，如生产企业应当建立和施行产品出厂检验制度，该制度应当规定产品合格证明的签发，产品质量责任的责任主体；销售企业应当建立和施行进货检查验收制度，该制度应当包括对进货质量、标识、包装等项目的检查，不符合检查应当拒收的情形等。

2. 默示指引——从法的体系的角度

存在着数量更为庞大、涉及内容更为广泛的法律、法规和规章，它们虽然没有明确提出企业应当建立相关事项的制度规范，但是规定了企业在某一方面的责任，如果企业在这些方面制定规章，就必须符合相关法的具体规定，这是国家法对企业内部立法的默示指引。由于数量太多，很难从具体法律、法规或规章文本来说明问题，所以选取更为宏观的视角，从法律部门来看，民商法、行政法、经济法、社会法等都有对企业的具体授权事项或者对企业设置法定义务。企业往往需要建规立制以规范和引导其组织和员工来实现这些法律授权或义务，因此在这些事项上企业内部制度规范必须符合国家法的规定。比如企业制定的法人治理制度，应当同《公司法》、《证券法》、《上市

105

公司治理准则》以及其他相关法相衔接；企业制定销售管理制度时应当注意同《反不正当竞争法》、《消费者权益保障法》相衔接；企业的合同管理制度应当同《合同法》相衔接；企业制定市场推广管理制度应当注意同《广告法》相衔接；高新技术企业制定核心专利管理制度时应当特别注意同《专利法》相衔接；企业制定税务管理制度时应当注意同有关税收的实体法和程序法相衔接；企业的财务管理制度必须同《会计法》、《票据法》及大量相关的配套法规、规章相衔接；企业制定工会制度、人力资源制度应当注意同劳动社会保障法律、法规和规章相衔接；企业在产品质量方面制定规范性文件必须遵守《产品质量法》并依据法定要求符合各种质量标准；企业制定的生产规范，必须同安全生产相关法和各行业专门的安全生产法律、法规、规章相衔接，比如国家对煤炭、建筑、化工等行业都有专门的安全生产规定，还必须同与环境保护相关的法律、法规、规章相衔接，等等，不一而足。同时，国家法对不同行业的企业有不同程度的法定要求，对高危行业企业、对基本民生有重大影响的行业企业如食品药品行业企业、金融行业企业如银行保险企业、上市公司等，相关的法律规制比较严格和细化，这类企业制度规范的法治化要求也就更高更具体。

四、企业内部制度对法治的延伸

企业内部制度建设不仅仅是被动地接受法治的指引，实施法律提出的要求，还应当也完全有可能积极主动地将法律的规定延展于企业自身的制度规范之中，对法律制度予以细化和补白，从而完善和推进市场经济下的法治国家建设。

（一）对法律制度的延展和补充

企业的内部制度是国家法律制度的延伸和补充，是国家法治的支流和细脉。"体现市场经济要求、维护市场经济秩序和推进市场经济发展的法律制度，还需要其他种种制度规范使其具体化，特别是需要

第二章　企业内部制度与法治衔接的基本问题

通过市场经济主体例如企业自身的制度规范使其具体化。"① 一个现代法治国家的基本框架，即静态法律制度或者说实体法律制度，是需要展开的，这个范围就是企业活动的范围。企业以明确的制度形式将国家普适性的法律规范予以具体化，一方面形成该企业自身的制度体系，另一方面也使得这些法得以细化、延伸和补白，从而使纸面上的法成为企业当中的"活法"。

在我国，企业内部制度的制定者要熟悉相关领域的法律、行政法规、部门规章、企业所在地的地方性法规和地方政府规章，对它们加以纵深地细化和具体化，使国家法律、法规和规章融入到企业日常运行中去，从而使企业"一方面作为一个市场经济的主体存在着，另一方面又作为一个市场经济中的法律人存在着"②。以我国法律为例，一般企业需要予以展开和细化的核心法律涉及公司法、民法通则、物权法、合同法、担保法、商标法、专利法、合伙企业法、个人独资企业法、破产法、反不正当经营法、消费者权益保护法、产品质量法、标准化法、广告法、会计法、审计法、票据法、企业所得税法、税收征管法、安全生产法、劳动法、消防法、环境保护法等。根据企业所处的不同行业，还应当以相应领域的规范性法律文件为依据，比如煤炭产业的企业要注意根据矿产资源法、矿山安全法等的相关规定制定相应的企业制度；房地产企业要注意根据城市房地产管理法、土地管理法、城市规划法等的相关规定制定相应的企业制度。

一方面，健全一个企业的内部制度，需要同一系列法律制度发生关联，将它们延展和细化为适合企业自身情况的更具现实操作性和具体信息含量的实务细则。正如一位美国法学家所言，对于每一个具体的企业而言，法的规定是原则性的，这些笼统的语言就好比是立法者

---

① 周旺生：《企业制度规范的新境域》，《开滦精煤股份有限公司制度规范集纂》，"编后语"。

② 周旺生：《企业制度规范的新境域》，《开滦精煤股份有限公司制度规范集纂》，"编后语"。

107

派往企业的代表团，它将问题的实际解决移交给企业本身。① 企业人力资源制度是与国家法律、法规和规章联系最为紧密的企业内部制度之一，我们以这方面的制度为例加以说明：

关于劳动合同，我国《劳动法》设立专章予以规定，《劳动合同法》和《劳动合同法实施条例》又以整部法律和行政法规的内容规定此问题，应该说这种特殊合同的法治化程度已经相当高了。但是，对于具体企业尤其是大型企业而言，法律、行政法规的规定仍然是指导性和原则性的，它们一般都会根据企业的具体情况，以《×××公司劳动合同管理规则》的形式对本企业的劳动合同事项作出进一步的细化规范。这类劳动合同管理规则一般可以包括总体性规定，合同的期限、合同的初签、合同的生效、合同的续签、合同的变更、解除和终止、合同的保管等内容。以劳动合同的期限为例，《劳动法》第20条规定劳动合同的期限分为有固定期限、无固定期限和以完成一定的工作为期限。《劳动合同法》第12、13、14、15条分别规定了劳动合同的三种种类和它们的具体情况。② 那么企业在劳动合同管理规则中，会规定本企业采用哪几种期限劳动合同及其具体适用情况，如有

---

① 参见［美］弗里德曼：《美国法律史》，苏彦新等译，中国社会科学出版社2007年版，第505页。

② 参见《劳动合同法》第十二条：劳动合同分为固定期限劳动合同、无固定期限劳动合同和以完成一定工作任务为期限的劳动合同。第十三条：固定期限劳动合同，是指用人单位与劳动者约定合同终止时间的劳动合同。／用人单位与劳动者协商一致，可以订立固定期限劳动合同。第十四条：无固定期限劳动合同，是指用人单位与劳动者约定无确定终止时间的劳动合同。／用人单位与劳动者协商一致，可以订立无固定期限劳动合同。有下列情形之一，劳动者提出或者同意续订、订立劳动合同的，除劳动者提出订立固定期限劳动合同外，应当订立无固定期限劳动合同：（一）劳动者在该用人单位连续工作满十年的；（二）用人单位初次实行劳动合同制度或者国有企业改制重新订立劳动合同时，劳动者在该用人单位连续工作满十年且距法定退休年龄不足十年的；（三）连续订立二次固定期限劳动合同，且劳动者没有本法第三十九条和第四十条第一项、第二项规定的情形，续订劳动合同的。／用人单位自用工之日起满一年不与劳动者订立书面劳动合同的，视为用人单位与劳动者已订立无固定期限劳动合同。第十五条：以完成一定工作任务为期限的劳动合同，是指用人单位与劳动者约定以某项工作的完成为合同期限的劳动合同。／用人单位与劳动者协商一致，可以订立以完成一定工作任务为期限的劳动合同。

第二章 企业内部制度与法治衔接的基本问题

些企业规定"公司和分公司与员工订立的劳动合同,应当包括确定劳动合同期限的内容。/①公司和分公司与员工订立的劳动合同的期限,是双方所订立的劳动合同起始和终止的时间。劳动合同期限分为长期、中期和短期三种。/长期工的劳动合同期限为五年、十年和无固定期限。双方第一次订立劳动合同为五年,合同期满后第二次订立劳动合同为十年,双方第三次订立劳动合同,如果员工提出订立无固定期限的劳动合同,应当予以订立。/中期工的劳动合同期限为三年或者五年。农业户口的员工第一次订立劳动合同为三年,非农业户口的员工第一次订立劳动合同为五年。合同期满后,如双方同意,可以续签劳动合同。/短期工的劳动合同期限为十二个月。"② 有些企业对初签合同的期限作出规定:"新入公司的员工与公司初签劳动合同,合同期限为一年零两天。"续签合同的期限:"初次签订的劳动合同期限届满后,如双方同意续签,应当将合同期限续签至当年12月31日;第三次及以后续签的劳动合同,合同期限为一年,即1月1日至当年12月31日。/对于初次签订的合同,到期日距离当年12月31日不足一个月的,如双方同意续签,可将合同期限直接续签至下一年12月31日。"③ 这样,公司员工就可以明确地知晓自己同公司签订劳动合同有几种期限选择,分别如何操作。

另一方面,企业内部制度还能够填补国家法的空白,规定国家法不可能规定也无法规定但具体企业又非常需要的制度规范。仍然以企业与员工订立劳动合同为例:虽然《劳动合同法》和《劳动合同法实施条例》第二章均为"劳动合同的订立",但它们并未涉及劳动合同订立的程序、方式、具体订立人等事项。事实上,法律和行政法规也不适宜对这些事项作出细致的规定,因为企业的情况千差万别,具体如何来订立劳动合同,可以由企业自行决定。而对于具体企业来说,就非常有必要对这些事项作出规范,以防止劳动合同订立的随意

---

① "/"指的是条文中另起一款。
② 参见《开滦精煤股份有限公司劳动合同管理办法》(2002)。
③ 参见《某集团有限公司劳动合同管理规则》。

性；对于欲与企业签订劳动合同的人员而言，有订立合同的程序、方式等规则信息，有利于他们知晓和维护自身的权益。比如对劳动合同的订立程序，有企业这样规定"劳动合同订立工作由公司或分公司人力资源管理部门具体负责。劳动合同的订立应当遵循下列程序：（一）公司或者分公司提出劳动合同文本；（二）双方就劳动合同内容协商；（三）双方订立劳动合同；（四）分公司持与员工订立的劳动合同书到公司加盖劳动合同专用章后，到市劳动仲裁部门鉴证；（五）分公司将订立劳动合同的员工名册报公司人力资源部备案，并填写《职工劳动手册》。"该企业就劳动合同的订立方式规定"劳动合同可以由公司的法定代表人或者由其委托代理人与员工本人订立。委托应当订立委托授权书，公司法定代表人与其委托代理人订立委托授权书，分公司经理与其委托代理人订立委托授权书。"该企业就劳动合同的具体订立人规定"公司和分公司与员工订立劳动合同的具体订立人，根据下列规定确定：（一）公司和分公司的高级管理人员与公司法定代表人订立劳动合同；（二）公司本部的员工与公司法定代表人或者委托的代理人订立劳动合同；（三）分公司的员工与分公司经理或者委托的代理人订立劳动合同。"[①]

（二）作为法律制度的形成渊源

企业活动和企业内部制度还可以作为法的渊源，经过立法者的选择和提炼，成为正式的法律制度。法的形成过程，总是基于某种动因和进路，选择和提炼一定的资源，以实现权力和权利的制度性配置过程。这种使法得以形成的资源、进路和动因，就是法的渊源。法的渊源是法律实际生活的基础性现象，是形成良法美制的宝贵资源。[②] 国家法律制度是来源于实际生活需要的，是来源于实际生活中所存在的

[①] 参见《开滦精煤股份有限公司劳动合同管理办法》（2002）。
[②] 参见周旺生：《论重新研究法的渊源》、《论法的渊源的价值实现》，《法理探索》2005年版。

种种社会规范的,[①] 对于市场经济的法律制度而言,企业内部制度就是其得以形成的重要渊源之一。

一方面,企业制度可以成为法的动因性渊源。企业现象的存在和发展反映了一定的社会需求和经济发展的需要,归根到底是社会物质生活条件所决定的,这就从根本动因上决定了国家必须形成相关的法律制度,来确认企业的合法地位,保障企业的正当权益,建构企业健康发展的法律制度平台。比如,公司制度是现代企业制度最重要的一种形式。美国法学家施瓦茨在谈到美国形成时期的私法和法律制度时,对公司法产生的历史回顾说明了企业如何成为相关法律产生的动因性渊源。他说"公司完全是一种法律的创造物","在美国,紧接着19世纪企业公司迅速发展的,是关于这些实体的性质、它们的权利和义务、它们的股东的权利和义务的司法判决。美国的立法者和法官在这个领域内创制的法律,其本身就是对运用公司制度来迎接这个时代的经济挑战的强有力促进。"[②]

另一方面,企业内部制度可以成为法的资源性渊源,是法律、法规和规章内容的原材料。比如有关财务会计方面的法律、法规和规章,它们的一个重要渊源就是企业在长期的财务运作当中所积累下来的经验和实际做法,国家选取其中最重要、最具有共性的业务操作规程,以法的形式将其固化下来,形成具有普遍约束力的对所有企业都适用的法律规则,这样既维护了市场经济秩序,控制了财务风险,又规范了企业的经济管理和财务管理制度。又比如,在公司法中,强制性规则和任意性规则的关系,是一个根本性的重要问题,反映了立法者的价值取向和所立之法的精神品格。如投票权,公司自行规定董事会决议三比三的情况下董事长再投一票,可不可以?董事会成员3到13人,自行规定15人可不可以?法定公积金必须提留,民办企业不愿意提留,违法不违法?企业利润分配规则是按股东出资比例或持有

[①] 参见周旺生:《企业制度规范的新境域》,《开滦精煤股份有限公司制度规范集纂》,"编后语"。

[②] 施瓦茨:《美国法律史》,王军等译,法律出版社2007年版,第69—70页。

股份比例分配，还是可以由股东自行议定分配规则，类似这些问题，公司法到底在多大范围内允许自行规定，还是予以强制性规定，违反即是违法？这是公司法设计方案的问题。强制性规则主导型的公司法管制性色彩更浓，以政府调控和政府制度供给为主；任意性规则主导型的公司法合意性色彩更浓，以市场调控和企业内部意思自治为主。① 市场经济和法治发达的国家都注意在公司法立法时给企业预留充分的合意空间，将强制性规则控制在合理的限度内，相应地运用更多任意性规则，同时注意适时修改公司相关法律法规，以适应变动不居的市场需求。这就要求企业有成熟完善的内部制度，一方面可以与公司法的任意性规则相衔接相匹配，另一方面又可以作为公司法制定和修改的渊源和材料，使所立之法最大限度地满足企业经济生活的实际需要。

（三）法律制度实施的载体和媒介

企业内部制度是法的实施的载体。法的实施的主体由个人和组织两个方面构成。一方面，企业作为商业组织，在市场经济的法治社会中自然成为一种重要的法的实施主体。企业根据自身状况、行业特征、时空条件等相关因素，将法的有关规定具体化，形成企业内部制度，通过企业日常生产和经营活动中适用这些企业规范制度，将纸面上的法转化为生活中的法，使法在经济生活中发挥其作用，实现其价值。比如我国公司制定章程和各种法人治理制度，就必须同公司法、证券法以及证监会、保监会等部门发布的规章以及上交所、深交所的规范性文件衔接起来，以此实现企业自身的法人治理行为符合国家法律、法规和规章的规定，成为合格的市场主体。

另一方面，有些法律尤其是社会法要作用于个人，有赖于企业和企业内部制度作为实施媒介，以实现法对人的权利保障的终极目标。

---

① 参见江平：《〈公司法〉中的几个重要问题》；罗培新：《反思我国公司法的立法路经》，[日]滨田道代、顾功耘主编：《公司治理：国际借鉴与制度设计》，北京大学出版社2005年版。

比如说，各国劳动法都非常重视对雇员的权利保障。但这些规定是需要通过企业予以具体操作才能实现的。企业在内部制度中对其所属员工规定的种种权利和义务，若都能符合法的规定，那么国家法律就能得到良好的遵守和执行，所要维护的利益就能有效实现；反之，则国家法就会成为一纸具文。譬如某企业生产安全管理规则规定，车间生产人员应当遵守安全操作规程，否则应当自行承担一切后果。这样的规定是明显不合法的，也没有体现国家对员工这部分弱势群体给予的政策倾斜。

可见，企业内部制度的建立和运行的过程，就是法在实际生活中得以有效实行的过程。法治社会的建立和实现，仅靠国家的立法是不够的，还需要各种层面的其他社会规范予以支持和配合。

本章小结

法治和企业内部制度的广泛衔接不是一开始就出现的现象。在自由资本主义时期，当公司还是新兴事物，政府致力于为工商业的发展提供经济机会和自由、调动个体的主动性和开拓精神时，国家法治仅对公司章程和基本法人治理制度做出底线要求。但是以20世纪30年代经济大萧条为分水岭，政府从"看不见的手"转变为"热情的手"，自罗斯福新政以后，政府越来越扮演起一个新角色：成为企业经营活动的管制者。企业也开始被视为"企业公民"，被要求承担一定的社会责任。随着经济人时代向社会人时代的转型，国家趋向于福利化和社会化的发展，企业最低限度商业伦理和社会责任法制化进程的加快，法治与企业内部制度已经、并将继续在更广泛领域和更大程度上产生对接和合作。在20世纪末席卷而来的经济全球化浪潮之中，跨国企业的内部制度被喻为是新时期的"商人法"，在与不同国界中法治的合作和竞争关系、在推动国际商事规则的演进方面都面临着机遇和挑战。

从制度的角度看，企业生存于内外两个方面构成的制度之网中；以国家法为主导的外部制度环境和企业为自身"立法"而形成的制度安排。前者，企业是被规制的对象；后者，企业以"立法者"的身份通过制定内部规则行使指引和约束所属人员的权力。这两个制度系统处于相对独立而又上下联动的纵向关系。企业内部制度嵌于国家法治的框架之中，受到国家法全方位、多层次的指引和规范，违反国家法而制定的企业内部制度将会给企业带来麻烦。但这并不意味着企业内部制度失去自治性，因为对财产权利和契约自由的尊重和保护，意味着国家的法律秩序应当认可企业有权自主地处理内部事务，包括以制度的方式，雇员则通过签署劳动合同而同意接受企业内部规则的约束。法律仅出于社会秩序、利益和正义的价值考虑，对企业提出最基本的要求，但仍然留出大量的规则空白有待企业自身予以填补和细化。在这些方面，法律原则化的表述好比是国家立法者派往企业用以转达民众意志的代表团，问题的实际解决仍需由企业自身来决定。企业不仅能够通过制定内部规则能动地延展法的规定，补充法的空白，在一定条件下还能够使自身成为法形成的渊源，推动法的演进。

　　总之，现代企业内部制度对于法治的关系而言，既有从属性的一面，又有自主性的一面，从属性是至关重要的，自主性又是极为广泛的。

第三章　企业内部制度与法治的内容之衔接

企业内部制度与法律制度在内容上的衔接是实体性问题，也是衔接关系中的主要问题。一方面，企业内部制度内容合法与否，直接决定了它的效力。违反法律、法规或规章的企业内部制度无效，企业所属员工可以不遵守这样的制度，一旦发生劳动纠纷或者其他纠纷，这样的制度也无法作为解决纠纷的依据。因此，合法、合理地制定企业内部制度的各项内容，不仅有利于保护员工的合法利益，也有利于企业自身的维权主张，对于劳动关系双方而言，都是十分重要的。另一方面，企业内部制度内容合法与否，直接影响了相关法律制度的实行状况和所能发挥的现实作用。一些法律、法规或规章以委托性规则的形式，授权企业制定相关规章制度来实现法所要调整的社会关系，因此法律制度中的许多内容有赖于企业内部制度的细化予以实现。法所要保护的个人基本权益，也往往通过企业为媒介予以实现，国家将一定的社会问题转嫁给企业，由企业承担合理的社会责任。企业通过规章制度的建立和实施，既维护了自身利益，又约束了自己的行为，实现法所保护的各类主体的权益。

一、法人治理制度

（一）企业内部制度体系中的"宪法部门"

公司治理制度是公司的基本制度和总体性制度。公司治理主要关注公司的整体组织结构和框架，是公司存在的组织基础和运营的轨道；有什么样的组织制度才会有什么样的管理制度。因此，在所有的企业内部制度中，公司治理制度是第一位的，解决公司宏观制度框架问题，是其他内部制度的基础。公司治理从内容而言，可以分为公司内部治理和公司外部治理。公司内部治理是以产权为主线，依照公司法及其他相关法律、法规的规定，为实行事前监督而设计的有关内部治理结构的制度安排，以明确股东、董事、监事和经理之间的权利和义务关系；公司外部治理主要是以竞争为主线，以正式制度和非正式制度且以非正式制度为主而存在的，由公司外部利益相关者参与或影响而产生的治理因素，涉及竞争环境、信息机制、市场评价，以及政府和社区对公司进行的治理。企业治理制度主要是以内部治理的制度化为主，也包括外部治理中需要和可以制度化的内容，比如信息披露制度等。

公司治理制度是企业内部制度中的宪法部门，与国家法律发生直接关联。就像宪法规定国家和社会生活的根本问题，宪法部门是法的体系中居于主导地位的部门法一样，公司治理制度规定公司的根本组织结构问题，其核心在于解决企业内部权力配置和制衡机制的制度性安排，因而居于企业内部制度体系中的主导地位。然而，公司治理制度的内容是不可以随意规定的，现代公司治理制度的宏观框架都应以公司法的规定为主要依据。公司法以强制性规范对公司组织框架进行构建，规定公司主要机构的设置及其权限划分，调整公司与其成员之间的重要关系等。比如，公司法规定公司章程的必要内容，股东大会、董事会、监事会和高级经理人的法定职权，以及它们之间的法定分工、互相的制约和限制，董事、监事和高级经理人员对公司的忠诚和注意义务。公司必须通过制定公司章程和其他相关制度来适用公司法的这些规定，而不可以通过约定排除或变更这些规定的内容。

我国《公司法》规定，公司治理结构由股东大会、董事会、监事会和经理组成。其中股东大会拥有最终控制权，董事会拥有实际控制权，经理拥有经营权，监事拥有监督权。这四种权力相互制衡，共同构成公司内部治理权。这种治理权力来源于以公司股东所有权为基础的委托——代理关系，并且是公司法所确认的一种正式治理制度安排，构成公司治理的基础。公司治理制度即为解决股东（大会）、董事（会）、监事（会）与经理之间的责、权、利的分配与构成。①

公司治理制度的文本数量可多可少，但不可没有。中等规模以上的企业，应当不少于10个。其中，公司章程是公司治理制度中的根本制度和核心制度，它既是企业设立的基本条件之一，也是其他企业内部制度的基础，因此它是企业内部制度体系中最重要的、效力最高的制度文本，是企业内部的"宪法"。公司治理制度还包括股东大会议事规则、董事会议事规则、监事会议事规则、总经理工作制度、投资者关系制度、信息披露制度等，它们相当于宪法部门中的宪法性法律。因为企业最重要的四种权利：所有权、决策权、执行权和监督权即出自于股东大会、董事会、总经理和监事会，它们的议事规则即为相应权力的行使程序。

（二）法人治理制度的法律依据

公司治理制度同国家公司法律、法规的关系最为紧密，同法律、法规相衔接的历史也最为悠久。公司的设立和存续很大程度上取决于公司治理制度，尤其是公司章程的合法有效制定。各国公司法规制的核心内容之一就是关于公司章程和公司组织结构，也就是公司的宏观治理框架问题。因此注重公司治理制度的合法性原则是非常重要的，公司章程及其他治理制度必须依法制定。

1. 公司章程

作为公司宪章的公司章程是公司内部最重要的制度文本，它与法

---

① 参见李建伟：《公司制度、公司治理与公司管理》，人民法院出版社2005年版，第50—53页。

律关联最为直接、也最为密切，它本身就是具有法律效力的文书，因而是企业内部制度与法律相对接的首要的、也是最重要的联结点。在大陆法系，公司章程是要式法律文件，采用书面形式并需进行商业登记。有关公司章程的问题是法学学者们引为关注和热切讨论的主题，比如公司章程的法律性质、地位和作用，公司章程的法定性和自治性，公司法和公司章程的关系，公司章程修改的法律限制等。[1] 公司章程是公司作为社团法人的重要标志，是联结公司法和企业、政府和企业的纽带，是明确公司法律地位的文书。"在资本主义国家和地区，公司作为市场经济的一种主要组织形式，它与合伙企业、独资企业的区别，主要在于：公司是一种以营利为目的，订有公司章程并经政府准许或登记注册，直接从事生产经营活动，依法成立的社团法人。换句话说，公司是按照公司法和公司章程组织的企业，如果说公司法体现的是国家意志，那么公司章程就是根据国家的意志，明确表达公司创办人及其成员的愿望和目的；它是公司法的实施细则和详尽的规范。所以，设立公司必须有章程。审核公司的设立，主要是审核章程；章程一经核准登记，对公司就具有约束力。由此可见，公司章程是关系公司的权利能力、行为能力和责任能力的规范性文件，是指

---

[1] 我国学者从法学角度对公司章程作出阐述的有代表性的论作有：董慧凝：《论公司法强制性规范与公司章程自由》，《中国社会科学院研究生院学报》2007 年第 6 期；王爱军：《论公司章程的法律性质》，《山东社会科学》2007 年第 7 期；宋从文：《公司章程的合同解读》，《法律适用》2007 年第 2 期；张澎：《论公司章程在有限责任公司股权继承中的作用》，《法律适用》2007 年第 1 期；王建文：《我国公司章程反收购条款：制度空间与适用方法》，《法学评论》2007 年第 2 期；董慧凝：《公司章程修改的法律限制》，《中国社会科学院研究生院学报》2006 年第 5 期；朱慈蕴：《公司章程两分法论——公司章程自治与他治理念的融合》，《当代法学》2006 年第 5 期；沈四宝、沈健：《公司章程在新〈公司法〉中的重要地位与作用》，《法律适用》2006 年第 3 期；赵玲玲：《公司章程在公司治理中的重要性——从公司章程与公司法的关系分析》；《商场现代化》2006 年第 34 期；陈燕平、曾东红：《两大法系股份有限公司章程制度比较与启示》，《南方经济》2003 年第 10 期；陈祥健：《台湾公司章程、公司资本及公司立法的互动性及其实质》，《福建论坛（社科教育版）》1991 年第 12 期；顾功耘：《公司章程存在的问题与对策》，《法学》1989 年第 9 期；王峻岩：《论公司章程的性质和作用》，《中国法学》1986 年第 1 期。

导公司对内对外全部活动的行为准则。"[1] 我国公司法沿袭了大陆法系的传统，赋予公司章程非常重要的地位，在总共219个条文中，直接提到公司章程的就有70多处，间接相关的条文更是随处可见。公司章程就是公司内部的大宪章，它既是公司成立的行为要件之一，也是公司对外的信用证明，还是公司对内管理的依据。[2]

既然公司章程有企业宪章之称，那么它同宪法在一个国家中所具有的根本大法的地位一样，是企业内部制度体系中的根本法，规定了公司最重要的制度，具有最高效力，其制定和修改程序也最为严格。我国《公司法》对公司章程的内容、效力、制定和变动、备案等方面的内容有非常全面详细的规定，以作为公司制定章程的法律依据。可以认为公司章程是《公司法》在特定公司内部的实施细则，公司章程的框架结构可以直接参照《公司法》的有关规定加以制定。我国公司章程与《公司法》的对接具体表现在：

（1）公司章程是公司设立的基本条件和重要法律文件之一，可视为国家和公司之间的一项契约

各国公司法都规定设立公司必须制定公司章程；没有章程，公司就无法获准成立。公司的设立程序以订立公司章程开始，以设立登记结束。我国《公司法》第11条规定，设立公司必须依法制定公司章程。第23条和77条分别规定，设立有限责任公司应当具备的条件之一是股东共同制定公司章程；设立股份有限公司应当具备的条件之一是发起人制定公司章程；采用募集方式设立的股份有限公司，其章程应经创立大会通过。第30条和第93条规定申请设立登记的，应向公司登记机关报送包括公司章程在内的文件。公司章程作为公司设立的法定条件之一，其意义在于：公司章程确定企业的组织形式、经营方针和基本行为准则，明确了企业的基本法律权利和义务，其在登记注册机关备案公示，即成为国家监管企业的主要依据，也意味着企业接

---

[1] 王峻岩：《论公司章程的性质和作用》，《中国法学》1986年第1期。
[2] 参见刘志文：《论公司章程》，梁慧星主编：《民商法论丛》（第6卷），法律出版社1997年版，第196—197页。

受政府监管和社会监督，违反公司章程的行为应当承担相应法律责任。公司章程可以看做是公司和政府之间的一项契约，公司由此获得法律保护，也同时承担约定的义务。这个特征在18、19世纪西方的特许制公司时期表现得最为显而易见，设立公司的特许状既是一项国会通过的法律，同时又作为企业章程，其内容即为国家和企业之间的权利义务约定。

（2）公司章程重要内容的法定性

① 关于记载事项。在大陆法系，公司章程的内容可分为绝对必要记载事项、相对必要记载事项和任意记载事项。绝对必要记载事项是法定必须记载事项，即法律规定的公司章程中必须具备的内容；如果缺少绝对必要记载事项中的任何一项规定，或者这些记载事项不符合法律、法规的规定，则公司章程无效，主管部门不予登记，公司就不能成立。比如，我国《公司法》第25条和第82条分别规定了有限责任公司章程和股份有限公司章程应当载明的事项，① 即属于此类绝对必要记载事项。相对必要记载事项是法定可选择记载事项，它具有一定的自由性和伸缩性。如若所载事项与法律、法规相抵触，则所记载事项无效，但不影响章程的效力。在我国《公司法》的各章各节中随处可见关于公司章程相对必要记载事项的内容。比如，《公司法》第45条第三款规定，董事会设董事长一人，可以设副董事长。董事长、副董事长的产生办法由公司章程规定。根据该条，公司章程

---

① 我国《公司法》第二十五条：有限责任公司章程应当载明下列事项：（一）公司名称和住所；（二）公司经营范围；（三）公司注册资本；（四）股东的姓名或者名称；（五）股东的出资方式、出资额和出资时间；（六）公司的机构及其产生办法、职权、议事规则；（七）公司法定代表人；（八）股东会会议认为需要规定的其他事项。股东应当在公司章程上签名、盖章。《公司法》第八十二条：股份有限公司章程应当载明下列事项：（一）公司名称和住所；（二）公司经营范围；（三）公司设立方式；（四）公司股份总数、每股金额和注册资本；（五）发起人的姓名或者名称、认购的股份数、出资方式和出资时间；（六）董事会的组成、职权和议事规则；（七）公司法定代表人；（八）监事会的组成、职权和议事规则；（九）公司利润分配办法；（十）公司的解散事由与清算办法；（十一）公司的通知和公告办法；（十二）股东大会会议认为需要规定的其他事项。

应当规定董事长、副董事长的产生办法。如果在关于董事长、副董事长产生办法的规定中，有违法内容，如将丧失董事资格的人选举为董事长、副董事人，则该规定无效，但不影响公司章程的效力。又如，《公司法》第106条规定，有限责任公司应当依照公司章程规定的期限将财务会计报告送交各股东。根据该条，公司章程应当规定财务会计报告送交各股东的时间期限；如未作规定，不影响章程效力。任意记载事项是指绝对必要记载事项和相对必要记载事项之外，在不违反法律、法规和公序良俗的前提下，股东或发起人认为有必要而记入章程作为共同遵守的行为规则的事项。这些事项一经记载，其法律效力同相对必要记载事项相同；如要变更这些任意记载事项，则必须修改章程。任意记载事项比较广泛，是公司章程自治性的突出体现。

② 关于权利义务设定。根据效力强弱或刚性程度的不同，法律规范可以分为强制性规范和任意性规范。强制性规范是不问主体的意愿如何而必须加以适用的规范，其所设定的权利和义务具有完全肯定的形式，不允许任意变更；任意性规范是指适用与否由主体自行选择的规范，其所设定的权利和义务具有相对形式，允许主体在法定范围内予以变更。①《公司法》中很多条款关系到公司章程的制定和修改，尤其是如何设定相关主体的权利和义务。依照《公司法》对公司章程影响效力的强弱，是否可以经约定而排除或者变更，《公司法》相关内容同样可以分为强制性和任意性两种类型的规范。

对于公司法的任意性规范，公司章程可以选择适用，充分发挥其自治规则的特点。任意性规范又可以分为赋权性规范和补充性规范。② 公司法中的赋权性规范允许公司章程自由选择适用，可以说是一种完全的任意性规范。比如，我国《公司法》在股东会、董事会、监事会的职权条款中，列举法定职权之后，最后一项是"公司章程规定的其他职权"，意味着公司章程可以赋予股东会、董事会、监事

---

① 参见周旺生主编：《法理学》，北京大学出版社2007年版，第101—102页。
② 参见[德]卡尔·拉伦茨：《德国民法通论》，王晓晔等译，法律出版社2003年版，第41—44页。

会法定职权以外的其他职权，也可以不再补充规定其他职权，这就赋予了公司章程规定法定职权以外的其他职权的选择权。又如，《公司法》第106条规定，股东大会选举董事、监事，可以依照公司章程的规定或者股东大会的决议，实行累计投票制。这是赋予公司章程是否规定累计投票制的选择权。公司法中的补充性规范是指公司章程可以选择排除或代替公司法的规定；当公司章程不做另行规定时则应当适用公司法的规定。这类规范常常以但书的形式出现。比如我国《公司法》第42条规定，召开股东会会议，应当于会议召开15日前通知全体股东；但是，公司章程另有规定或者全体股东另有约定的除外。第43条规定，股东会会议由股东按照出资比例行使表决权；但是，公司章程另有规定的除外。第50条规定了有限责任公司经理的职权，又规定，公司章程对经理职权另有规定的，从其规定。第72条规定，公司章程对股权转让另有规定的，从其规定。第76条规定自然人股东死亡后，其合法继承人可以继承股东资格；但是，公司章程另有规定的除外。可见，这些补充性规范对当事人的约束力强于赋权性规范，而弱于强制性规范。它允许公司章程变更或替代法律的适用，但是如果股东没有合意的自治性安排，则应当适用法律规定。

对于公司法的强制性规范，公司章程应当予以适用。对于这些规范，公司章程不得偏离，更不得通过缔约予以改变或排除。但是公司章程对于完全强制性规范的适用不完全是被动的，它能够而且应当根据公司法和本公司的实际情况和具体需要，在强制性规定的范围内规定更具体的规则，使公司法在商业活动中得以细化而有利于其有效实施。这主要有两种情况：

其一，强制性规范给出了一定的选择余地，由公司章程加以具体明确。比如根据我国《公司法》第51条的规定，股东人数较少或者规模较小的有限责任公司，可以不设董事会，而设一名执行董事，执行董事可以兼任公司经理，执行董事的职权由公司章程规定。其强制性在于即便是股东人数较少或者规模较小的有限责任公司，也必须设置董事机构；其选择性在于董事机构可以是董事会，也可以不设董事会而设一名执行董事。那么公司章程可以就具体如何设置董事机构加以确定。又如,《公司法》第 52 条规定,监事会应当包括股东代表和适当比例的公司职工代表,其中职工代表的比例不得低于三分之一,具体比例由公司章程规定。该条文强制规定了公司章程应当规定监事会职工代表的比例,且该比例不得低于三分之一,但具体规定为什么比例,可以由公司章程在既定范围内自行决定。

另一种情况是通过更为具体的权利义务或其他内容的设定对公司法的强制性规范予以细化、补充和延展。比如,《公司法》对公司章程应当载明的事项就是强制性规范,缺少其中任一项,则公司章程无效。但是这些事项仍然是框架性的,需要公司章程予以具体化和明晰化。比如公司的具体名称和住所,经营范围是什么,注册资本是多少,法定代表人为谁,治理机构如何设置等。又如,《公司法》第 40 条规定,股东会议分为定期会议和临时会议,定期会议应当依照公司章程的规定按时召开。这意味着公司章程必须规定如何召开定期会议,但定期会议具体是一年几次,则由公司章程具体予以明细化。

此外,对于上市公司的章程内容,国家法律有更为严格的规范。主要的有证监会 2006 年修订的《上市公司章程指引》以及早先于 1994 年发布的《到境外上市公司章程必备条款》。这两个规章对上市公司章程的必备条款及其内容逐条做出了详尽规定,并明确要求上市公司应当按照规章制定和修改章程。[①] 另外,又比如,证监会和国家

---

① 在证监会发布《上市公司章程指引》的通知中,明确要求上市公司"应当按照《章程指引》注释部分的解释和说明,参考《章程指引》正文部分的规定和要求,在其公司章程中载明《章程指引》正文部分所包含的内容。""《章程指引》规定的是上市公司章程的基本内容,在不违反法律、法规的前提下,上市公司可以根据具体情况,在其章程中增加《章程指引》包含内容以外的、适合本公司实际需要的其他内容,也可以对《章程指引》规定的内容做文字和顺序的调整或变动。上市公司根据需要,增加或修改《章程指引》规定的必备内容的,应当在董事会公告章程修改议案时进行特别提示。""首次公开发行股票的公司,在其向中国证监会报送申请材料时,其公司章程(或公司章程草案)的内容,应当按照《章程指引》及本通知的要求起草或修订。""发行境外上市外资股,或者既发行内资股又发行境外上市外资股的上市公司,应当继续执行《到境外上市公司章程必备条款》的规定,同时参照《章程指引》对公司章程进行修订。"

经贸委于2002年发布的《上市公司治理准则》对公司章程中有关治理规则的设定做出特别指导。该准则在"导言"部分规定:"上市公司制定或者修改公司章程及治理细则,应当体现本准则所列明的内容。"该准则在其后的各章各节都有关于公司章程涉及股东与股东会、董事与董事会、监事与监事会、经理人员、信息披露等的内容的强制性规范。

(3) 公司章程效力的法定性

一是公司章程的对内效力:公司法规定公司章程不仅对公司、股东、董事、监事和高级管理人员具有拘束力,而且在特定条件下还可以作为司法办案的依据。比如,我国《公司法》第11条规定,公司章程对公司、股东、董事、监事、高级管理人员具有约束力。第20条规定,公司股东应当遵守法律、行政法规和公司章程,依法行使股东权利,不得滥用股东权利损害公司或者其他股东的利益。第22条规定,股东会或者股东大会、董事会的会议召集程序、表决方式违反法律、行政法规或者公司章程,或者决议内容违反公司章程的,股东可以自决议作出之日起六十日内,请求人民法院撤销。二是公司章程的对外效力:大陆法系国家公司法对公司章程采取"登记对抗主义",章程事项一经登记,即可产生对抗第三人的效力。我国《公司法》虽然没有明确规定公司章程登记后的对抗效力,但是一些规定表明了公司登记资料可以对抗第三人的立法态度。例如《公司法》第33条第3款规定,公司应当将股东的姓名或者名称及其出资额向公司登记机关登记;登记事项发生变更的,应当办理变更登记;未经登记或者变更登记的,不得对抗第三人。这意味着,只要股东的姓名或者名称在公司登记机关登记在册,就可以对抗第三人。由此类推,由该条赋予的股东信息登记对抗效力,可推定公司章程登记的对抗效力。[①]

(4) 公司章程制定和修改的法定性

由于公司章程是重要的法律文书,因此各国公司法都会对其制定和修改作出规定。制定和修改公司章程的程序合法是公司章程具备法

[①] 参见徐海燕:《公司法定代表人越权签署的担保合同的效力》,《法学》2007年第9期。

律效力的要件之一。① 关于公司章程的制定：我国《公司法》第23条、第77条和第91条分别规定，有限责任公司章程由股东共同制定，股份有限公司章程由发起人制定，采用募集方式设立的股份有限公司，其章程还应经由发起人、认股人组成的创立大会通过。② 关于公司章程的修改：各国公司法一般会涉及修改的主体、表决、登记等内容。其一，关于公司章程的修改主体。各国公司法一般规定股东会有权修改章程。德国《股份法》更细致地规定，股东大会作出修改章程的决议，监事会负责具体修改章程。美国《示范公司法》规定章程部分事项的修改无须股东会同意，由董事会修改；其他事项的修改由董事会和股东会共同修改，其中董事会提交修改草案，股东会讨论表决。① 我国《公司法》第38条和第100条分别规定有限责任公司和股份有限公司的股东会有权修改公司章程。也即修改章程的决议、提案和表决都由股东会负责。其二，关于公司章程修改的决议程序。我国《公司法》第44条、第104条分别规定，有限责任公司股东会议作出修改公司章程的决议，必须经代表三分之二以上表决权的股东通过；股份有限公司股东大会作出修改公司章程的决议，必须经出席会议的股东所持表决权的三分之二以上通过。其三，关于公司章程的变更登记。大陆法系国家公司法对公司变更章程的登记有明文规定，我国《公司法》没有专条规定，但从相关条文可以推定章程的变更登记。《公司法》第12条规定，公司的经营范围由公司章程规定，并依法登记；公司可以修改公司章程，改变经营范围，但是应当办理变更登记。本条是对因改变经营范围而修改公司章程且须办理变更登记的规定。《公司法》没有规定其他事项的修改是否应办理变更登记，但从《公司法》规定的公司章程是申请设立登记公司必须报送的文件之一，可以推定公司章程修改后也应当办理相应的变更登记，否则就无法以其变更对抗第三人了。

需要注意的是，在公司章程与法的对接方面，不仅要注重与公司

---

① 参见董慧凝：《公司章程修改的法律限制》，《中国社会科学院研究生院学报》2006年第5期。

法相对接，还需注意与其他相关法律、法规或规章相对接。由于公司章程是一种要式法律文件，它最主要的是与《公司法》相对接，但也存在一些特殊内容，《公司法》没有给出规定，但这些内容又是比较重要的，国家通过行政法规或部委规章对这些内容的规定作出指引，因此公司章程的制定也应注意与相关的法规或规章相对接。比如，上市公司是公司中更具有公众影响、社会影响的大型公司，其章程的制定除了依照《公司法》以外，还应当依照证监会2006年修订的《上市公司章程指引》、2002年的《上市公司治理准则》和1994年的《到境外上市公司章程必备条款》等予以制定。又比如关于独立董事制度，在旧公司法中未有涉及，2005年新修订的《公司法》对上市公司组织机构作了特别规定，其中要求上市公司应当设立独立董事，但关于独立董事如何运作，其资质、任免、职权、与内部董事、监事的关系等问题，没有作出规定，而是授权国务院规定具体办法。但国务院相关法规一直没有出台，而此前中国证监会于2001年发布了《关于在上市公司建立独立董事制度的指导意见》，对独立董事的相关设置作了具体规定，要求所有上市公司按照《意见》建立独立董事制度。因此上市公司在起草章程时，凡涉及独立董事问题的，应当首先依照证监会的规章予以制定。此外，其他特殊行业企业在公司章程中制定独立董事有关制度时，应当依照与之有关的特殊规章，比如保险公司应当查看2007中国保监会的《保险公司独立董事管理暂行办法》，股份制商业银行应当查看2002年中国人民银行的《股份制商业银行独立董事和外部监事制度指引》。

　　显然，公司章程的法定性并不排除其自治性，公司章程兼具法定性和自治性的双重属性。两大法系对公司章程的性质有不同理解，大致而言，英美法系认为公司章程是契约性的，是公司与其成员和公司成员与成员之间达成的协议；大陆法系则认为公司章程是带有法律强制性的自治规则。[①] 我国采用大陆法系的做法，公司章程一方面应当

---

① 参见朱慈蕴：《公司章程两分法论——公司章程自治与他治理念的融合》，《当代法学》2006年第5期。

依据企业所在国的法律规定予以制定，并且公司章程的法定性是其最显著的特征；另一方面公司章程也存在相当大的自治性，它作为全体股东或者发起人共同的意思表示，是公司治理和公司管理的基本准则和基础性规范文件，是企业其他内部制度的制定基础。公司法只是对公司章程作出框架性的和一般性的规定，而公司却包括了千千万万不同的公司，每个公司都有各自的特点，不同的股东关系，迥异的经营理念，并非"千人一面"，所以公司章程必须根据各个公司的不同特点，制定不同的条款，适应公司的个性化需要。如果公司章程千篇一律的话，将成为公司发展的绊脚石，无法起到指引公司的作用，而失去了它作为公司支柱的作用。[①] 而且当今世界，无论大陆法系还是英美法系国家，总体趋势是通过放宽政府对公司章程内容的管制加强公司自治机制。[②] 当然公司章程的自治性始终要以法律的规定为界限。

2. 其他公司治理制度

除了公司章程作为企业内部的宪法，是最重要的公司治理制度文本以外，中等规模以上的公司还应当制定不少于 10 个的其他治理制度文本。因为，公司章程毕竟是企业组织和运营的总纲性文件，它在公司内部是公司治理和公司管理的基本准则，在公司外部是宣示和度量公司诚信，接受公众监督和政府监管的基本依据。因此公司章程所规定的内容，对于公司法而言，是结合公司具体情况的更为明细化了的细则；但是对于公司而言，它在很多方面又仅仅是框架性的、原则性的规则，如同宪法具有综合性和原则性的特点一样。公司治理中的许多内容仍需通过其他制度文本来做专门规定，以增强针对性和可操作性。因此，公司章程不可能是面面俱到的、细致入微的"公司治理法典"，而需一系列专门调整某一个治理事项的规范性文件。这些治理规则文本可以包括：公司治理准则、股东大会议事规则、董事

[①] 参见沈四宝：《公司章程在新〈公司法〉中的重要地位与作用》，《法律适用》2006 年第 3 期。

[②] 参见陈燕平、曾东红：《两大法系股份有限公司章程制度比较与启示》，《南方经济》2003 年第 10 期。

会议事规则、独立董事制度、董事会秘书工作制度、监事会议事规则、总经理工作制度、投资者关系制度、信息披露制度等。它们都应当以公司章程为依据的，但这并不意味着它们同国家法律制度无关，它们的制定也同样要与法律、法规和规章相对接。

第一，与法律主要是与《公司法》相对接，上市公司还应当与《证券法》相对接。《公司法》对有限责任公司、股份有限公司以及国有独资公司和上市公司的组织机构设置专节规定，明确了公司内部组织机构的权力划分和制衡机制，对股东和股东会、董事和董事会、监事和监事会、高级管理人员等做出了关于资质、组成、任期、职权、基本议事规则等相关内容的法定要求。《证券法》则对上市公司的信息披露制度作了规定。这些内容非常重要，首先应当在公司章程中得到规定。如公司章程中的规定仍需进一步细化，则可以就某一事项作出专门规定，如公司治理准则、董事会议事规则、总经理工作制度等。起草这些单项规则文本不能只看是否符合了公司章程的规定，而应当先看是否符合《公司法》、《证券法》等国家法律的规定，因为法律是具有更高效力的文件。

第二，与行政法规和部委规章相对接。就目前中国而言，由于国务院出台的此方面相关行政法规甚少，主要是关于国有企业监事会问题，包括《国有企业监事会暂行条例》（2000）和《国有重点金融机构监事会暂行条例》（2000）。因此与部委规章、甚至是行业示范文本相对接是更为主要的。这方面的部委规章或行业规范性文件大多是针对特殊类型的企业或者特定行业所作的专门指导。按照公司治理的内容划分，主要有三大类别：一是规范公司治理的综合性规章，包括证监会发布的《证券投资基金管理公司治理准则（试行）》（2006）、《期货经纪公司治理准则（试行）》（2004）、《证券公司治理准则（试行）》（2003）、证监会和经贸委《上市公司治理准则》（2002）。二是关于股东会的规范，包括《上市公司股东大会规则》（2006）。三是关于董事会的规范，包括保监会《保险公司董事会运作指引》（2008）、《保险公司独立董事管理暂行办法》（2007）、证监会《关于在上市公司建立独立董事制度的指导意见》（2001）、国务院国有资产监督管理委员会《董事会试点企业董事会年度工作报告制度实施意见（试行）》（2007），上海证交所还对上市公司的董事会秘书作了专门规定，包括《上海证券交易所股票上市规则》（2006）、《上海证券交易所上市公司董事会秘书管理办法（试行）》（1996）。此外，保监会还发布有《保险公司董事、监事及高级管理人员培训管理暂行办法》（2008）。还须特别注意的是，对于上市公司的治理制度，证监会、上交所、深交所等机构规定了数量庞大的规章和规范性文件，供上市公司制定具体治理制度时作为最有针对性的依据，如《上市公司信息披露管理办法》、"公开发行证券的公司信息披露编报系列规则"、《上市公司与投资者关系指引》、《上海证券交易所股票上市规则》、《深圳证券交易所股票上市规则》、《深圳证券交易所上市公司投资者关系管理指引》、《上市公司投资者关系管理自律公约》、《深交所上市公司募集资金管理办法》等，不一而足。

二、企业人力资源制度

（一）人力资源制度的法治意义

企业人力资源制度是以人为本方面的制度，是企业内部制度的一个极为重要的组成部分。企业中人的问题是核心问题，企业的竞争也是人才的竞争，良好的人力资源管理制度能够帮助企业赢得巨大的竞争优势。在企业的生产要素理论中，无论是最早期的人力、资本两要素说，还是后来随着生产复杂化而不断发展的人力、资本、技术三要素说，人力、资本、技术、管理四要素说，人力、资本、技术、管理和制度五要素说，人力要素始终是一个核心要素。美国企业管理史学家指出，劳动经济学家和古典制度经济学家康芒斯似乎是第一个在描述生产要素时使用"人力资源"一词的人。耶鲁大学劳资关系研究中心的一位成员爱德华·怀特·巴基重复了这一观点，即所有管理者需要管理各种资源，但必须更加关注和强调人力资源以使其获得比资金、原材料以及其他资源更高的重要性。① 因此，企业人力资源制度的重要性首先源自人力资源本身对企业的卓越贡献。

在现代社会，企业人力资源制度的重要性还在于它具有重大的法治意义。西方资本主义国家自经济大萧条后，政府开始改变自由放任的经济政策，通过法律手段对企业行为进行引导和监管。在这种转变过程中，企业内部率先受到法律约束和规制的就是人力资源领域。因为劳动力不仅是企业和商业的问题，也是民生和社会问题，它不仅关系到国家经济的发展，也关系到社会的稳定和文明。因此，当今世界各国对劳动就业和社会保障都非常关注，尤其是在英美和欧陆法治发达和福利化国家，非常注重对公平就业、雇员的权利、薪酬福利、辞退限制、职业安全与卫生、退休金管理、社会保障以及其他劳动关系问题给予及时的立法和司法保护。是否能够在劳动就业和社会保障方面制定合理和完善的法律制度体系，往往成为检验政府和政党执政能力的基本标准之一。经过20世纪后半叶以来的不断发展和完善，发达国家在这方面的法律制度体系已经较为全面、稳定和详尽。但是，国家法律毕竟是解决社会一般问题的具有普遍性和稳定性的规则，政府有关劳动和社会保障部门出台的有关法规、规章虽然在很大程度上能够将法律的原则性规定具体化，但是它们仍然不可能也没有必要针对每一个地区、行业和企业制定相应规范；并且法律法规对劳动者的保护和保障措施必须经由企业这个媒介来予以有效地实现，纸面上的法必须经由企业来转化为现实中的更具操作性和针对性的法。因此，企业人力资源制度承担着较高的法治要求，它不仅是企业管理的需要，也是国家法治的需要。企业必须根据相关法律、法规和企业的具体情况，制定各种人力资源制度，把国家的法律框架和原则规定延展为保护员工和企业合法用工的具体规则，以及企业和员工应当遵守的日常行为规则。由此可见，企业是否能够合法合理地制定人力资源制度，不仅关系到企业的生存和可持续发展，也关系到国家劳动和社会

---

① 参见［美］丹尼尔·A. 雷恩：《管理思想史》，孙健敏等译，中国人民大学出版社2009年版，第495—496页。

第三章 企业内部制度与法治的内容之衔接

保障法的有效实施，劳动争议的有效解决，进而关系到员工和企业合法利益的保障，经济和社会和谐稳定的发展。

（二）人力资源制度的法律依据

企业人力资源制度与国家法衔接的最显著特色是全面性。企业在制定人力资源的各项规章制度时，如果涉及员工的基本利益和企业的基本义务，比如劳动合同法律关系、劳动权利、劳动能力、物质利益、人身利益等，往往就要同法律、法规、规章发生关联。企业人力资源制度的制定能否全面遵守法律、法规和规章，不仅关系到企业人力资源制度的合法性和有效性，也是我国劳动和社会保障法制建设、实施中的十分重要的环节。"从计划经济向市场经济的转化，我国劳动关系出现多元化与复杂性的变化。职工在企业中，一方面与企业存在管理与被管理的从属关系；另一方面，双方又是独立平等的利益关系。"[①] 从属关系表现在企业有权在遵守法律、法规和规章的基本原则下，制定企业内部规章制度，规范企业所属员工的工作行为；企业员工则有遵守合法企业规章制度的义务，违反企业规章制度将承担不利后果。平等关系表现在企业和其所属员工之间是劳动合同法律关系，双方在平等自愿的基础上达成权利义务关系，并平等地受到国家相关法律、法规和规章的保护。然而，员工相对于企业而言，处于弱势地位，为了更好地实现两者的平等关系，更好地保护员工的合理利益，更好地促使企业承担一定的社会责任，现代国家在劳动和社会保障方面制定了大量法律规范。在企业的各类规章制度中，人力资源制度最为集中地反映这些法律规范，因此其制定必须注重与国家法的全方位的对接。

第一，我国《劳动法》和《劳动合同法》对企业人力资源制度的制定原则和程序作出了规定。企业制定人力资源制度应当遵循法治原则。我国《劳动法》第 4 条规定，用人单位应当依法建立和完善

[①] 吴晖主编：《企业人力资源管理制度编写实务》，中国劳动社会保障出版社 2007 年版，"前言"。

131

规章制度，保障劳动者享有劳动权利和履行劳动义务。《劳动合同法》第 4 条第 1 款进一步明确规定，用人单位应当依法建立和完善劳动规章制度，保障劳动者享有劳动权利、履行劳动义务。这意味着法律对企业人力资源制度提出了两项最基本的要求，一是必须建立和完善相关的规章制度，制度形式是调整企业内部人力资源关系的基本和必备手段之一；二是制定人力资源制度必须遵循法治原则，同各种形式的国家相关规范性法律文件相对接。对于违法制定的规章制度，《劳动合同法》第 80 条规定了相应的法律责任：用人单位直接涉及劳动者切身利益的规章制度违反法律、法规规定的，由劳动行政部门责令改正，给予警告；给劳动者造成损害的，应当承担赔偿责任。

企业制定人力资源制度应当遵循法定程序。《劳动合同法》第 4 条第 2、3、4 款规定，用人单位在制定、修改或者决定有关劳动报酬、工作时间、休息休假、劳动安全卫生、保险福利、职工培训、劳动纪律以及劳动定额管理等直接涉及劳动者切身利益的规章制度或者重大事项时，应当经职工代表大会或者全体职工讨论，提出方案和意见，与工会或者职工代表平等协商确定。在规章制度和重大事项决定实施过程中，工会或者职工认为不适当的，有权向用人单位提出，通过协商予以修改完善。用人单位应当将直接涉及劳动者切身利益的规章制度和重大事项决定公示，或者告知劳动者。这意味着程序要素是人力资源制度制定的重要环节之一，程序不正当的规章制度可能影响其效力。

第二，企业人力资源制度所需遵循的法律、法规和规章可以大致分为 8 个方面。从国家规范性法律文件来看，涉及企业人力资源的，主要是劳动和社会保障法，数量非常之多，相关规定也比较细化。就效力级别而言，法律、行政法规、地方性法规、规章都有涉及。此外，相关的规定还包括国务院有关决定，劳动部、劳保部、卫生部等相关部门的指导意见、复函、有关问题的通知、有关问题解答，最高人民法院的司法解释等，这些都是企业制定和实施人力资源制度的法律依据。如果以法律、法规和规章为范围，按劳动关系的不同主题，可以大致分为 9 个方面：

（1）劳动就业综合性规定：涉及的法律有《就业促进法》（2007）、《劳动法》（1994）；行政法规有《残疾人就业条例》（2007）、《劳动保障监察条例》（2004）、《国有企业富余职工安置规定》（1993）；重要的规章有《就业服务与就业管理规定》（2007）、《台湾香港澳门居民在内地就业管理规定》（2005）、《外国人在中国就业管理规定》（1996）、《劳动部关于贯彻执行〈中华人民共和国劳动法〉若干问题的意见》（1995）等。

（2）关于劳动合同的规定：涉及的法律有《劳动合同法》（2007）；行政法规有《劳动合同法实施条例》（2008）；重要的规章有《劳动保障部关于非全日制用工若干问题的意见》（2003）、《关于实行劳动合同制度若干问题的通知》（1996）、《违反〈劳动法〉有关劳动合同规定的赔偿办法》（1995）、《违反和解除劳动合同的经济补偿办法》（1994）等。

（3）关于劳动报酬的规定：涉及的行政法规有《关于工资总额组成的规定》（1990）、《工资基金暂行管理办法》（1985）；重要的规章有《最低工资规定》（2004）、《建设领域农民工工资支付管理暂行办法》（2004）、《工资集体协商试行办法》（2000）、《对〈工资支付暂行规定〉有关问题的补充规定》（1995）、《工资支付暂行规定》（1994）等。

（4）关于工作时间与休假的规定：涉及的行政法规有《职工带薪年休假条例》（2007）、《全国年节及纪念日放假办法》（2007）、《国务院关于职工工作时间的规定》（1995）、《国务院关于职工探亲待遇的规定》（1981）；重要规章有《企业职工带薪年休假实施办法》（2008）、《关于职工全年月平均工作时间和工资折算问题的通知》（2000）、《劳动部贯彻〈国务院关于职工工作时间的规定〉的实施办法》（1995）、《关于企业实行不定时工作制和综合计算工时工作制的审批办法》（1994）、《关于职工探亲路费的规定》（1981）等。

（5）关于女职工和未成年工特殊保护的规定：涉及的法律有《未成年人保护法》（2006）、《妇女权益保障法》（2005）、《人口与计划生育法》（2001）；行政法规有《禁止使用童工规定》（2002）、

《女职工劳动保护规定》(1988),重要的规章有《未成年工特殊保护规定》(1994)、《女职工禁忌劳动范围的规定》(1990)等。

(6)关于职业培训的规定:涉及的法律有《职业教育法》(1996);重要的规章有《招用技术工种从业人员规定》(2000)、《企业职工培训规定》①(1996)等。

(7)关于劳动安全的规定:涉及的法律有《安全生产法》(2002)、《职业病防治法》(2001)、《矿山安全法》(1992);行政法规有《国务院关于预防煤矿生产安全事故的特别规定》(2005)、《建设工程安全生产管理条例》(2003)、《使用有毒物品作业场所劳动保护条例》(2002)、《矿山安全法实施条例》(1996)、《尘肺病防治条例》(1987);重要的规章有《生产经营单位安全培训规定》(2006)、《劳动防护用品监督管理规定》②(2005)、《职业健康监护管理办法》③(2002)、《矿山安全监察工作规则》④(1995)等。

(8)有关社会保险的规定:涉及的行政法规有《工伤保险条例》(2003)、《住房公积金管理条例》(2002)、《失业保险条例》(1999)、《社会保险费征缴暂行条例》(1999);重要的规章有《企业职工患病或非因工负伤医疗期规定》(1994)、《关于实施〈工伤保险条例〉若干问题的意见》(2004)、《工伤认定办法》(2003)、《职业病诊断与鉴定管理办法》(2002)、《企业职工生育保险试行办法》(1994)、《劳动部关于女职工生育待遇若干问题的通知》(1988)、

---

① 第8条规定,企业应建立健全职工培训的规章制度,根据本单位的实际对职工进行在岗、转岗、晋升、转业培训,对学徒及其他新录用人员进行上岗前的培训。第11条规定,企业应结合劳动用工、分配制度改革,建立培训、考核与使用、待遇相结合的制度。

② 第17条规定,生产经营单位应当建立健全劳动防护用品的采购、验收、保管、发放、使用、报废等管理制度。

③ 第3条规定,用人单位应当建立健全职业健康监护制度,保证职业健康监护工作的落实。

④ 第二章规章制度检查中的第4条规定,劳动行政部门应督促检查矿山企业建立健全并实施安全生产责任制度。第5条规定,劳动行政部门应检查矿山企业及其主管部门主要负责人和有关人员学习贯彻矿山安全法律、法规的情况。

《企业年金试行办法》（2004）、《职工基本养老保险个人账户管理暂行办法》（1997）等。

(9) 关于劳动争议处理

以上内容尚未包括地方性法规和地方政府规章，如关于工资支付和最低工资、妇女权益保障、女职工劳动保护、未成年人保护等方面，部分地方根据本地的具体情况和实际需要，出台了有关地方性法规或者地方政府规章，它们是当地企业制定人力资源制度应当遵循的法规和规章。

三、企业生产经营管理制度

企业最根本的问题是生产经营问题。这部分制度是具体规范生产经营过程中各基本环节的制度，包括纵横两个侧面。纵向的主要是企业战略管理制度，包括企业战略设计文本、企业预算方面的文本等；横向的主要是按企业职能领域划分的制度，包括财务会计制度、采购制度、生产管理制度、产品质量管理制度、市场营销制度、仓储管理制度、客户服务制度、科研开发制度、项目管理制度、行政总务制度等诸方面。中型以上企业的每个职能领域应当包含至少10个以上的单项制度文本，构成一个下位阶的制度集群，每个领域的制度集群类似于一个国家法的体系中的部门法，各职能领域制度集群整合起来构成企业内部制度体系。

企业在起草制定生产经营方面的各类制度时，应当遵守相关的法律、法规和规章，把相关的法律原则和规则运用到企业自身的制度文本中去。在企业的各"部门法"中，与国家法相衔接的程度和要求是不同的，主要可以分为两类：

其一，较为紧密的衔接：有些企业职能部门的规则，与国家法的衔接面比较大。它们受到国家法强制性规则的调控，其内容必须符合法律、法规和规章，甚至政府规范性文件和政策的规定。它们所规范的内容往往是国家法重点调控的范围，国家以此来履行社会管理职能，维持社会和市场秩序，保障社会公共安全和利益的实现，如财务领域，产品质量监管领域等。

其二，较为松散的衔接：有些企业职能部门的规则，只要不与法律、法规和规章相抵触即可，它们拥有更大的自治空间，与国家法的衔接面相对较小。其中又可分为两种情况：一是，主要体现为市场问题，由市场规律予以调节，国家仅规定最基本的确认市场主体地位、维护市场秩序的法即可，而不会过多地运用法律手段限制企业的经营自由，比如市场营销制度、采购制度；二是本身属于较为纯粹的企业内部事务，国家法没有过多干涉的必要，比如行政管理制度、仓储管理制度、客户服务制度、项目管理制度等。但是即便是在这些企业拥有较大自治空间的领域，也存在着国家法的规制和指导，比如市场营销制度、采购制度、就不得违反《反不正当竞争法》、《反垄断法》的规定，仓储制度不得违反《消防法》等。

（一）财务管理制度

财务会计制度是企业内部制度的重要组成部分。一般企业都应当建立自己的财务会计制度，以提供真实的会计的信息，确保资产的完整和增值，提高资金使用效率，从而有利于保护股东、债权人、国家征税人的利益，对于向公众发行股份或债券的公司而言，还有利于保护社会公众的利益，使这些利益主体对企业的经营业绩和盈亏状况有真实的了解。

企业的财务会计处理原本属于企业自主经营的内部管理事务，法律只对其真实性提出要求，企业的具体操作则与法无涉。但是会计实务的多样化不可避免地导致了企业财务信息的混乱，会计师听命于企业管理层而在账面上调整资本价值的事例屡见不鲜。国家以法律的形式介入企业的财务会计管理，始于西方世界的经济大萧条之后。松散混乱的财务会计实务、虚假的会计信息被认为是导致20世纪30年代美国资本市场崩溃和经济大萧条的原因之一。经济危机爆发后，纽约证券交易所对当时企业会计事务中的一系列弊端提出了激烈的批评。为了平息社会各界对会计职业界的不满，稳定市场秩序，国会于1934年颁布了《证券交易法》，整肃公司的会计行为。该法赋予了美国证券交易委员会制定有关会计规则的权利。实践中，美国证券交易委员会将制定权授予了职业团体，由它们制定会计准则。由此，英美法系国家逐渐形成了在国家法认可和支持的条件下由职业团体或民间机构制定并发布会计规范的做法。而在大陆法系国家，则主要通过立法来规定企业财务会计的行为规范。

国家法之所以需要对企业财务会计制度加以规范和引导，是由于企业生产经营的社会化联系日益广泛，一定程度上影响市场的金融秩序；也由于企业的会计操作直接决定了会计信息的真实与否，财务会计活动记录往往是国家征税的依据，同时它又直接涉及不参与企业管理的股东和债权人的利益，还由企业之间也需要运用相同的会计语言进行经济交流，故而企业的财务会计制度不仅仅是公司内部的事务，已经是必须由政府加以规范、指引和管理的目标和对象，① 国家有必要对企业的财务会计制度提出基本的业务标准。在经济全球化过程中，跨国企业、企业和企业之间的国际交往等需求日益增多，国家在制定企业财务会计规则时还必须考虑同国际惯例的接轨。

在当代商界，"财务指标成为法律确认的监管标准"②，故各国的企业，在建立财务会计管理制度体系时，都需要遵循大量的法律、法规，做到财务会计合规操作，否则企业将受到处罚，至少也会在解决纠纷的司法过程中处于不利地位。目前，经济发达的国家均已形成较为完备的财务会计规范体系。英国早在19世纪中期就通过《合同公司法》和《公司法》对企业内部财务会计制度提出了原则化的要求；美国在这方面的法律框架最为完备，包括《示范公司法》、《证券法》、《证券交易法》、各州的《公司法》，以及证券交易委员会制定的规程，美国国会1977年颁布的《反海外腐败法》还首次对美国企业建立规范的账务处理程序以及内部控制制度提出了直接要求。在大陆法系的法国，规范企业财务会计制度的法律有《商法典》、《商事

---

① 参见甘培忠：《企业与公司法学》，北京大学出版社2007年第5版，第446页。
② 王燕：《会计法》，北京大学出版社2001年版，"关于会计与法律的断想——代前言"。

企业制度与法治的衔接

公司法》、《税法》和相关的会计法令,法国1947年发布的具有法律强制力的《会计总计划》还专门对会计方法体系和会计组织工作作了全面规范。日本的相关法律规范体系包括《商法》、《证券法交易法》、《法人税法》、大藏省制定的会计准则、法务省制定的报告规则等构成。[1]

在我国,《公司法》设专章"公司财务、会计",规定了企业财务会计管理方面的一般原则。该法第164条规定"公司应当依照法律、行政法规和国务院财政部门的规定建立本公司的财务、会计制度。"《会计法》对企业提出了建立会计内部监督制度及其应当符合的法定要求。按照第27条的规定,各单位应当建立、健全本单位内部会计监督制度。/单位内部会计监督制度应当符合下列要求:

(一)记账人员与经济业务事项和会计事项的审批人员、经办人员、财物保管人员的职责权限应当明确,并相互分离、相互制约;(二)重大对外投资、资产处置、资金调度和其他重要经济业务事项的决策和执行的相互监督、相互制约程序应当明确;(三)财产清查的范围、期限和组织程序应当明确;(四)对会计资料定期进行内部审计的办法和程序应当明确。国务院及其所属的财政部、国家税务局等部门制定的为数甚多的行政法规和行政规章则为企业财务会计制度建设提供了更为具体和细化的法的指引。

企业财务会计职能部门的业务主要可以分为三大块:财务、会计和税务。这里要澄清的是,财务和会计的关系。财务和会计像一对孪生兄弟,密不可分,经常同时出现,但它们是有区分的。财务解决企业在生产或经营过程中所有与资金运动相关的事务。财务属于管理范畴,是企业的理财活动,其基本职能是组织和调节企业的资金运动,它注重面向未来,制定政策,目的在于使企业财富最大化或价值最大化。因此,企业的财务管理主要是依据管理层的意图由企业自主制定,企业享有独立的理财自主权和决策权。会计是以货币的形式记录

---

[1] 参见王耀平、王伯庭:《现代企业问题法律分析》,吉林人民出版社2003年版,第153—157页,王燕:《会计法》,北京大学出版社2001年版,第18、25页。

和分析企业的日常经济业务，并对这些业务的数据进行分类、汇总，以财务报告的方式传递企业的经济信息，以便为管理层及各有关利益团体的决策提供必要的信息支持。会计侧重记录功能，其基本职能是核算和监督，注重对过去的交易或事项进行确认和记录，目的是要得出一本"真账"，结论具有合法性、公允性、一贯性。因此，企业的会计核算必须依据国家的统一会计制度，具体会计政策和会计估计的选用是由企业根据国家统一会计政策，结合企业实际情况而选定的。简单地说，"会计"是财务的基础，"财务"则是会计的最终目的；"财务"的内涵远远大于"会计"。[1]

大中型企业在财务和会计方面需制定一系列具体管理规章，以规范财务管理和会计操作，提高资产运作效率。最基本的比如财务规划、财务预算、财务分析、资金管理、财务风险管理、客户信用管理、费用管理、资产管理、投资管理、会计核算和监督制度等。鉴于财务和会计的不同性质，企业在不违反国家金融法的前提下，可以在相当大的程度上自主地制定财务管理制度。但企业在会计核算和监督制度方面，从属性的特征更为明显，也即企业应当依据国家的会计制度和会计准则设立企业内部会计管理制度，在国家会计相关法的框架内，结合企业的具体情况填充更为具体化的规范性内容。在税务方面，企业的首要义务是依法纳税，在税务管理制度方面，所需的规则文本数量相对少一些，主要集中于规范企业内部的税务管理组织、税务申报和事项、税务风险控制、税务筹划管理等方面。本书将按照这三个方面论述我国企业制定财务会计制度应予对接的法律、法规和规章。

1. 财务管理

财务管理是组织企业财务活动、处理财务关系的一项经济管理活动。企业财务活动包括企业筹资、投资、经营和分配四个方面所引起的活动，企业财务关系是企业在组织财务活动过程中与各有关方面发

---

[1] 参见 http://www.ksyx.net/Files/news7496.htm。

生的经济关系。① 财务管理的重点在于"可选择资源,以及决定机构组织中财务资源的使用。当需要资金的时候,从合适的来源获得资金,在机构组织中分配资源。"② 故财务的性质在于本金投入收益活动,属于管理范畴,是企业的理财行为。

按照国际通行的做法,国家一般会参照国际惯例,制定会计准则,但不会就企业的财务管理事项制定财务准则或其他财务管理制度。因为完全市场下的企业应当拥有完全的法人财产权,企业的资产管理、资金筹集和配置、成本费用设定、利润分配等企业理财事务,应当属于企业理财自主决策的范畴,国家应当尊重企业的独立法人财产权,对企业财务问题没有干涉的必要,也不应当加以干涉。我国从计划经济转型为社会主义市场经济的过程中,对企业财务制度的法律规制也经历了一个由紧到松的转变过程。目前在我国实行的企业财务管理相关法,按照所有制形式进行了区分,主要是用来规范国有和国有控股企业或者企业中的国有资产,其他企业可以参照执行。具体如下:

(1)《企业财务通则》。我国共有两部企业财务通则。1992 年的《企业财务通则》,由国务院批准、财政部发布的,所以应当说是一部行政法规。该法的适用范围是设立在中华人民共和国境内的各类企业,它于 2008 年被国务院宣布失效。目前实行的是财政部 2006 年发布的同名法《企业财务通则》,但已经明确它是一部行政规章。该法的适用范围是在中华人民共和国境内依法设立的具备法人资格的国有及国有控股企业,但金融企业除外,其他企业对该法参照执行。也就是说,新通则对国有和国有控股企业的财务管理提出了法定化要求,对其他企业的财务制度提供了重要的参照依据。该法在内容上也做了实质性的更新,对企业财务管理体制、资金筹集、资产营运、成本控

---

① 参见荆新、王化成、刘俊彦主编:《财务管理学》(第四版),中国人民大学出版社 2006 年版,第 1—3 页。

② [美]史蒂文·A. 芬格乐:《财务管理》,张纯译,上海财经大学出版社 2004 年版,第 5 页。

制、收益分配、重组清算、信息管理、财务监督等方面做出了规定。① 这就比较妥善地从我国的国情出发,既规范了国有资产的财务管理、控制了国有资产的财务风险,又赋予了一般企业以独立的市场地位和自主经营的权利。

(2)《企业国有资本与财务管理暂行办法》。它由财政部于 2001 年制定颁布,目前依然有效。它对相关企业财务管理工作的管理职权、国有资本的投入管理、国有资本的运营管理、国有资本收益的管理、财务考核与评价等事项做出了规定。另外,根据该办法,财政部于 2002 年又发布了规范有关企业财务预算管理的组织、编制、执行和考核等事项的《关于企业实行财务预算管理的指导意见》。国有资产监督管理委员会于 2007 年发布了《中央企业财务预算管理暂行办法》,进一步规范了央企财务预算的管理工作。

(3)关于国有资本金的绩效评价。主要涉及为加强国有资本金的监管而制定的一系列部委规章,包括 1999 年财政部、国家经贸委、人事部、国家发展计划委员会的《国有资本金绩效评价规则》、《国有资本金绩效评价操作细则》,和后来财政部又先后发布的《国有资本金绩效评价指标解释》、《国有资本金绩效评价计分方法》、《国有资本金绩效评价评议指标参考标准》、《企业绩效评价行业基本分类》等。

2. 会计管理

国际会计准则委员会认为会计是"提供一个企业有关财务状况的信息、业绩以及财务状况的变动情况,以利于让更多各类潜在信息使用者作出经济决策时使用"②。会计管理制度的重点在于规范企业的核算过程和核算方法。会计的性质是价值信息系统,属于技术范畴。如果说财务是实体性的话,会计就是附体性的。

---

① 已经失效的《企业财务通则》是按照资金筹集、流动资产、固定资产、无形资产、递延资产和其他资产、对外投资、成本和费用、营业收入利润及其分配、外币业务、企业清算、财务报告与财务评价这几个方面予以规定的。这些内容同企业会计准则多有重复,实际上也不符合现代财务管理体系的框架。参见张玉周编著:《财会法规体系及其冲突与协调》,中国财政经济出版社 2004 年版,第 11 页。

② 王燕:《会计法》,北京大学出版社 2001 年版,第 3 页。

会计管理要实现规范化，即作为单个主体内部经济管理手段的会计行为受到国家法或者行业规则的约束，这已经成为国际通行的做法。在企业会计管理的发展历史过程中，会计作为反映资金运动的过程和结果的技术方法，最初是生产经营者管理自身经济活动的辅助手段，是资金所有人对自有资金的运用进行把握和控制的方法。在相当长的一段时间内，如何计量和记录经济活动是特定主体自己的事情，与法律规范无涉。会计规范化的根本动力来自经济活动的社会化带来的不同主体的利益在企业中的交汇和碰撞。随着经济活动中资金所有人和经营人的分离，经济活动的普遍化、社会化引起的国家征税兴趣的增长，围绕着经济活动的进行形成了不同的利益主体，他们之间的利益分配直接受到会计所提供的财务信息的影响。因此会计就不再仅仅具有技术属性，不再是单纯的经济管理手段，其背后联结着的不同利益主体，投资人、债权人、国家征税人等成为推动企业会计行为规范化的主导力量。为了保证会计信息的真实性，协调各方面的利益，国家法必须对会计行为和会计系统的组织运作进行有效规范。

会计规范化的内容分为会计方法的规范化和会计组织工作的规范化两个方面。统一会计方法，减少会计政策的可选择性，可以保证不同主体提供的会计信息之间的一致性、可比性和可靠性。会计组织工作长期以来属于由经营者自主决定的企业内部管理范围。法律对其进行的约束主要在于确立企业因会计信息失真而应承担的法律责任。但是，近二三十年来，随着现代企业越来越成为经济生活中的主宰力量，企业内部管理机制也日益受到公共关注，会计工作的基本程序也逐渐成为法律规制的对象。[①]

我国沿袭大陆法系国家的立法模式来规范企业的会计行为。近十年来我国逐步形成了会计法的框架体系，企业的会计稽核和控制成为国家法规制的重点，法律、行政法规，尤其是财政部的部门规章和解释对企业的会计管理作出了较为全面详尽的规范。企业在制定会计管

---

① 参见刘燕：《会计法》，北京大学出版社2001年版，第16、18页。

理制度时应当注意下列法律、法规和规章的相关规定：

（1）法律：主要是1999年修订的《会计法》。

（2）行政法规：主要有两件，分别是2000年制定的《企业财务会计报告条例》和1990年制定的《总会计师条例》。

（3）部门规章和解释：规范性文件非常之多，以财政部颁发的规章为主，还辅之以相关的解释、对有关问题的解答等。可以分为这样几个方面：

① 企业会计准则制度

主干规章是财政部发布的基本准则和具体准则。基本准则即2006年新修订的《企业会计准则——基本准则》。具体准则是按照会计要素或者经济事项加以制定的，对某个要素或者经济事项的定义、特征、确认、计量和披露要求等作出具体规定。目前实行的具体准则是2006年公布的第1—38号具体准则。① 此外，还包括同年出台的《企业会计准则——应用指南》。为了促使企业有效贯彻新的"企业会计准则"，财政部还出台了3个解释文件，它们分别是《企业会计准则解释第1号》（2007）、《企业会计准则解释第2号》（2008）、《企业会计准则解释第3号》（2009）。对于特殊行业企业执行新会计准则，财政部或者证监会出台了相关的衔接规定。② 此外，财政部和

---

① 包括存货、长期股权投资、投资性房地产、固定资产、生物资产、无形资产、非货币性资产交换、资产减值、职工薪酬、企业年金基金、股份支付、债务重组、或有事项、收入、建造合同、政府补助、借款费用、所得税、外币折算、企业合并、租赁、金融工具确认和计量、金融资产转移、套期保值、原保险合同、再保险合同、石油天然气开采、会计政策会计估计变更和差错更正、资产负债表日后事项、财务报表列报、现金流量表、中期财务报告、合并财务报表、每股收益、分部报告、关联方披露、金融工具列报、首次执行企业会计准则。

② 这些衔接规定有财政部发布的《典当企业执行〈企业会计准则〉若干衔接规定》（2009）、《农垦企业执行〈企业会计准则〉有关衔接规定》（2008）、《非上市银行业金融机构执行〈企业会计准则〉有关衔接规定》（2007），证监会于2007年发布的《证券投资基金执行〈企业会计准则〉有关衔接事宜》、《期货经纪公司执行〈企业会计准则〉有关新旧衔接事宜》、《基金管理公司执行〈企业会计准则〉有关新旧衔接事宜》、《证券公司执行〈企业会计准则〉有关新旧衔接事宜》。

国税局发布了《执行〈企业会计准则〉有关企业所得税政策问题》(2007)、证监会2007年发布了《证券投资基金执行〈企业会计准则〉估值业务及份额净值计价有关事项》。

② 企业会计制度①

2000年以前，我国实行的是分行业、分所有制的会计制度，它们是在我国市场经济建设刚刚起步的阶段所制定的②，这对于我国经济体制改革初期规范企业会计管理工作起到了积极的作用。但是，在新形势下，原有制度已经难以满足社会经济发展的需要，其原因在于：首先，随着社会主义市场经济的形成，各行各业、各种所有制形式的企业都要平等地参与市场竞争，因此国家必须实行统一的会计制度。其次，加入WTO意味着我国在经济和法律上必须快速融入全球化的进程，企业要尽快适应和运用国际化的会计语言，分行业、分所

---

① 我国的会计准则和会计制度在内容上存在交叉重复。对于两者的区别，有学者认为会计准则是处理会计对象的标准，是会计核算的规范，也是评价会计工作质量的准绳；会计制度是进行会计工作所应遵循的规则、方法和程序的总称。从一些实施会计准则的国家看，权威机构制定和颁布会计准则，但并不制定和颁布统一会计制度，换言之，会计制度交由企业根据实际情况加以制定。参见陈信元主编：《财务会计学》，高等教育出版社2005年版，第21—22页。我国目前实行准则和制度并存的双轨制。

② 比如1991年制定的《城市公用事业企业会计制度——会计科目和会计报表》，1992年制定的《工业企业会计制度》及《关于工业企业会计制度若干问题的补充规定》(1993)、《新闻出版企业执行〈工业企业会计制度〉的补充规定》(1993)、《国家电力公司建设单位与工业企业会计制度接轨办法》(1997)、《国家电力公司执行〈工业企业会计制度〉有关基建业务会计处理办法》(1997)，1992年制定的《旅游、饮食服务企业会计制度》、《商品流通企业会计制度》、《农业企业会计制度》、《股份制试点企业会计制度——会计科目和会计报表总说明》，1993年制定的《运输(民用航空)企业会计制度》、《邮电通信企业会计制度》、《金融企业会计制度》、《运输(铁路)企业会计制度》、《对外经济合作企业会计制度》、《运输(交通)企业会计制度》、《施工企业会计制度》、《房地产开发企业会计制度》及《物业管理企业执行〈房地产开发企业会计制度〉有关问题》(1999)、《物业管理企业会计核算补充规定(试行)》(1999)，1993年制定的《乡镇企业贯彻执行〈企业会计准则〉和分行业的企业会计制度若干问题的规定》和《乡镇企业执行新的分行业企业会计制度有关调账问题的处理规定》，1995年制定的《勘察设计企业会计制度》，1998年制定的《公路经营企业会计制度》。

有制的会计制度不符合国际惯例。再次，新兴行业风起云涌，如网络公司、软件公司、电子商务公司等，这些企业难以从现有的行业会计制度体系中找到适合它们的会计制度。最后，我国旧有的会计制度也日益显露出缺陷，企业会计信息失真相当普遍。因此改革旧有的会计制度势在必行。

现行的国家会计制度是由财政部制定的三大主干规章组成，并辅之以相关的解释、衔接规定、有关问题的规定等配套规范性文件。三大主干规章分别是：《企业会计制度》（2000），[①]《金融企业会计制度》[②]（2001），《小企业会计制度》（2004）。

[③] 其他会计事务相关规章：主要有财政部发布的《代理记账管理办法》（2005）、财政部发布的《会计基础工作规范》（1996）、财政部、国家档案局发布的《会计档案管理办法》（1998）。

3. 税务管理

我国税收法制的特点是多和快。其一，相关的规范性文件非常之多，但效力位阶偏低，并且主要集中于国家税务总局发布的行政规章和其他文件。税收领域的法律只有3件，即《税收征收管理法》、《企业所得税法》和《个人所得税法》。其他税收实体法和程序法主要由行政法规作出基本规定，由行政规章作出实施细则，国家税务总局还制定了大量的税收政策、有关问题的通知或者批复。其二，新的规范性文件出台的速度快、频率高，税收领域的规章和政策处于不断的动态变化中。

[①] 该规章的配套规范性文件包括《〈企业会计制度〉实施范围有关问题规定》（2001）、《实施〈企业会计制度〉及其相关准则问题解答》（2001）、《关于贯彻实施〈企业会计制度〉有关政策衔接问题的规定》（2001）、《外商投资企业执行〈企业会计制度〉有关问题的规定》2001、《外商投资企业执行〈企业会计制度〉问题解答》（2002）、《关于执行〈企业会计制度〉和相关会计准则有关问题解答》（一～四）（2002—2004）、《工业企业执行〈企业会计制度〉有关问题衔接规定》（2003）、国家税务总局《关于执行〈企业会计制度〉需要明确的有关所得税问题》（2003）。

[②] 该规章的配套规范性文件包括《证券公司执行〈金融企业会计制度〉有关问题衔接规定》（2003）、《金融企业会计制度——证券公司会计科目和会计报表》（2003）。

正是由于税收领域的规范性文件数量多、更新快，因此难以避免地在规则内容上存在交叉、矛盾、滞后、新旧冲突、同实际情况不相适应等问题。有鉴于此，国家税务总局近三年来进行了相关规章和规范性文件的全面清理工作，分别于 2006 年和 2007 年公布了两个"一揽子"决议，即"国家税务总局关于发布已失效或废止的税收规范性文件目录的通知"，列举了"全文已失效或废止的税收部门规章和规范性文件 290 件"和"部分条款已失效或废止涉及的税收部门规章和规范性文件 94 件"；"国家税务总局关于发布已失效或废止的税收规范性文件目录（第二批）的通知"，列举了"全文已失效或废止的税收规范性文件 33 件"和"部分已失效或废止的税收规范性文件 3 件"。

本书难以尽举所有税收方面的规范性文件，故选取同企业相关的主要的、比较稳定的税收规范性文件，企业制定规章也主要考虑同这些规范性文件相衔接。

（1）税收程序法

这里主要指一般税收征收管理方面的规范性法律文件，适用于所有税种的征收管理。与特定税种相关的特殊征收管理规章，在特定税种中予以说明。税收程序法的主干是一部法律和一部行政法规，分别是《税收征收管理法》（2001 年修订）和《税收征收管理法实施细则》（2002）。此外还有国家税务总局发布的比较重要的一些配套规章，详见本注释。①

（2）税收实体法

① 增值税

以行政法规《增值税暂行条例》（2008 年修订）和行政规章

---

① 主要有：《出口货物退（免）税管理办法（试行）》（2005）、《抵税财物拍卖、变卖试行办法》（2005）、《纳税担保试行办法》（2005）、《注册税务师管理暂行办法》（2005）、《税务检查证管理暂行办法》（2005）、《欠税公告办法（试行）》（2004）、《关联企业间业务往来税务管理规程》（2004）、《关联企业间业务往来预约定价实施规则》（试行）（2004）、《税务登记管理办法》（2003）、《纳税信用等级评定管理试行办法》（2003）、《税收票证管理办法》（1998）、《邮寄纳税申报办法》（1997）等。

《增值税暂行条例实施细则》（2008年修订）为主干法，配套性规章详见本注释。①

② 消费税

以行政法规《消费税暂行条例》（2008年修订）和行政规章《消费税暂行条例实施细则》（2008年修订）为主干法，配套性规章详见本注释。②

③ 营业税

以行政法规《营业税暂行条例》（2008年修订）和行政规章《消费税暂行条例实施细则》（2008年修订）为主干法。由于营业税的征收较为普遍，税率又较为简单，征纳操作比较简便，因此相关的规范性文件数量较之增值税、消费税而言要少一些，并且也多以政策文件而不是规范性法律文件的形式出现。③

---

① 比较重要或者常用的规章还有：《增值税专用发票使用规定》（2006年修订）、《货物期货征收增值税具体办法》（1994）、《增值税一般纳税人纳税申报办法》（2003年修订）、《增值税部分货物征税范围注释》（1993）、《增值税若干具体问题的规定》（1993）等。我国还特别针对出口货物退（免）税作了许多规定，主要有《出口货物退（免）税管理办法（试行）》（2005）、《生产企业出口货物"免、抵、退"税管理操作规程》（试行）（2002）、《出口货物退（免）税若干问题的具体规定》（1999）、《出口货物退（免）税若干问题规定》（1995）等。由于有关增值税部分的规范性文件相当之多，国家税务总局进行了清理工作，并于2009年初发布了"国家税务总局关于发布已失效或废止有关增值税规范性文件清单的通知"（国税发〔2009〕7号），包括了"全文废止或失效的税收规范性文件50件"和"部分条款失效或废止的税收规范性文件14件"。

② 比较重要或者常用的规章还有：《石脑油消费税免税管理办法》（2008）、《葡萄酒消费税管理办法（试行）》（2006）、《汽油、柴油消费税管理办法（试行）》（2005）、《出口货物退（免）税管理办法（试行）》（2005）、《消费税若干具体问题的规定》（1993）、《消费税征收范围注释》（1993）等。有关消费税的规范性文件同样存在数量太多的问题，国家税务总局经过清理，于2009年发布了"国家税务总局关于发布已失效或废止有关增值税规范性文件的通知"（国税发〔2009〕45号），包括"全文废止或失效的税收规范性文件14件"和"部分条款失效或废止的税收规范性文件7件"。

③ 比较重要或者常用的规章主要有《营业税纳税人纳税申报办法》（2005）、《营业税税目注释（试行稿）》（1993）等。

147

④ 企业所得税

我国制定了一部基本法律《企业所得税法》（2007），并辅之以行政法规《企业所得税法实施条例》（2007）和行政规章《企业所得税核定征收办法》（试行）（2008），其余大多为政策性文件。

⑤ 个人所得税

我国制定有一部基本法律《个人所得税法》（2007 年修订），并辅之以行政法规《个人所得税实施条例》（2008 年修订）和行政规章《个人所得税管理办法》（2005），其他配套性规章详见本注释。①

⑥ 城市维护建设税

该税种是针对缴纳增值税、消费税、营业税的单位和个人按其实际交纳的"三税"税额为计税依据而征收的一种税。目前主要有行政法规《城市维护建设税暂行条例》（1985），行政规章《关于贯彻执行〈中华人民共和国城市维护建设税暂行条例〉几个具体问题的规定》（1985）、《关于城市维护建设税几个具体问题的补充规定》（1985）等。

⑦ 资源税

我国目前列入资源税征税范围的资源仅限于矿产品和盐，因此只有从事相关业务的企业才需要注意。此税种以行政法规《资源税暂行条例》（1993）和行政规章《资源税暂行条例实施细则》（1993）为主干法，配套性规章详见本注释。②

⑧ 其他税种

---

① 比较重要或者常用的规章还有：《个人所得税自行纳税申报办法（试行）》（2006）、《关于个人独资企业和合伙企业投资者征收个人所得税的规定》（2000）、《个体工商户个人所得税计税办法（试行）》（1997）、《征收个人所得税若干问题的规定》（1994）等，此外《国家税务总局关于调整个人取得全年一次性奖金等计算征收个人所得税方法问题的通知》（2005）也较为重要。

② 比较重要或者常用的规章还有：《资源税代扣代缴管理办法》（1998）、《资源税若干问题的规定》（1994）等。

企业在运营中还会涉及城镇土地使用税①、土地增值税②、房产税③、车船税④、印花税⑤、契税⑥、车辆购置税⑦、耕地占用税⑧和关税⑨等相应的规范性法律文件，具体法规、规章详见相应注释。

此外，企业制定财务会计制度还不要忽略《票据法》（2004 年修改）、《票据管理实施办法》（1997）、《支付结算办法》（1997）等法律、法规和规章的规定。

（二）生产和产品质量管理制度

企业的安全生产和产品质量是企业的生命线。如今，产品质量已经成为企业制度化管理的重点领域。其中原因在于：一方面，产品质量是企业生存和发展的核心竞争力，对于制造型企业而言，没有优质的产品，就没有强劲的竞争力，就难以在市场中立足、壮大和长远发展。另一方面，国家为了保护公众基本权益，也特别注重对企业产品质量的管理和监督，尤其是 20 世纪后半叶以来，大多数国家都制定

---

① 主要有行政法规《城镇土地使用税暂行条例》（2006 年修订），行政规章《关于土地使用税若干具体问题的解释和暂行规定》（1988）、《关于土地使用税若干具体问题的补充规定》（1989）等。
② 主要有行政法规《土地增值税暂行条例》（1993），行政规章《土地增值税清算管理规程》（2009）、《关于土地增值税若干征管问题的通知》（1996）、《土地增值税暂行条例实施细则》（1995）、《关于土地增值税一些具体问题规定》（1995）等。
③ 主要有行政法规《房产税暂行条例》（1986），行政规章《关于房产税若干具体问题的解释和暂行规定》（1986）等。
④ 主要有行政法规《车船税暂行条例》（2006），行政规章《车船税暂行条例实施细则》（2007）等。
⑤ 主要有行政法规《印花税暂行条例》（1988），行政规章《印花税暂行条例实施细则》（1988）、《关于印花税若干具体问题的规定》（1988）等。
⑥ 主要有行政法规《契税暂行条例》（1997），行政规章《契税暂行条例细则》（1997）等。
⑦ 主要有行政法规《车辆购置税暂行条例》（2000）等。
⑧ 主要有行政法规《耕地占用税暂行条例》（2007），行政规章《耕地占用税暂行条例实施细则》（2008）等。
⑨ 主要有法律《海关法》（2000 年修订），行政法规《进出口关税条例》（2003），行政规章《海关进出口税则—统计目录本国子目注释》（2003）、《海关进出口税则》（2002 年最新调整）等。

大量法律、法规、规章和标准来规范企业的生产，从源头上确保产品合格。国际行业组织制定的 ISO 系列质量认证体系，获得了许多国家的法律认可，并得到大力推行，它重在从健全生产管理规章制度和流程开始，对产品的生产和质量进行全方位的管理和监督。

但是，世界各国都并不是从一开始就关注企业的生产和产品问题的，对企业生产和产品质量的立法规制直至 20 世纪以后才蔚为风气。企业生产原本属于企业自我管理和自我控制的范围。如何管理、用什么样的标准管理，取决于市场竞争环境、企业是否有长远发展的眼光和企业的商业伦理道德水平。但是，在大机器的工业时代，生产过程越来越关乎工人的人身安全和交通贸易的发展，产品质量越来越关乎公众安全健康和消费者利益。当企业的资本利益同公众利益、企业的社会责任之间出现矛盾，并且不断激化进而演变为社会公共问题时，就需要政府予以调控和监管，相关问题才逐渐进入国家法的调整范围。

当然，政府对产品质量实施监管和法律调控的有效性同样经历了一个渐进的过程。当今美国被认为是对食品和药品监管最完备、最严格并在这一领域中法制最为健全的国家之一。美国的产品质量法制监管及其实施也有一个历史发展的过程。19 世纪末，美国各州开始立法对企业的生产安全和产品质量进行监管。比如马萨诸塞州 1887 年的法规汇编中，就有要求毒药经营者对他们的销售情况进行记录，已备警察的检查；屠宰家禽不经过合适处理不得出售；拥有 5 个以上雇员的工厂必须保证不从阴沟、厕所等肮脏处所散发臭气的卫生条件。19 世纪末到 20 世纪初的这一时间段中，对于通过的产品质量监管法律的数量，是无可置疑的，但实质上所产生的影响是另一回事。不停地摆弄来摆弄去并不意味着法律的彻底推行。在大多数情况下，州政府只不过是把人民的利益和情感记录在案。这些记录对于产品甚至是商品的质量并未产生多少直接的控制。没有哪一个机构真正负责实施这些法律。出于商业利益的诱惑，企业也没有将法律的要求和自身的生产和产品质量衔接起来。直到一再发生食品丑闻之后，公众拒绝购买商品的浪潮使那些公司遭到了惨重损失，并吓得它们接受或事实上

第三章 企业内部制度与法治的内容之衔接

要求对自身的产品质量加以控制。① 与此同时，人们对出台更具权威、更有实效的法律的呼声也越来越高。在老罗斯福总统的力推下，国会终于在1906年通过了联邦第一部食品药品管制的法律《纯净食品药品法》，它标志着联邦政府干预社会生活和经济事务的政策理念开始萌动。西方学界对纯净食品运动及其立法的研究表明，从社会学和法学的角度看，它是全民参与的一次立法改革；从经济学角度看，它又是对自由放任市场机制的矫正，是政府管理对市场失灵的一个有效回应。② 美国的产品责任法也相继诞生于20世纪初期。在小罗斯福总统的新政下，国会出台了一系列食品及其他产品安全方面的法律、法规，其中最具代表性的是1938年国会通过了较为完善的《食品、药品和化妆品法》，构成了美国食品药品法的基本框架，此后的食品药品法都是对它的修修补补。③

目前，国家法对企业安全生产和产品质量的监管，主要采用两种方式：一是，为企业提供一个安全生产和产品质量要求的原则性框架和基本指向。在国家法这个框架之中应当填充什么样的具体制度，这就由企业根据自己生产和产品的特点，以及企业所追求的长远发展目标，予以具体设计和执行。二是，从给企业设定法律责任的角度提高企业违法成本，督促企业运用包括制度化管理的手段来保障产品质量，履行社会责任。

从政府角度而言，质检部门不仅应当注重对企业生产安全和产品质量的监督检查，还应当注重对企业是否建立健全相关管理制度进行监督检查。企业生产和产品质量管理的源头在于制度建设和流程再造，它是企业质量管理的一项基础性工作，所谓"制度进步一小步，管理进步一大步"。过程决定结果。生产安全与否，产品质量合格与

---

① 参见［美］弗里德曼：《美国法律史》，苏彦新等译，中国社会科学出版社2007年版，第498—503页。

② 参见吴碧娜：《19世纪末20世纪初美国纯净食品运动及立法的研究概况》，《知识经济》2009年第14期。

③ 参见董晓培：《美国纯净食品药品的联邦立法之路》，厦门大学硕士学位论文（2009）。

否，是企业经营管理的结果；而相关管理制度建设则体现了企业抓牢安全生产和控制品质管理的方法和过程。更为重要的是，相关法律、法规和规章也对企业生产安全和产品质量管理制度提出了法定要求。企业生产和产品管理制度建设的合法合规和完善高效，不仅保证了生产安全和产品质量，而且还有利于质检相关法的有效实施，有利于质检部门依法行政，并从根本上提高政府监管效率。因此，质检部门不仅应当着眼于对企业生产安全和产品质量的监督管理，还应当注重对企业建立健全生产和产品管理制度的监督管理。质检部门将监管范围从生产和产品本身延展至企业相关制度的建设和实施，不仅具有法的依据，弘扬依法行政的精神，而且也意味着政府从源头疏导可能出现的症结和问题，从而得以大幅度降低产品质量的事故发生频率，提高监管效率，做到过程和结果并重、标本兼具的监管效果。

对于企业而言，由于生产和产品质量管理在企业中是一个复杂的涉及多方面问题的职能模块，因此制定这部分的规章制度也需要细分为几个方面，这样才有利于形成健全、完善的生产和产品制度体系。其中，有些方面完全属于企业自治领域，同国家法相衔接的要求不突出；而有些方面虽然是企业内部管理事项，但由于其关涉基本人身权利，或者其结果具有外部效应，关涉社会群体的利益，国家法必须介入。在这些领域，国家法不仅提出企业应当建立相关制度，而且对企业规章可能涉及的内容还作出具体的法定要求。因此，在这些方面，企业必须全面了解国家法的规定，做到企业内部制度与国家法的和谐衔接。下面就从企业生产和产品质量管理制度的诸方面逐一阐述。

1. 生产部门组织和权责管理制度

如果企业生产部门庞大，层级复杂，有必要规定这方面制度的话，那么它属于企业内部组织和权限划分问题，是较为纯粹的企业管理自治范围，国家法基本不予干预，企业可以自主地制定相关规则。

2. 物料采购管理制度

企业制定这方面的管理规则需要与国家法相衔接的内容相对比较少。企业主要应当注意我国的《招标投标法》（1999）。对于重大采购项目，往往需要采用招标邀标的方式，而对重大项目的招标邀标管理是企业规章制度的一个非常重要的规制事项，因为它要涉及重大资金的拨付和重要产品或者服务的获得。有些企业把招标规章放置于财务部门之下，因为招标事项涉及大额请款。有些企业把招标规章置于生产部、采购部或者其他经常需要启动招标邀标的部门。那么在制定招标邀标规则时，一定要注意同我国《招标投标法》相衔接。

比如，我国《招标投标法》第17条规定，招标人采用邀请招标方式的，应当向三个以上具备承担招标项目的能力、资信良好的特定的法人或者其他组织发出投标邀请书。实践中，有些企业规定，采用招标或者邀标的项目，参与竞标的供应商不得低于两家。这种规定就同国家法不符，属于违法规定，自然无效。

又比如，根据我国《招标投标法》第10条规定，招标分为公开招标和邀请招标。法律没有规定议标这种方式，所以议标不是我国法定的招标类别，对于法定招标事项就不得采用议标这种种类。有些企业在制定诸如"招投标管理规则"时，关于招标可采用的方式，规定为"招标分为三类：公开招标、邀请招标和议标。"这就与法律的规定产生冲突，有违法之嫌。如果企业在某些小型项目建设中确实想采用议标的，应当在制度设计时，区分法定招标和非法定招标，分别加以规定。比如可以采用下列表示，以避免同法律的冲突：

"第＊条法定招标分为公开招标和邀请招标：

（一）公开招标：国家及项目所在省、市有关法律、法规规定应当公开招标的项目，应当依照国家及项目所在地相关法律、法规规定进行公开招标。

（二）邀请招标：国家及项目所在省、市有关法律、法规规定不属于应当公开招标的项目，由集团、产业集团、事业群和所属企业自行组织或者委托招标代理机构进行邀请招标。

法定招标项目以外的项目，可以自行招标，采用自行招标的，以邀请招标为主。

法定招标项目以外的下列项目，可以采用议标方式，但与工程建设项目有关的重要设备、材料等的采购除外：

（一）勘察、设计、造价咨询、招标代理机构等工程类中介

企业制度与法治的衔接

服务；

（二）经集团总裁办公会特批的紧急采购、工程招标项目。"

3. 安全生产管理制度

企业的安全生产是国家法重点规制的对象。安全生产是关乎生命、财产和公共安全的重要问题，其影响不仅仅限于企业，也波及社会公众。重大的安全生产事故甚至构成刑事犯罪。我国在企业安全生产领域形成了以法律、法规和规章为体系的制度框架，对企业在安全生产过程中应当建立和如何建立管理制度作出了明确规定，它们是有关监管部门对企业安全生产制度建设实行监管的法律依据。企业在制定和完善自身的管理制度体系时，应当了解和遵守这些国家法的规定，做好与相关法在内容上的衔接。在我国，企业安全生产管理制度涉及的有关规范性法律文件主要有：

（1）法律

在企业安全生产和生产设备管理方面最重要的法律是《安全生产法》（2002）。该法就企业安全生产管理制度建设提出了整体性要求，并分别对企业安全生产管理制度的制定、宣传和实施做出具体规定：

其一，关于建立健全安全生产责任制度的总体性规定。该法第4条规定，生产经营单位必须遵守本法和其他有关安全生产的法律、法规，加强安全生产管理，建立、健全安全生产责任制度，完善安全生产条件，确保安全生产。这意味着建立健全安全生产责任制度是生产经营单位的法定职责，同时也为政府相关部门对企业是否制定安全生产责任制度实施监督检查提供了法律依据。

其二，关于落实安全制度建设的责任人。该法第17条规定了生产经营单位的主要负责人对本单位安全生产工作负有的各项职责，其中居于前两项的就是建立健全本单位安全生产责任制，组织制定本单位安全生产规章制度和操作规程。该规定表明了三个要点，一是，解决企业安全生产问题的首要任务是搞好制度建设，只有具备完善的规章制度，才能使企业的安全生产有章可循，才能对生产事故防患于未然，一旦发生事故，才能有事故应对的常态机制；二是，确认了企业主要负责人是制定安全生产责任制度的责任主体，这就为安全生产管理制度缺失时，应对谁予以问责提供了法律依据；三是，完整的安全生产责任制度应当是一个制度体系建设，而并非一个制度文本就可以解决得了的，通常应包括安全生产的综合性规则、单一事项规则和更为具体、更具有操作性的细则、办法和操作规程等。

其三，关于员工对安全规章的知悉和遵守义务。该法第21条规定，生产经营单位应当对从业人员进行安全生产教育和培训，保证从业人员具备必要的安全生产知识，熟悉有关的安全生产规章制度和安全操作规程，掌握本岗位的安全操作技能。未经安全生产教育和培训合格的从业人员，不得上岗作业。第49条规定，从业人员在作业过程中，应当严格遵守本单位的安全生产规章制度和操作规程，服从管理，正确佩戴和使用劳动防护用品。根据这些规定，企业应当对从业人员进行安全生产规章制度和操作规程的培训，使他们知悉和掌握相关规则，并在作业过程中合规操作。

其四，关于危险品生产经营企业安全管理制度的特别规定。该法第32条第二款规定，生产经营单位生产、经营、运输、储存、使用危险物品或者处置废弃危险物品，必须执行有关法律、法规和国家标准或者行业标准，建立专门的安全管理制度，采取可靠的安全措施，接受有关主管部门依法实施的监督管理。这里有关部门监督管理的内容应当包括生产经营单位是否就危险物品建立专门安全管理制度，以及这些制度是否在实际操作过程中予以严格实施。

其五，关于对企业安全管理制度的监督检查。该法第五十六条规定，负有安全生产监督管理职责的部门依法对生产经营单位执行有关安全生产的法律、法规和国家标准或者行业标准的情况进行监督检查，行使的职权之一是进入生产经营单位进行检查，调阅有关资料，向有关单位和人员了解情况。这里的有关资料包括生产经营企业的安全生产规章制度和操作规程。这意味着法律明确提出了相关监管部门应当履行对企业安全生产制度进行监督检查的职责。

此外，《职业病防治法》（2001）规定了企业在劳动过程中的防护和管理责任。如第19条规定，用人单位应当建立、健全职业卫生管理制度和操作规程，建立、健全工作场所职业病危害因素监测及评价制度。

（2）行政法规

同企业的安全生产和生产设备管理制度建设有关的行政法规主要有两部：

一是《特种设备安全监察条例》（2009年修订），对特种设备的生产、使用、检验检测及其监督检查等各环节作出规范，其中涉及了企业生产和使用特种设备过程中应当建立相关管理制度的规定。该法规在总则第5条第一款中综合性地规定，特种设备生产、使用单位应当建立健全特种设备安全、节能管理制度和岗位安全、节能责任制度。该法规在分则中按不同情形更为具体地规定了企业相关制度建设的要求。如在第二章"特种设备的生产"中，该法规第11条、第14条、第22条以明示的方式规定，相关单位设计、制造、安装、改造特定的特种设备，如压力容器、起重机械、大型游乐设施及其安全附件等，所应当具备的条件之一，是具有与该特种设备适应的健全的管理制度和责任制度。① 在第三章"特种设备的使用"中，该法规第

---

① 参见《特种设备安全监察条例》第十一条：压力容器的设计单位应当经国务院特种设备安全监督管理部门许可，方可从事压力容器的设计活动。／压力容器的设计单位应当具备下列条件：（一）有与压力容器设计相适应的设计人员、设计审核人员；（二）有与压力容器设计相适应的场所和设备；（三）有与压力容器设计相适应的健全的管理制度和责任制度。第十四条：锅炉、压力容器、电梯、起重机械、客运索道、大型游乐设施及其安全附件、安全保护装置的制造、安装、改造单位，以及压力管道用管子、管件、阀门、法兰、补偿器、安全保护装置等（以下简称压力管道元件）的制造单位和场（厂）内专用机动车辆的制造、改造单位，应当经国务院特种设备安全监督管理部门许可，方可从事相应的活动。／前款特种设备的制造、安装、改造单位应当具备下列条件：（一）有与特种设备制造、安装、改造相适应的专业技术人员和技术工人；（二）有与特种设备制造、安装、改造相适应的生产条件和检测手段；（三）有健全的质量管理制度和责任制度。第二十二条：移动式压力容器、气瓶充装单位应当经省、自治区、直辖市的特种设备安全监督管理部门许可，方可从事充装活动。／充装单位应当具备下列条件：（一）有与充装和管理相适应的管理人员和技术人员；（二）有与充装和管理相适应的充装设备、检测手段、场地厂房、器具、安全设施；（三）有健全的充装管理制度、责任制度、紧急处理措施。

39条第二款以默示的形式规定了特种设备的使用应当依循相关的安全规章制度:"特种设备作业人员在作业中应当严格执行特种设备的操作规程和有关的安全规章制度。"在第五章"监督检查"中,规定了监督管理部门有权查阅、复制相关单位的资料,这些资料应包括安全规章制度;对于违反该条例规定和安全技术规范要求的行为,应当以书面形式发出特种设备安全监察指令,责令有关单位及时采取措施,予以改正或者消除事故隐患。这些规定意味着监管部门应当对有关单位是否建立特种设备安全规章制度予以监督检查,对于未合规建立安全规章制度的,监管部门有权采取适当措施。最后,该法规第90条还赋予特种设备使用单位对违反特种设备操作规程和有关安全规章制度进行操作的特种设备作业人员以批评教育或者处分、情节严重的,撤销特种设备作业人员资格的权力。

二是《生产安全事故报告和调查处理条例》(2007),对发生安全事故后的报告、调查、处理和法律责任作出规定,其中就事故发生单位如何进行事故报告、事故调查和事故处理提出了明确要求。企业在制定自身的生产安全事故处理规章制度时,应当注意同该法规的有关内容相衔接。

(3) 行政规章

企业安全生产和生产设备管理方面的综合性部门规章主要是《特种设备质量监督与安全监察规定》(2000),它对制造和使用特种设备的企业进行相关制度建设的必要性和制度建设的内容提出了更为细化的要求,为监管部门对企业相关制度建设实施有效监管提供了直接依据。该规章第6条和第7条规定,特种设备的制造须实行生产许可证或者安全许可证制度,有关单位获得生产许可证或者安全许可证的条件之一便是,建立健全质量保证体系,也即质量保证的管理制度体系。该规章第15条规定了特种设备使用单位应当取得特种设备安全使用许可证,获取该许可证的条件之一便是,使用单位建立特种设备安全使用和运营的管理规章制度。第16条进一步规定了特种设备使用和运营管理规章制度的必备内容,即:"使用单位应制定并严格执行以岗位责任制为核心的特种设备安全使用和运营的管理制度,其内容至少应包括：一、操作人员守则；二、安全操作规程；三、事故紧急处理措施及紧急救援演习制度；四、维护、保养、检修制度；五、安全技术档案管理制度；六、运营和维修人员安全培训、考核制度。"

另一部重要规章是《特种设备作业人员监督管理办法》（2005），对特种设备作业人员的从业资格和作业要求作出了规定。其中对作业人员监督管理的重要环节之一，是应当有章可循，建立相关的管理制度，同时这些管理制度又可以作为考核和奖惩作业人员的制度依据。该规章第 20 条规定，用人单位应当加强对特种设备作业现场和作业人员的管理，履行下列义务：（一）制定特种设备操作规程和有关安全管理制度；……。第 21 条规定，特种设备作业人员应当遵守以下规定：……。（三）严格执行特种设备操作规程和有关安全规章制度；（四）拒绝违章指挥；……。

此外，国家质检总局等有关部门还针对不同的特种设备，诸如压力管道、热水锅锅炉、起重机械等，制定了单项的安全监察行政规章，对相关单位的制度建设提出更有针对性的具体要求，相关单位在制定特定的特种设备管理制度时应当注意遵守这些规章的规定。

（4）地方性法规和地方政府规章

江苏、浙江、广东、黑龙江、鞍山等部分省市制定了有关特种设备安全监察的地方性法规或者地方政府规章。在这些地方进行生产经营的企业，还应当注意遵守当地地方性法规和规章的规定。

4. 产品质量管理制度

如今，运用法律手段来督导企业加强产品质量监督管理、提高产品质量水平、明确产品质量责任已经成为各国普遍的做法。在市场经济环境下，企业内部的质量管理，原本属于企业自主经营范围的事项，主要依靠市场竞争机制来促使企业加强内部质量管理，提高产品质量水平。然而近年来，人们越来越意识到，质量不仅是企业的战略问题，同样也是国家的战略问题；产品质量不仅是企业的生命线，也是国家综合实力的表现。产品质量直接关系到企业的生存和发展，各国星级公司都在为使自己的产品质量达至世界领先水平而不断采取有

第三章　企业内部制度与法治的内容之衔接

效对策。产品质量也关系到国家经济发展和社会稳定，关系到公众权益的保障和生态环境的保护，甚至可以综合地反映一国的科学技术水平、企业经营管理水平、市场环境、法律环境、国家整体经济状况等多方面因素。尤其是在 21 世纪，质量对全社会和全球经济的影响力正日益凸显，人们不仅把质量看成是国际市场竞争的主要手段，而且看成是对威胁人类安全和生存环境的防御力量。美国人提出"质量堤坝"的概念，指出人类社会进步的重要标志之一，就是人类能够更加安全地生活在"质量堤坝"的保护之下。[①] 因此，各国都在致力于如何以合理适当的方式发挥政府在产品质量监督管理中的作用。毫无疑问，市场和法治的方式是其中最有效的手段。运用市场机制就是遵循规律性的因素，通过市场竞争来促进企业提高质量和质量管理水平。但是市场也会失灵，也会出现问题。发达国家的成功经验是对市场进行监管，建立监管制度，完善法律环境，加强法的实施，通过法治的杠杆来调节市场机制。

在我国，目前已经初步形成了行政法、民事法、刑事法等诸方面的有关产品质量方面的法律、法规和规章体系，对产品的生产、储运和销售各环节提出了法定要求，加强了对企业质量管理制度建设的督导，明确了企业的产品质量责任，并不断完善由产品责任引起的民事赔偿制度，提高企业的违法成本，造成重大产品责任事故的，还要承担刑事责任。企业应当充分了解和严格遵守产品质量相关法，明确自身的产品责任，提高自身的品质管理水准，并将法定要求和实践经验固化于企业的制度建设之中。企业的产品质量管理规则是根据企业的生产和产品特点对国家法的细化和具体化，企业所制定的制度规范只能高于国家标准或者国家要求，而不能低于国家标准或者国家要求，否则即为违法。

由于产品的范围非常广泛，工业品、食品、药品、其他特殊产品等，国家除了综合性的产品质量法以外，还对特殊产品制定了大量特

[①] 参见刘广第编：《质量管理学》，清华大学出版社 2003 年第 2 版，第 2—3 页。

别法。本书选取对企业产品质量制度建设普遍相关的综合性的产品质量法，和与人们日常生活息息相关的食品相关法予以阐述。

(1) 综合性的产品质量法

核心法律是《产品质量法》(2000年修改)，其立法宗旨即在于加强对产品质量的监督管理，提高产品质量水平，明确产品质量责任，保护消费者合法权益，维护社会经济秩序。该法对企业产品质量制度建设提出了总体性要求和具体指导，分别体现于总则和分则之中。

在总则中，首先，该法以明示的方式，在第3条规定了企业负有基本质量管理制度建设的法定义务，即"生产者、销售者应当建立健全内部产品质量管理制度，严格实施岗位质量规范、质量责任以及相应的考核办法。"这意味着法律要求企业建立的质量管理制度体系至少应当包括质量管理、质量责任、质量监督和质量考核四个要素。而对于每一个企业而言，如何建立和建立健全什么样的产品质量管理制度，则需要企业根据自己的实际情况，自主决定，法律不作也不宜作出强制性规定。其次，该法还以默示的方式规定了鼓励企业进行高质量的质量管理制度建设。如第6条规定，国家鼓励推行科学的质量管理方法，采用先进的科学技术，鼓励企业产品质量达到并且超过行业标准、国家标准和国际标准。科学的质量管理方法和科学的质量管理制度是实现科学质量管理的必要条件，好的方法有赖于好的制度将之固化下来并予以长效推行；同时，制度化管理本身就是科学质量管理的题中应有之义。

在分则中，产品质量法对企业的质量管理制度建设提出了更为具体的指导性意见，主要有：

第一，企业质量体系认证制度。该法第14条规定，国家根据国际通用的质量管理标准，推行企业质量体系认证制度。企业根据自愿原则可以向国务院产品质量监督部门认可的或者国务院产品质量监督部门授权的部门认可的认证机构申请企业质量体系认证。经认证合格的，由认证机构颁发企业质量体系认证证书。这里的"企业质量体系认证"，是指由国家有关部门认可的认证机构，依据认证标准，按照规定的程序，对企业的质量保证体系，包括企业的质量管理制度、企业的生产、技术条件等保证产品质量的诸因素进行全面的评审，对符合条件要求的，通过颁发认证证明书的形式，证明企业的质量保证能力符合相应标准要求的活动。这里的"国际通用的质量标准"，主要是指国际标准化组织制定的并已为许多国家普遍采用的 ISO9000 系列国际标准。目前这些标准已经转化为我国的国家标准。企业质量体系通常包括以下几方面的构成要素：一是保证质量体系有效运行的组织机构；二是保证质量体系运行的物质和人力等资源；三是企业有关质量管理的各项规章制度，包括各岗位人员在质量体系运行中应尽的质量职责、质量管理工作的程序等；四是产品自原材料输入到成品输出的全过程的质量管理和质量保证。[1] 可见，质量管理规章制度是认证机构进行认证审查，以确认是否符合相应标准的要素之一。比如 ISO9000 体系，其本身就包含了必须建立完善的质量管理体系文件的要求，这些质量管理体系文件包括五个层次的文件，即质量方针和质量目标、质量手册、标准程序和工作文件[2]，它们实际上就是从系统的观点出发，实现全员全过程质量保证的制度化管理模式，没有健全细致并行之有效的质量体系文件，就无法获得质量体系认证。从这些规定可以看到，企业建立完善科学的质量管理制度是国家鼓励和推行的高水平质量管理的内容之一。

第二，生产者的产品质量责任。该法规定了生产者应当对产品质量负责，包括生产者应保证其产品符合什么样的产品质量要求、产品或者其包装标识要求、包装质量要求等。如第 27 条规定，产品或者其包装上的标识必须真实，并符合下列要求：（一）有产品质量检验合格证明；（二）有中文标明的产品名称、生产厂厂名和厂址；（三）根

---

[1] 参见《产品质量法》条文释义，引自北大法宝：http：//clink. chinalawinfo. com/pkulaw/slc/slfc. aspx？Gid＝29404&Tiao＝14&km＝siy&subkm＝0&db＝siy。

[2] 参见姚根兴、滕宝红编著：《如何进行 ISO9000 质量管理》，北京大学出版社 2004 年版，第 26—27 页。国际贸易中心、国际标准化组织编：《ISO9000 质量管理体系——发展中国家实施指南》，俞明德译，中国对外经济贸易出版社 1994 年版，第 23 页。

据产品的特点和使用要求,需要标明产品规格、等级、所含主要成分的名称和含量的,用中文相应予以标明;需要事先让消费者知晓的,应当在外包装上标明,或者预先向消费者提供有关资料;(四)限期使用的产品,应当在显著位置清晰地标明生产日期和安全使用期或者失效日期;(五)使用不当,容易造成产品本身损坏或者可能危及人身、财产安全的产品,应当有警示标志或者中文警示说明。/裸装的食品和其他根据产品的特点难以附加标识的裸装产品,可以不附加产品标识。企业在制定相应质量管理制度尤其是标准程序或者作业指导书等工作文件时应当注意遵守这些条款的规定。

第三,销售者的产品质量责任。该法第 33 条规定,销售者应当建立并执行进货检查验收制度,验明产品合格证明和其他标识。销售者建立进货检查验收制度是为其销售的货源进行把关,保证所销售产品的质量,该制度至少应当包括产品合格证的验明制度和其他必要标识的验明制度。其中其他标识包括有中文说明的产品名称、生产厂名、厂址;根据产品的特点和使用要求,需要标明产品规格、等级、所含主要成分的名称和含量,需要事先让消费者知晓的,应当在外包装上予以标明,或者预先向消费者提供有关资料;限期使用的产品,在显著位置上应当清晰地标明生产日期和安全使用期或者失效日期;使用不当,容易造成产品本身损坏或者可能危及人身、财产安全的产品,要有警示标志或者中文警示说明。这些标识都必须符合产品质量法第 27 条关于产品及其包装标识的规定。[①]

在行政法规层面,主要有《工业产品质量责任条例》(1986)和《产品质量监督试行办法》(1985)等。此外,质量监督管理主管部门还发布了大量部门规章,针对具体产品或者质量监督的具体环节做出规定。对于生产型企业而言,建立健全产品质量管理制度势在必行,它不仅是企业提高产品质量的必然要求,也是法律、法规和规章对企业提出的法定要求。企业在制定这些规章制度时,要注意遵守国

[①] 参见《产品质量法》条文释义,引自北大法宝:http://clink.chinalawinfo.com/pkulaw/slc/slfc.aspx?Gid=29404&Tiao=33&km=siy&subkm=0&db=siy。

家相关法的规定和精神,在国家法没有具体规定时,可以进行自主创新。

(2) 食品相关法

核心法律是《食品安全法》(2009),此外还有《农产品质量安全法》(2006);比较重要的行政法规有《食品安全法实施条例》(2009)、《关于加强食品等产品安全监督管理的特别规定》(2007)和《粮食流通管理条例》(2004);比较重要的部门规章有《食品生产加工企业质量安全监督管理实施细则》(2005)、《无公害农产品管理办法》(2002)等。除此以外,还有大量行政主管部门关于食品生产和监管的重要文件。

以食品生产经营企业的食品生产和经营管理制度为例,《食品安全法》第四章"食品生产经营"较为集中和详尽地规定了食品生产经营企业至少应当建立哪些食品安全规章制度,表明了具有食品安全规章制度是企业有资格进行食品生产经营的必要条件。该法还规定了食品生产经营企业应当遵守哪些基本要求,这些要求都应当反映于企业制定的食品安全规章制度之中。《食品安全法实施条例》和《关于加强食品等产品安全监督管理的特别规定》在上位法的基础上做了细化规定。食品安全相关法中所涉及的有关企业食品安全管理制度的内容有:

第一,对食品生产经营者食品安全管理制度建设的总体性要求。《食品安全法》第 27 条规定,食品生产经营应当符合的标准之一是有保证食品安全的规章制度。第 32 条规定,食品生产经营企业应当建立健全本单位的食品安全管理制度。建立健全各项食品安全管理制度是食品生产经营企业保证其生产经营的食品达到相应食品安全要求的基本前提。不同类型的食品生产经营单位应制定相应的管理制度,如食品经营企业的食品安全管理制度一般应当包括经营食品索证索票制度、台账管理制度、库房管理制度、食品销售与展示卫生制度、从业人员健康检查制度、从业人员食品安全知识培训制度、食品用具清洗消毒制度和卫生检查制度等。通过建立相关规章制度,把法律有关规定变成食品生产经营企业的具体规章制度,并要求每个食品从业人员认真遵守，通过制度加强对食品生产经营过程中的管理。① 此外，本法第 33 条也规定了，国家鼓励食品生产经营企业符合良好生产规范要求，实施危害分析与关键控制点体系，提高食品安全管理水平。这里良好的生产规范和控制体系隐含着制度建设的要求，只有建立了完善的规章制度，才有可能实现规范化管理和有效的监督控制。

第二，对食品生产经营者中从业人员健康管理制度建设的要求。食品从业人员的健康状况直接关系到广大消费者的健康和权益，食品生产经营者必须加强对从业人员的健康管理，秉持预防为主的指导思想，通过建立完善科学的制度机制来保证对食品从业人员健康管理的稳定性、可预测性和长期有效性。为此，《食品安全法》第 34 条规定，食品生产经营者应当建立并执行从业人员健康管理制度。《食品安全法实施条例》第 23 条将从业人员健康管理制度具体分解为从业人员健康检查制度和健康档案制度。实践中，健康管理制度一般至少应当包括年度健康检查制度，取得健康证明后上岗制度，食品生产经营者为员工建立健康档案制度，员工患病及时申报制度等。

第三，对食品生产者建立生产安全制度、进货查验制度、出厂检验制度等诸方面的要求。A. 生产记录制度。《食品安全法》第 35 条是关于农产品生产者的一个特别规定，即食用农产品的生产企业和农民专业合作经济组织应当建立食用农产品生产记录制度。B. 进货查验制度。该法第 36 条第二款和第三款分别规定，食品生产企业应当建立食品原料、食品添加剂、食品相关产品进货查验记录制度，如实记录食品原料、食品添加剂、食品相关产品的名称、规格、数量、供货者名称及联系方式、进货日期等内容。/ 食品原料、食品添加剂、食品相关产品进货查验记录应当真实，保存期限不得少于两年。企业确立进货查验制度有利于食品的可追溯性，以确保监管链条的连续性。C. 出厂检验制度。该法第 37 条规定，食品生产企业应当建立食品出厂检验记录制度，查验出厂食品的检验合格证和安全状况，并

---

① 参见《产品质量法》条文释义，引自北大法宝：http://clink.chinalawinfo.com/pkulaw/slc/slfc.aspx?Gid=113981&Tiao=32&km=siy&subkm=0&db=siy。

如实记录食品的名称、规格、数量、生产日期、生产批号、检验合格证号、购货者名称及联系方式、销售日期等内容。/食品出厂检验记录应当真实,保存期限不得少于两年。出厂检验是食品生产中的最后一道工序,是食品生产者能够控制的最后一道关卡。食品生产者如果不能严格把关,就有可能使不符合食品安全标准的食品流入市场。出厂后出现问题,食品生产企业即使召回食品,也会对其声誉造成不同程度的影响。查验出厂食品,更是对消费者的身体健康负责。企业作为食品安全的第一责任人,有责任、有义务对自己生产的食品进行检验,确保出厂食品合格、安全。① D. 其他制度。《食品安全法实施条例》更为具体地提出了生产企业食品安全管理制度应当包含的内容或者事项,以实现食品安全的控制和保障目标。该法第 26 条规定,食品生产企业应当建立并执行原料验收、生产过程安全管理、贮存管理、设备管理、不合格产品管理等食品安全管理制度,不断完善食品安全保障体系,保证食品安全。第 27 条第一款规定,食品生产企业应当就下列事项制定并实施控制要求,保证出厂的食品符合食品安全标准:(一)原料采购、原料验收、投料等原料控制;(二)生产工序、设备、贮存、包装等生产关键环节控制;(三)原料检验、半成品检验、成品出厂检验等检验控制;(四)运输、交付控制。

第四,对食品经营者建立进货查验制度的要求。食品进货查验制度,是指食品经营者根据国家有关规定和同食品生产者或其他供货者之间合同的约定,对购进的食品质量进行检查,符合规定和约定的予以验收的制度。这是法律对食品经营者规定的一项重要法律义务,其目的是为了对食品销售者销售的货源进行把关,保证食品经营者所销售食品的质量。执行进货查验制度,不仅是保证食品安全的措施,也是保护食品经营者自身合法权益的重要措施。食品经营者对所进货物进行检查验收,发现存在食品安全问题时,可以提出异议,经进一步证实所进食品不符合食品安全要求的,可以拒绝验收进货。如果食品

---

① 参见《产品质量法》条文释义,引自北大法宝:http://clink.chinalawinfo.com/pkulaw/slc/slfc.aspx?Gid=113981&Tiao=37&km=siy&subkm=0&db=siy。

经营者不认真执行进货查验制度，对不符合食品安全标准的食品，予以验收进货，则责任随即转移到食品经营者一方。因此，食品经营者必须认真制定和执行进货查验制度，避免因盲目采购不安全食品造成的经济损失和一旦造成食物中毒和人身伤亡事故所要承担的法律责任。[①]《食品安全法》第 39 条第二款和第三款分别规定，食品经营企业应当建立食品进货查验记录制度，如实记录食品的名称、规格、数量、生产批号、保质期、供货者名称及联系方式、进货日期等内容。／食品进货查验记录应当真实，保存期限不得少于两年。此外，第六章"食品进出口"第 67 条规定，进口商应当建立食品进口和销售记录制度，如实记录食品的名称、规格、数量、生产日期、生产或者进口批号、保质期、出口商和购货者名称及联系方式、交货日期等内容。／食品进口和销售记录应当真实，保存期限不得少于两年。《关于加强食品等产品安全监督管理的特别规定》还就企业建立进货查验制度的义务规定了罚则，该法第 13 条规定，销售者没有建立并执行进货检查验收制度，并建立产品进货台账的，农业、卫生、质检、商务、工商、药品等监督管理部门应当依据各自职责采取措施，纠正违法行为，防止或者减少危害发生，并依照本规定予以处罚。

第五，《食品安全法》还对食品生产者和经营者在生产经营过程中的其他具体事项提出要求，包括生产场所、生产设备、技术和管理人员、工艺流程、清洁卫生、储运装卸、包装标签等。生产经营者在制定食品安全管理制度时应当自觉地纳入这些规则事项，对它们予以细化和延展，并根据自身的实际情况，相应地增加保障食品安全的规定，形成更具有针对性和操作性的合法合规的企业制度规范。

5. 企业标准化管理制度

与企业标准化管理制度建设直接相关的核心法律是《标准化法》（1988），配套的规范性法律文件主要有行政法规《标准化法实施条例》（1990），部门规章《企业标准化管理办法》（1990）和《标准

---

① 参见《产品质量法》条文释义，引自北大法宝：http://clink.chinalawinfo.com/pkulaw/slc/slfc.aspx? Gid=113981&Tiao=39&km=siy&subkm=0&db=siy。

化法条文解释》(1990)。尤其是《企业标准化管理办法》，对企业如何进行标准化管理做出了非常详尽的指引，是企业制定标准和标准化管理制度必须仔细研读的规范性文件。对于企业标准化制度建设而言，国家法主要解决下列诸问题：

第一，明确了制定标准的对象范围。《标准化法》第2条规定了哪些技术要求应当制定标准。在这些技术要求范围内，企业必须有相应的标准作为组织生产的依据。当然，这并不意味着在这些技术要求之外，企业就不需要拥有标准；超出这些技术要求范围的，企业仍然可以规定采用某种通行的标准，或者自行制定标准。

第二，明确了国家积极推行国际标准的政策。该法第4条规定，国家鼓励积极采用国际标准。这就为企业规定实行某种国际标准提供了指导性建议，企业可以结合国际标准，如ISO9000族国际标准，来制定适用于本企业的质量控制选择和使用标准规范。

第三，明确了企业标准的种类和地位，企业标准分为技术标准、管理标准和工作标准。《企业标准化管理办法》第3条规定，企业标准是对企业范围内需要协调、统一的技术要求、管理要求和工作要求所制定的标准。企业标准是企业组织生产、经营活动的依据。第4条规定，企业的标准化工作，应当纳入企业的发展规划和计划。

第四，明确了企业标准的制定要求和建议。《标准化法》第6条规定、《标准化法实施条例》第17条补充规定，企业生产的产品没有国家标准、行业标准和地方标准的，应当制定相应的企业标准，作为组织生产的依据。已有国家标准、行业标准或者地方标准的，国家鼓励企业制定严于国家标准、行业标准或者地方标准要求的企业标准，在企业内部适用。《标准化法实施条例》第19条第三款还规定，制定企业标准应当充分听取使用单位、科学技术研究机构的意见。《企业标准化管理办法》更以专章的形式规定了企业标准的制定，包括企业标准的制定和管理主体、种类、制定原则、制定程序、审查、编写、印刷、代号编号、定期复审等内容。

第五，明确了企业产品标准的备案。《企业标准化管理办法》第三章专章规定了企业产品标准的备案事项。企业标准化管理制度中涉及产品标准备案的应当依据该办法和该办法委托的地方人民政府相应规定予以制定。

第六，明确了企业如何实施标准。《企业标准化管理办法》第四章专章规定了标准的实施。无论是强制性标准、经采用的推荐标准还是经备案的企业产品标准，企业都应当严格执行。企业质量检验部门应当根据标准对产品进行检验后签发合格证书，企业的产品应当有所执行标准的代号、编号和名称的标注。企业研制新产品、改进产品、进行技术改造和技术引进，都应当进行标准化审查。

第七，明确了企业的标准化管理。《企业标准化管理办法》第五章专章规定了企业如何进行标准化管理工作。企业应当根据需要进行标准化管理机制的设计，设置标准化工作机构，配备标准化人员，设定岗位职责，授予管理职权。

第八，明确了企业未按要求制定标准的法律责任。《标准化法实施条例》第32条规定，企业未按规定制定标准作为组织生产依据的，或者未按规定要求将产品标准上报备案的，由标准化行政主管部门或有关行政主管部门在各自的职权范围内责令限期改进，并可通报批评或给予责任者行政处分。

6. 计量管理制度

计量管理是企业生产经营管理和技术进步的一项重要技术基础工作，是企业准确计量以指导生产和经营管理，提高产品质量和经济效益的基本手段。对于生产型企业而言，计量管理的科学化、规范化和制度化在一定程度上对企业产品质量起关键性作用。同时，计量问题也关系到国家的社会经济秩序，对促进生产、贸易和科学技术的发展，保护国家、消费者的利益，乃至于保障人民健康和生命财产安全均有着重要作用，因此是国家立法调控的重要主题。

与企业计量管理制度建设直接相关的核心法律是《计量法》（1985），配套的规范性法律文件主要有行政法规《计量法实施细则》（1987）和《强制检定的工作计量器具检定管理办法》（1987），部门规章《计量标准考核办法》（2005）、《计量法条文解释》（1985）和有关部委就特殊行业企事业单位计量管理工作发布的规章。这些计量相关法中规定的企业制定计量管理制度必须注意的法律问题主要有：

第一，国家实行法定计量单位制。《计量法》第3条和《计量法实施细则》第2条规定了本项内容，这是企业计量管理制度应当遵守的基本精神之一。该法还明确了企业使用计量基准器具、计量标准器具必须具备完善的管理制度。《计量法实施细则》第4条规定，计量基准器具的使用必须具备下列条件：（一）经国家鉴定合格；（二）具有正常工作所需要的环境条件；（三）具有称职的保存、维护、使用人员；（四）具有完善的管理制度。符合上述条件的，经国务院计量行政部门审批并颁发计量基准证书后，方可使用。第7条规定，计量标准器具的使用，必须具备下列条件：（一）经计量检定合格；（二）具有正常工作所需要的环境条件；（三）具有称职的保存、维护、使用人员；（四）具有完善的管理制度。

第二，企业可以根据生产经营管理的需要建立计量标准，在本企业内部使用，作为统一本企业量值的依据。《计量法》第8条规定，企业、事业单位根据需要，可以建立本单位使用的计量标准器具，其各项最高计量标准器具经有关人民政府计量行政部门主持考核合格后使用。

第三，企业建立计量检定管理制度的责任。《计量法实施细则》第12条规定，企业、事业单位应当配备与生产、科研、经营管理相适应的计量检测设施，制定具体的检定管理办法和规章制度，规定本单位管理的计量器具明细目录及相应的检定周期，保证使用的非强制检定的计量器具定期检定。

第四，关于强制检定计量器具的管理制度建设。《强制检定的工作计量器具检定管理办法》第13条规定，企业、事业单位应当对强制检定的工作计量器具的使用加强管理，制定相应的规章制度，保证按照周期进行检定。

第五，计量标准考核中涉及的企业计量管理制度建设。根据《计量标准考核办法》（2004）第5条第三款的规定，国务院有关部门所属的企业、事业单位建立的各项最高等级的计量标准，由国家质检总局主持考核；省、自治区、直辖市有关部门所属的企业、事业单位建立的各项最高等级的计量标准，由当地省级质量技术监督部门主持考核；无主管部门的企业单位建立的各项最高等级的计量标准，由该企业工商注册地的质量技术监督部门主持考核。该规章第6条规定，进行计量标准考核，应当考核以下内容：……（五）具有完善的运行、维护制度，包括实验室岗位责任制度，计量标准的保存、使用、维护制度，周期检定制度，检定记录及检定证书核验制度，事故报告制度，计量标准技术档案管理制度等。

第六，对于制造和修理计量器具企业的专门规定，其中计量规章制度是重要内容之一。根据《计量法》第12条的规定，我国对制造和修理计量器具实行许可证制度，有关主管部门需对制造和修理计量器具的企事业单位进行考核，颁发许可证，也即对制造和修理计量器具的企事业单位进行认证。而认证考核的内容之一即是否建立了计量管理制度。《计量法实施细则》第17条规定，对申请《制造计量器具许可证》和《修理计量器具许可证》的企业、事业单位或个体工商户进行考核的内容为：（一）生产设施；（二）出厂检定条件；（三）人员的技术状况；（四）有关技术文件和计量规章制度。

第七，轻工业企业计量管理制度的有关规定。《轻工业计量工作管理办法》（1992）第四章"企业事业单位计量工作"专门就此作出规定，内容涉及企业计量职能机构的设置和职责、计量人员的配备和待遇、计量工作在企业管理经营中的地位等。企业制定计量管理制度时应当查阅该规章的相关内容，注意与之相衔接，并可根据企业实际需要对之作出补充规定。

第八，中小企业计量管理制度的有关规定。《中小企业计量检测保证规则》（1999）中的4.1.3"管理制度"明确指出了计量规章制度应包括的内容，该条规定，企业应根据生产经营和计量管理的需要，建立必要的计量规章制度，并能有效地贯彻执行，执行结果应有记录。制度应包括（但不限于）以下内容：（1）企业领导及有关人员的计量培训教育制度；（2）计量管理机构和管理人员的岗位责任；（3）计量器具采购，入库和流转制度；（4）计量器具周期检定（校准）制度；（5）计量器具配备，使用、维护和保养制度；（6）不合格计量器具的管理制度；（7）计量检测管理制度；（8）计量工作的定期审核与评审制度。这是中小企业建立计量管理制度框架的直接参考。此外，该规章还涉及了企业如何设计和实施包括计量管理机构、计量领导、计量人员和计量管理制度在内的计量管理工作，企业如何确定计量单位，企业如何配备计量器具，企业如何进行计量检测、量值溯源和计量检定，企业如何控制不合格计量器具，企业如何进行计量记录与档案管理，企业如何保证计量检定和检测的环境条件，企业如何开展计量审核与评审等内容。这部规章尤其值得中小企业在制定计量管理制度时仔细研读，也为计量监管部门考察中小企业计量管理制度完善与否提供了一个重要依据。

第九，其他部委对特殊行业企业计量管理工作的专门规定。这些规章绝大多数都是集中于20世纪八九十年代发布的，它们是特定行业企业制定计量管理制度的直接依据，对于特定行业企业而言具有直接指导意义。比如，我国化工部就化工系统内的企事业单位计量管理工作发布了多个部门规章，主要有《化工企业计量控制管理办法》（1992）、《化工企业贯彻〈计量工作定级升级管理办法〉的实施细则》（1991）、《化学工业计量标准考核办法》（1988）、《化工部化工系统贯彻〈计量法〉实施办法》（1986）、《化工部液体化工产品交接计量管理办法》（1985）等。我国能源部就电力企业计量管理工作发布了3个部门规章，分别是《电力工业发电企业计量器具配备规范》（1992）、《电力工业发供电企业计量工作管理规范》（1992）和《电力工业发电企业计量器具配备规范》（1992）。类似的还有《定量包装商品计量监督管理办法》（2005）、《眼镜制配计量监督管理办法》（2003）、《中国民用航空部门计量检定规程管理办法》（1996）、《中国民用航空计量管理规定》（1996）、《邮电通信企业计量工作暂行规定》（1994）、《邮电通信计量管理办法》（1991）、《建筑材料工业计量管理办法》（1990）、《铁路企、事业单位计量器具分类管理办法》（1989）、《水利电力部计量管理工作规定》（1987）、《医药工业企业计量工作定级、升级实施细则》（1986）等。

7. 仓储和物流管理制度

企业制定这方面的规则需要与国家法相衔接的内容相对比较少。从法律的角度看，企业在仓储方面需要注意的是安全问题，因此制定仓储管理规则时，需要了解《消防法》（2008年修改）的内容。该法第16条规定，机关、团体、企业、事业等单位应当履行的消防安全职责之一，是落实消防安全责任制，制定本单位的消防安全制度、消防安全操作规程，制定灭火和应急疏散预案。该法还对企业的火灾预防做出了具体规定，这些是企业在制定仓储安全管理规则时必须融入的内容。企业在物流管理方面，主要是需要注意所签署的租赁合同、保管合同、仓储合同、运输合同等，不得违反《合同法》的规定。

（三）市场和营销制度

一般分为市场、销售和售后服务三大方面。企业至少需要制定市场营销管理规则、品牌管理规则、产品销售管理规则、营业所办事规则、客户服务管理规则、客户申诉管理规则等制度。由于市场营销和售后服务主要属于企业的市场行为，是构成自由竞争和市场经济的核心，故在不扰乱市场基本秩序、不侵害公众基本利益的前提下，国家法原则上不进行过多干预。企业在制定相应规章制度时，应注意不得同《广告法》、《反不正当竞争法》、《反垄断法》等法律相抵触。

当然，对于特殊产品，如果涉及公众基本利益的，国家法趋于更多地介入。比如在婴幼儿配方奶粉行业，为了保护婴幼儿的身心健康，促进母乳喂养，国际有关组织和我国都发布了规范性文件，禁止企业进行有碍母乳喂养的市场营销行为。经营婴幼儿配方奶粉的企业，在制定市场推广和销售管理相关规则时，不得违反1981年第34届世界卫生大会通过的《国际母乳代用品销售守则》（WHO Code），我国已经成为守则的签署国；不得违反我国《食品广告发布暂行规定》（1998）和《母乳代用品销售管理办法》（1995）。此外，中国广告协会2008年发布的《奶粉广告自律规则》，也是相关企业应当自觉遵守的行业规则。

(四) 技术和研发制度

高科技企业通常都设立独立的技术和研发部门，一般企业则经常在生产部门下设立技术和研发机构。如何组织和进行科学技术研究开发工作，是企业的自主创新问题，国家法的任务在于对知识产权进行合理保护，促进科学技术的发展。企业在这一领域所制定的规章制度，应当以激励为基本导向，所需遵守的法律主要是《专利法》、《商标法》、《著作权法》等知识产权相关法律、法规和规章。

(五) 行政和总务管理制度

企业这一部分管理制度包括的事项比较繁杂，相关的规则文本也很多，比如办公室管理规则、公文处理规则、会议管理规则、档案管理规则、车辆管理规则、办公用品管理规则、保密管理规则、安全保卫管理规则、消防安全管理规则等无以尽数。由于这部分内部主要属于企业的行政管理自治领域，国家法较少介入。企业在不违法的前提下，有相当大的自主权来决定本企业的内部行政管理事项。

当然，仍然有一些法律需要企业引为注意。比如企业在制定档案管理规则时，需要了解我国《档案法》（1996年修改）和行政法规《档案法实施办法》（1999年修改）的规定。《档案法》适用于我国国家机关、社会团体、企事业单位和其他组织，因此企业的档案管理工作也要遵循该法的规定。该法第13条对企业档案管理提出总的要求，即各级各类档案馆，机关、团体、企业事业单位和其他组织的档案机构，应当建立科学的管理制度，便于对档案的利用；配置必要的设施，确保档案的安全；采用先进技术，实现档案管理的现代化。该法还对企业档案的管理、利用、移交等重要内容作出具体规定。《档案法实施办法》第9条进一步规定，企业的档案机构应当贯彻执行有关法律、法规和国家有关方针政策，建立、健全本单位的档案工作规章制度。

（六）法务管理制度

大型企业一般都设立法务部门，为公司的涉法事项提供法律服务。不同企业法务部门的管理职权不尽相同，有时差异比较大，因此法务部门根据企业的实际需要和部门的权责范围，制定法务管理总则和其他单项规则文本，如合同管理规则、诉讼管理规则、法律事件处理程序和责任追究规则、法律服务机构聘用规则、巡查管理规则、重大决策失误认定及责任追究规则、举报管理规则、申诉管理规则等。法务部门处理的事项虽然和法律有关，但法务管理仍然主要是企业内部事务，实际上属于法务行政管理，因此属于企业自主决定范围，相应的规章制度也以企业自治为主。需要注意的与法律有关联的主要是关于合同管理的规则。

合同管理是法务部门的核心职责之一，应当有较为全面的制度规范。合同是现代企业从事经营活动和进行经济交往的主要媒介，合同的签订和履行是企业取得经济效益的主要法律途径。有效运用和管理合同，不仅有利于企业实现经济效益，维护自身权益，同时也有利于提升企业及其员工的法律意识和法制观念。因此，制定合同管理规则对于企业不仅是必要的，也是极为有益的。合同管理规则一般包括合同的主管部门、合同的法律审核、合同的订立、合同的履行、合同的检查监督、合同的归档管理、合同的印章管理、合同纠纷的处理、合同责任追究等内容。签订合同是当事人意思自治的行为，管理合同是企业的管理自治领域，企业应当根据自身的实际情况，在不违反我国《民法通则》和《合同法》的前提下，对合同有关事项作出具体、有操作性的规范。

四、监督制度

企业内部的监督检查是及时发现企业控制缺陷，降低经营风险，改进和完善内部控制制度的关键环节，同时也是企业制定和变更一定的内部制度的动因。监督制度可以分为日常监督和专项监督两种形式。日常监督是企业对建立与实施内部控制的情况进行常规、持续的监督检查；专项监督是企业在发展战略、组织结构、经营活动、业务流程、关键岗位员工等发生较大调整或变化的情况下，对内部控制的某个或者某些方面进行有针对性的监督检查。[①] 企业应当就各种监督检查制定相应的规则文本，以明确企业内部监督机构的监督职责和权限，规范内部监督的程序、方法和要求。

大型企业，尤其是集团性企业、跨国公司、上市公司，都非常注重建立和完善内部监督机制。随着企业规模的扩张，管理跨度的增加，组织层级的复杂化，企业有必要设立监督机构，对企业各个层面的活动进行控制和监督，以实现组织经营目标。同时，国家对企业建立内部监督机制也提出基本要求，企业应当依法作出相应安排。

企业内部分管监督职能的主要是内部审计机构，它可以是直属于股东会或者董事会的内部审计委员会，也可以是直属于总经理、总裁办或者管理委员会的内部审计部。中国的大型企业还有设立巡查部的做法，一般直属于总裁办。如何设置监督机构及其职权取决于企业的组织结构。

企业在内部监督方面需要制定哪些规章制度也存在着很大差异，主要取决于监督机构的职权范围。一般而言，可以制定内部审计总则、内部审计工作规范、单项审计事项的实施细则、巡察管理规则，其他重大事项需要建立监督制度的，也可以制定相应规则，如销售监督、采购监督、项目监督、安全监督等。

（一）内部控制制度

从企业宏观运营的角度来看，企业监督机制是建立在企业内部控制制度基础之上的。企业内部控制制度不是某一个部门的制度，而是涉及包括法人治理和企业管理在内的所有控制环节上的制度规范。企业内部控制的目标在于保证企业经营管理合法合规、资产安全、财务

---

① 参见《企业内部控制基本规范》第44条。

报告及相关信息真实完整，提高经营效率和效果，促进企业实现发展战略。企业内部审计是以内部控制制度为依据的，以审查经营管理和业务操作合法、合规与否。企业只有先拥有健全、合理的内控制度，才能保证内审的有效性，才能及时洞察生产经营中的漏洞和风险，并加以弥补或改进。我国从规范和加强企业内部控制，提高企业经营管理水平和风险防范能力，促进企业可持续性发展，维护市场经济秩序和社会公众利益的宗旨出发，对企业建立内部控制制度提出了法定要求，企业应当依照这些规章制定本企业的具体内控制度。

1. 一般法

2008年5月财政部、证监会、审计署、银监会和保监会联合发布了《企业内部控制基本规范》。该规章适用于在中国境内设立的大中型企业，小企业参照执行。[①] 该法第6条规定，企业应当根据有关法律法规、本规范及其配套办法，制定本企业的内部控制制度并组织实施，并就企业的内部环境、风险评估、控制活动、信息与沟通、内部监督这五大内控要素，如何建立和实施相关制度，做出具体的指导性规范。

2. 特别法

我国还就特殊行业企业的内部控制制定了专门规范，这些企业主要是金融企业，如《商业银行内部控制指引》（2007）、《社会保险经办机构内部控制暂行办法》（2007）、《证券公司融资融券业务试点内部控制指引》（2006）、《医疗机构财务会计内部控制规定（试行）》（2006）、《寿险公司内部控制评价办法（试行）》（2006）、《保险中介机构内部控制指引（试行）》（2005）、《商业银行内部控制评价试行办法》（2004）、《证券公司内部控制指引》（2003）、《保险公司内部控制制度建设指导原则》（1999）、《煤炭企业内部控制审计实施办法》（1998）、《教育系统企业内部控制制度评审实施办法（试行）》（1997）、《电力企业内部控制制度审计试行办法》（1996）。

3. 行业规定

---

① 国家统计局制定的《统计上大中小型企业划分办法（暂行）》（2003）对大中型企业和小企业的划分标准作出了规定。

对于上市公司而言，还应当遵循深圳证券交易所发布的《深圳证券交易所上市公司内部控制指引》（2006）和上海证券交易所发布的《上海证券交易所上市公司内部控制指引》（2006）。

（二）内部审计制度

从企业微观执行的角度而言，企业监督机制的实施主体主要是内部审计机构。企业监督机制主要体现于企业内部控制制度制定得好不好，实施得好不好。而企业内部控制的状况又是由企业内部审计作出评价和提出意见的。故内部审计是现代经济管理中内部控制的关键。内部审计就是企业的自我监督，是对企业财务收支和经济活动的真实、合法和效益进行监督和评价，以加强经济管理和实现经济目标。这里需要指出的是内部审计不同于外部审计。内部审计是企业自行设置的一个职能机构，审计人员属于企业员工，实施的是企业的内部监督；而外部审计是由会计事务所的注册会计师实施的，对企业实行社会监督或外部监督。两者在审计的内容方面也有很大差异，内部审计的范围涵盖单位管理流程的所有方面，包括风险管理、控制和治理过程等，其所运用的方法是多样化的，所形成的审计报告对企业最高决策层负责，帮助他们掌握企业整体运营状况；而外部审计则集中于企业的财务流程及与财务信息有关的内部控制方面，其所运用的方法侧重于财务报表审计，外部审计作为独立的第三方对社会公众负责。由此可见，内部审计部门是企业最主要的监察部门，对其作出正式授权和明确工作范围极为必要，需要以制度形式加以规范化和正当化。

在企业制定内部审计方面的规章制度时，需要遵循哪些规范性法文件呢？这里首先需要说明的是，国家机关、事业单位和企业都存在内部审计问题，本书仅关注企业内部审计的法律规范问题。比如我国有《审计法》，但其规范的是国家审计行为[①]，不适用于企业的内部

[①] 根据该法的规定，国家审计主要是针对国务院各部门和地方各级人民政府及其各部门的财政收支，国有的金融机构和企业事业组织的财务收支，以及其他依照该法规定应当接受审计的财政收支、财务收支，进行审计监督。

审计，因此不在本书论述范围内。企业设置内部审计机构，制定内部审计规章制度，不仅是企业内部管理和监督的需要，也是国家对企业提出的法定要求，我国目前尚未对此制定法律和行政法规，主要是由行政规章和行业规范予以规定的。

1. 行政规章

主干规章是《审计署关于内部审计工作的规定》（2003），适用于包括企业在内的各类组织，调整的对象范围很广。[①] 首先，该法对企业在内部审计方面的制度建设提出了总的要求。该法规定企业应当按照国家有关规定建立健全内部审计制度，并就内部审计的机构和人员设置、内部审计的基本职责和权限、内部审计的基本要求和准则、被审计对象的配合义务等方面作出了基本规定。因此制定有关内部审计的规章制度是企业必须遵循的一项法定要求，并且所制定的规章在内容上还应当同该法相衔接，实际上即可看做是该法在特定企业中的实施细则。第二，该法规定了内部审计部门与企业整体内控制度的关系。一是，企业内部制度建设的参与权。该法第11条规定，单位主要负责人或者权力机构应当制定相应规定，确保内部审计机构具有履行职责所必需的权限，其中第3项即为：参与研究制定有关的规章制度，提出内部审计规章制度，由单位审定公布后施行。二是，对企业内控制度的监督检查权。该法第9条规定，内部审计机构按照本单位主要负责人或者权力机构的要求履行职责，其中第5项即为：对本单位及所属单位内部控制制度的健全性和有效性以及风险管理进行评审。

此外，还有针对金融行业企业和央企的特别规章，如保监会制定的《保险公司内部审计指引（试行）》（2007），银监会制定的《银行业金融机构内部审计指引》（2006），国资委制定的《中央企业内部审计管理暂行办法》（2004）。

2. 行业规定

主要是关于内部审计的工作规范，包括中国内部审计协会发布的

[①] 该法第3条第1款规定，国家机关、金融机构、企业事业组织、社会团体以及其他单位，应当按照国家有关规定建立健全内部审计制度。

《内部审计人员职业道德规范》（2003）、《中国内部审计准则序言》（2003）、《内部审计基本准则》（2003）、《内部审计具体准则》第1—20号（2003—2005）。此外，深圳证券交易所还发布了《中小企业板上市公司内部审计工作指引》（2007）。企业在制定有关的审计规章制定时不得同它们相抵触。

五、特殊行业

前面所述是企业一般通用的内部制度及它们与国家法在内容上的衔接。在一些特殊行业，国家或者行业组织还颁布有和行业相关的规范性文件，它们是企业制定具体的业务规则时应当予以遵守的特别法。

（一）金融企业——以商业银行为例

金融企业是各类企业中特殊的群体，由于它们同国民经济和社会公众休戚相关，它们一直是国家法监管的重点，与金融有关的法律、法规、规章和政策已经形成了较为庞大的金融法体系。与此同时，国家对金融企业内部规章制度的要求也非常之高，无论是在制度的规模上，还是制度的质量上，法律标准都要远远高于一般类型的企业。因此，金融企业的规章制度就尤其需要注意同国家法的全面衔接。下面以商业银行为例。

第一，商业银行是企业法人。根据我国《商业银行法》第2条的规定，是指依照本法和《中华人民共和国公司法》设立的吸收公众存款、发放贷款、办理结算等业务的企业法人。该法第4条规定，商业银行以安全性、流动性、效益性为经营原则，实行自主经营、自担风险、自负盈亏、自我约束；商业银行依法开展业务，不受任何单位和个人的干涉；商业银行以其全部法人财产独立承担民事责任。从这些规定可以看出，商业银行在法律上具有独立的法人地位。

第二，商业银行具有不同于一般企业法人的特征：（1）商业银行是具备商业银行法所规定条件的企业法人。企业法人的设立需要具备一定的条件。商业银行作为专门经营货币的企业，其应当具备的条

企业制度与法治的衔接

件更为严格。根据《商业银行法》的规定①：其一，商业银行不仅要有组织章程，还要有符合商业银行法规定的章程和公司法规定的章程；要求其注册资金远高于一般企业。其二，商业银行不仅要有健全的组织机构和场所，还要有健全的管理制度。而对一般企业法人，只要求有组织机构和场所。其三，商业银行的高级管理人员应具备任职专业知识和业务工作经验。（2）商业银行是经营吸收公众存款，发放贷款，办理结算业务的企业法人。（3）商业银行是按照公司制度建立的企业法人。（4）商业银行是按照商业银行法规定的审批程序设立的企业法人。②

鉴于商业银行是国家金融体系的主体，是执行和贯彻国家货币政策和金融政策的主要渠道；商业银行经营货币信贷业务，对国民经济的发展结构和发展速度有着重要影响，反映着国民经济生产建设、商品流通和其他经济活动的状况，因此世界各国政府都对商业银行进行严格监督管理，促使它们严格按照法律、法规和有关规定进行经营管理和业务操作，保持商业银行的稳健运行，保护存款人的利益，从而保障经济的健康发展。就各国的监管方式而言，主要有两类：一类是较为缓和的监督管理方式，即要求商业银行提供会计数据资料，如果发现问题，通过与商业银行的负责人会谈来协商解决，如英国、新西兰、澳大利亚等国；另一类是较为严厉的监督管理方式，即监管部门制定规范化的监管制度，要求商业银行予以遵守并加以检查，如美国、日本等国。③

---

① 参见《商业银行法》第 12 条规定：设立商业银行，应当具备下列条件：（一）有符合本法和《中华人民共和国公司法》规定的章程；（二）有符合本法规定的注册资本最低限额；（三）有具备任职专业知识和业务工作经验的董事、高级管理人员；（四）有健全的组织机构和管理制度；（五）有符合要求的营业场所、安全防范措施和与业务有关的其他设施。/ 设立商业银行，还应当符合其他审慎性条件。

② 参见：李玫编著：《银行法》，对外经济贸易大学出版社 2007 年版，第 149—151 页。

③ 参见：李玫编著：《银行法》，对外经济贸易大学出版社 2007 年版，第 185—186 页。

第三章 企业内部制度与法治的内容之衔接

在现代法治国家，对商业银行的监管主要是通过制度化的途径予以实现的。一方面，就商业银行的外部监管而言，在我国，根据《中国人民银行法》、《商业银行法》和《银行业监督管理法》的规定，目前对商业银行的监管职能主要由银监会承担，中国人民银行也有部分监管职责。而监管的主要手段就是通过出台相关的法规、规章和其他规范性文件的形式对商业银行的经营实行法治化监管。目前我国已经基本形成了银行法体系。

另一方面，商业银行也必须加强内部监管。内部监管是否能富有成效，其前提就是是否具有一整套完备、严密、合理的规章制度和操作规程。事实上，《商业银行法》对于商业银行的制度建设提出了较高的要求。该法第59条规定，商业银行应当按照有关规定，制定本行的业务规则，建立、健全本行的风险管理和内部控制制度。第60条规定，商业银行应当建立、健全本行对存款、贷款、结算、呆账等各项情况的稽核、检查制度。这两条反映了法律要求商业银行依照法律、法规、规章及其他有关规范性文件的规定，建立起完善的业务规章、内控制度和稽核检查制度。

由此可以看出，商业银行内部规章制度的规模应当是相当庞大的，其业务流程应当做到有章可循；同时这些规章制度的制定又必须要合法合规，严格依照有关规范性法律文件来制作。

（二）其他行业企业

高危行业企业或者关涉重大民生行业企业，如煤矿企业、电力企业、燃气企业、医药企业等，也是国家法规制的重点，我国制定了许多针对特殊行业的特殊法。这些企业制定内部制度应当特别注重同国家就该行业制定的相关法律、法规和规章相衔接。比如煤炭行业企业要注意根据矿产资源法、矿山安全法等的相关规定制定相应的企业制度；房地产企业要注意根据城市房地产管理法、土地管理法、城市规划法等的相关规定制定相应的企业制度。

本章小结

　　企业内部制度究竟在哪些环节上需要与国家法相衔接，国家哪些法律、法规和规则对企业内部制度建置提出具体要求，这是本书研究主题的实体性内容，是本章要解决的问题。

　　在大陆法系国家，不同的部门法形成国家法的体系或者法的结构。企业内部制度作为一个完整的自治规则，也有其自身的体系和结构问题。最宏观的划分，可以分为法人治理制度和企业管理制度，前者相当于企业的宪法部门，起到组织和统领的作用；后者是企业各职能模块所形成的部门法，是具体的管理规则。通常，根据企业不同的职能领域，可以将企业管理制度分为：人力资源管理制度、财务管理制度、生产管理制度、市场和营销管理制度、技术和研发管理制度、行政和总务管理制度、法务管理制度和监督管理制度诸方面。

　　法治国家对企业内部各类规则都有相关的法律、法规、规章作出规范和指引。然而对企业不同职能领域的法的规制力度是不同的。在有些职能领域，法律规范的强制性色彩更浓，规定的内容也更为广泛和细致，企业在这些方面受到法的管制；在另些职能领域，法律规范以任意性为主，主要为企业相关事务起到保护和服务的作用，为企业创造一个良好的外部环境。换言之，不同职能领域的企业内部制度，同国家法相衔接的紧密程度不同，大致可以分为下列三种模式：

　　（1）紧密型：在法人治理和人力资源领域，衔接关系是第一位的，因为前者涉及企业的基本组织形式和企业权力的分配与制衡，从而影响市场主体的地位、性质和交易安全甚至公共利益；后者涉及公民的基本权利，如人身权、劳动权、社会保障权等，因而企业内部制度安排面临从紧的外部制度环境的约束。

　　（2）适中型：在财务领域、生产领域和监督领域，由于涉及经济安全和民生安全问题，法治对企业内部制度的指引主要存在于设定业务标准的层面上，比如会计标准、质量标准、内控标准等；对于如何具体实施和运作，由企业根据自身的具体情况和实际需要自主地进行制度安排。

（3）松散性：在市场营销、技术研发、行政总务等其他领域，鉴于它们主要属于企业自主经营、自主创新的范围，只要企业遵守维护市场竞争秩序和社会公共秩序的相关法，就可以极大地享有自主进行制度安排的权利，外部制度环境较为宽松，企业内部制度的自主性是其主导面。

第四章　企业内部制度与法治的效力之衔接

一、现代工业国家中的"民间法"

"民间法"① 是法社会学和法人类学研究的重要主题之一，它主要从所谓的"法律多元化"② 角度论述民间社会规范在社会生活中的

---

① "民间法"并非一个严谨的概念，是学界一种约定俗成的说法。准确地说应称为民间社会规范，因为民间法不是法，而是法律以外的一般社会规范。在这一问题上，我们赞同范愉教授的观点。她认为在现代法律秩序中，"民间法"的范围、性质和效力都很难准确界定。特别是，当现代意义上的"法律"被定义为"由国家制定和认可、并以其强制力保证实施的规范体系"之后，所谓"民间法"似乎就成为一种历史的活实施的概念，相对于国家法的规范体系和制度以及法律统一的时代要求，"民间法"尤显得难以把握，亦很难称之为严格意义上的"法"。参见范愉：《试论民间社会规范与国家法的统一适用》，谢晖、陈金钊主编：《民间法》第 1 卷，山东人民出版社 2002 年版，第 79 页。本书为了和学界通常所说的民间法作比较，因此也按照约定俗成使用'民间法'这一用语。

② 法律多元化同样可能是一个具有误导性的不严谨的概念。法律多元同法律文化的视角密切相关，法律文化可以是多元的，但法律本身应当有明确的界限。英国人奥斯丁在一百多年前就作出了确定法之确切范围的努力，他指出应当区分法和比喻意义的法，而后者不是严格意义上的法。法律多元化说法的弊病在于，容易将法律和其

第四章　企业内部制度与法治的效力之衔接

实际存在和对形成社会秩序的实际效果。自20世纪末以来的十几年间，民间法一直是中国法学研究中的一个热门话题，形成了众多相关的研究论文、专著和论集等理论成果。这些研究大体是在国家——社会二元结构的分析框架下展开的，民间法带有浓厚的乡土社会气息，国家法和民间法之间主要呈现紧张甚至相互碰撞的关系。学者们认为，一方面民间法是形成社会秩序的一股重要的潜在力量，国家法应当尊重民间法的合理自治空间，另一方面民间法和国家法的不同生成机制导致两者的差异和相互挤压，立法和司法应当寻求民间法和国家法之间最大化合作的可能性。

本书提出企业内部制度也是一种"民间法"，而它是现代工业国家和市场经济的产物，同日渐式微和边缘化的乡土社会的民间法相比，它显示了日益正规化发展的趋势和不断凸显的社会作用，它与国家法之间则呈现出以衔接合作为主导的和谐关系。它具有纯粹的"现代性"，同众多传统民间法相比，有许多新型的特点。本书对企业内部制度的研究，更加注重结合法治的视角和运用规范分析的方法，以拓展既往民间法的研究范围和研究方法，从一个新的角度使"民间法这一概念的运用不仅扩展了法学理论研究的视域，而且可能为法治实践提供新的知识资源"。[①]

（一）"民间法"的两种研究进路

学界对于民间法尚无权威的、确定的界说，各种见解可谓见仁见智。民间法主要被用作"国家法"概念的对称，从法社会学或法人

他社会规范、法律和形成法律的渊源相混淆，使法律成为一个无所不包的、没有边界的泛化概念，但这却是同法固有的明确性的特点所不相符合的。实际上，法律只是社会规范中的一种，它由国家政权产生和变动，可以直接作为司法依据，调整基本社会关系，因此法律当然不是万能的，还有更多的社会关系留待其他形形色色的社会规范来调整。毫无疑问，整个社会秩序是由法律和其他社会规范共同形成的。所以严格地说，社会规范是多元的，但法律不应当、也不可能是多元的。

[①] 李学兰：《中国民间法研究学术报告：2002—2005》，《山东大学学报》（哲学与社会科学版）2006年第1期，第22页。

类学的角度阐发民间法的学理性概念。由于学者们的理论视角和研究方法的不同，对于民间法的看法各有侧重，大致可以分为两种研究进路：

一类研究是以法律文化或者法人类学的视角为出发点，认为民间法是一种民间自生秩序，主要就是指由民间习惯或风俗构成的习惯法，"它生于民间，出于习惯，乃由乡民长时期生活、劳作、交往和利益冲突中显现，因而具有自发性和丰富的地方色彩。"[①] 如果不深究其意，有时学者们也径直用习惯法来代称民间法，或者将两者互为使用。比如，"民间法就应该指国家统一制定法之外的习惯法。"[②] "民间法与习惯法这两个概念的区分没有很大的学术价值，一是两者具有'家族相似性'；二是我们认为学界也没有真正就两者的范畴有很清晰的界定。"[③] "说到习惯法和民间法，它们基本上是可以等同或混用。"[④] "民间法多为长期自然演进生成，在此意义上，大体可以说，民间法就是习惯法。"[⑤] 这些对民间法的研究主要是从法律文化的视角出发，或者是基于法人类学的研究方法展开的，研究的对象主要集中于特定乡村、欠发达地区或者少数民族的习惯、风俗等经长期演变而积淀下来的社会规范，带有浓厚的传统、民族和乡村色彩。我国专门研究民间法的系列文集《民间法》中的"制度分析"、"社会调查"、"经验解释"乃至"学理探讨"专栏中的主要研究成果都是对乡村或少数民族的习惯、风俗或者自发规则等的研究。[⑥]

[①] 梁治平：《清代习惯法：社会与国家》，中国政法大学出版社1996年版，第127页。Rene R. Gadacz: Folk Law and Legal Pluralism, *Legal Studies Forum Journal*, Vol. XI, No. 2 (1987)。

[②] 王学辉：《国家法与民间法对话和思考》，《现代法学》1999年第1期。

[③] 陈冬春：《民间法研究批判》，谢晖、陈金钊主编：《民间法》第5卷，山东人民出版社2006年版，第44页。

[④] 田成有：《乡土社会中的民间法》，法律出版社2005年版，第20页。

[⑤] 郑永流：《法的有效性与有效的法》，《法制与社会发展》2002年第2期。

[⑥] 参见谢晖、陈金钊主编，《民间法》第1—8卷，山东人民出版社出版。另外还可参见英国伯明翰大学法学院主办的 *Journal of Legal Pluralism and Unofficial Law* (1969—2008, 57 Vol)，所载论文大多是研究欠发达地区民间习惯问题的。

但是学者们也发现民间法是极具包容性的概念，它的外延非常广泛，其内容具有多样性和复杂性。"民间法具有多种多样的形态。它们可以是家族的，也可以是民族的；可能形诸文字，也可能口耳相传；它们或是人为创造，或是自然生成，相沿成习；或者有明确的规则，或者更多地表现为富有弹性的规范；其实施可能由特定的一些人负责，也可能依靠公众舆论和某种微妙的心理机制。"① 严谨地说，习惯法属于民间法，但民间法不能简单地等同于习惯法，前者的外延比后者广泛，民间法的内容可以随着历史的发展而不断丰富。比如郑永流教授在说明民间法大体就是习惯法后又补充性地指出，"但各类民间法中都有一些人为建构的成分，特别是今天农村占乡规民约主体的村民自治章程，更像是国家法律和政策的实施细则，而与自发形成的习惯法相去甚远。是故，又不能将民间法完全视同为习惯法。"② 田成有教授也主张两者基本可以等同，但民间法的外延比习惯法广泛。③ 当然，习惯法仍然是民间法最主要的内容，而且这里所指的习惯法以外的民间社会规范，仍然主要是存在于乡村社会范围之内，与土地和传统相连的，只不过它们开始具有了成文规则的形式而不同于不成文的习惯了。

另一类研究是从法社会学的视角出发，着眼于社会规范的实效和社会秩序的形成，把"民间法"和"活法"联系起来。欧洲法社会学创始人埃利希曾经从法的社会实效的角度使用民间法这一术语，也即社会中实际有效的法律规范是活法，民间法和活法之意相通。他在非常宽泛的意义上认识法，认为法实质上就是社会秩序。活法是指社会法即存在于人的团体中的法，相对于司法人员法和国家法。整个人类社会由无数团体组成，其内部组织建立在每个成员遵循的行为命令或规范上，因而，这种法又可称为"组织法"。有时，埃利希又使用

---

① 梁治平：《中国法律史上的民间法——兼论中国古代法律的多元格局》，《中国文化》1997 第 1 期。
② 郑永流：《法的有效性与有效的法》，《法制与社会发展》2002 年第 2 期。
③ 参见田成有：《乡土社会中的民间法》，法律出版社 2005 年版，第 21 页。

"民间法"（Volksrecht）来指代它。① 持类似看法的还有苏力教授，他认为那些潜在的、指导纠纷解决的规则可以称之为"民间法"，它们是在社会中衍生、为社会所接受的规则，在社会中实际起到维护社会秩序的功能。② 苏力教授所指的民间法也主要指在"乡土社会"中发挥着实际作用的社会规范，是一种"本土资源"。范愉教授认为民间社会规范相当于法社会学中的"非正式的法"或"活的法"，民间社会规范的内容在历史上主要表现为习惯或习俗，在传统中国主要指乡例、俗例、乡规、土规，以及宗族的规约，在今天中国法制建设中它还包括村民和居民自治组织制定的自治规范。③ 我们看到，这里对民间法或民间规范的论述是从真正产生社会秩序、能对事实上的权利和义务进行确认的角度来谈的。在这样的学术进路下，中国对民间法的开掘还是主要集中于传统"乡土社会"，但也开始出现了将"民间法"的视野拉伸到"现代化"和"城市"的背景之下提出来，如范愉教授提到的在"法制现代化"过程中出现的城市居民自治规范。其实在埃利希那里，活法绝不局限于乡土社会，也发生于市民社会，绝不局限于传统，也同样存在于城市中，比如他就常常提及工厂、股份有限公司的内部秩序、团体章程等。④

（二）商业社会中的"民间法"

从多元化的视角出发，民间法是一个相当宽泛的概念。无论对民间法如何看待，有一点是达成共识的，即基于国家—社会、正式—非正式为界分点，民间法是同经由国家政权产生和变动的国家法相对应的、产生和存在于民间现实生活中的社会规范，它又可被称为非国家法、非正式法，非正式制度等。因此，民间法的范围不局限于乡土社

---

① 参见郑永流：《法的有效性与有效的法》，《法制与社会发展》2002年第2期。
② 参见苏力：《法律规避和法律多元》，《中外法学》1993年第6期。
③ 参见范愉：《试论民间社会规范与国家法的统一适用》，谢晖、陈金钊主编：《民间法》第1卷，山东人民出版社2002年版，第79—88页。
④ 参见［奥］埃利希：《法社会学原理》，舒国滢译，中国大百科全书出版社2009年版，第49、142页等。

会，在工业化和城市化发达的现代社会，同样存在着大量民间法。

虽然，目前我国民间法的研究总体上集中于乡土社会或者少数民族自生自发形成的社会规范，但也有零星研究开始注意商业环境下存在着的民间法，典型的比如商会、行会的自治规范。[①] 商会、行会是单个商业主体集合而成的民间自治团体，在中国和西方的历史上都存在过，并延续至今，比如现在的行业协会、同业公会等。尤其是行会，它的组织非常紧密，由于其成员来自同一行业而可以分享更多的经验，形成更多、更有效的自治规则，它们不仅协调行业内部秩序，而且也是国家立法的重要渊源。比如，在中国，虽然古代一直奉行重农抑商的政策，行会的出现仍可追溯至唐宋，明清资本主义萌芽时期又有所发展。新中国成立后的最初 30 年由于实行的是计划经济，行会并无太大的发展空间，因此至今行会力量仍是薄弱的，因此我国这方面的研究资源十分有限。

在商业发展较早的欧洲，行会及其规范起着协调行业内部的商业秩序、解决行业内部纠纷、形成行业统一惯例、标准或规则的重要职能。早在西方 11 世纪最后 10 年，随着城市的兴起，商人行会、社区行会、手工业者行会以及其他的具有世俗性质的行会遍布各地，但是此时的行会仍带有强烈的宗教色彩，主要为其成员提供精神支持。行会都是"立法团体"，五花八门的商人和手工业者行会都有自己的条例（ordinances），其内容因行会的种类不同而千差万别。行会是垄断的经济组织，它的条例规定诸如此类事项：学徒身份和成员身份的条件、工作日与节假日日程表、工作质量标准、最低限度的价格、商店之间的距离、有关行会内部限制竞争和平等交易的售卖条件、限制进口及其他保护主义的措施等。[②] 如今，在美国的许多行业协会，如贸

---

① 比如于语和主编：《民间法》，复旦大学出版社 2008 年版，"第七章民间法视角下的行会法"；谈萧：《商会制度的法理基础——基于民间法——国家法范式的分析》、修莹莹：《明清行会规则研究》，谢晖、陈金钊主编：《民间法》第 8 卷，山东人民出版社 2009 年版。

② 参见［美］伯尔曼：《法律与革命》，贺卫方等译，中国大百科全书出版社 1993 年版，第 473—474 页。

易协会、建筑协会、食品卫生协会等，它们有权制定各自的行业标准，如建筑质量标准、食品卫生标准等，并且有可能被纳入到国家的法律体系之中。在制定行业标准的过程中，行会会议有可能出现同国会立法类似的现象，如利益集团的游说、拉票等。这些协会还制定本行业的标准合同，如建筑合同，并具有解决行业争端的仲裁法庭。[①]可见，行会的自治规范在西方是城市生活中不可或缺的重要民间社会规范。

企业内部制度是当代社会城市生活中典型的民间法。如今，就像家庭是社会的基本单元一样，企业是市场经济的基本单元。自19世纪后半期大型企业不断涌现，管理方法向科学化不断推进，企业内部制度越来越成为社会规范中重要组成部分，影响着千千万万个企业的生产经营和员工的切身利益。这种民间法当然已不再是法人类学的研究范畴，但却完全属于法社会学的研究范畴，是实实在在的"活法"。因为企业内部制度是在市民社会中由私人经济社会团体自行制定的自治规范，对维护一定社会团体的秩序起着直接作用。同时它们绝大部分都是基于企业日常管理的需要而产生出来，是非常细化的操作性很强的规则。如果没有这些规则作为开展日常工作的依据，那么无论是企业管理人员还是一般员工，都可能会感到无所适从。因此，企业内部制度具有重要的规范实效。

（三）企业内部制度不同于传统民间法的独特之处

企业内部制度是现代城市生活中最为常见的一种民间社会规范，是一种极为丰富而活跃的研究资源。自20世纪90年代以来，中国的企业开始注重制度化管理，从市面上形形色色的各种企业内部制度范本汇编中即可获知。而且，鉴于中国深厚的成文法传统，企业的制度

[①] See S. Macaulay, "Private Government", in Leon Lipson & Stanton Wheeler, Law and the Social Science, New York: Rusell Sage Foundation, 1986, pp.281-340，转引自朱景文：《比较法社会学的框架和方法——法制化、本土化和全球化》，中国人民大学出版社2001年版，第339—340页。

规范也追求更为完善的形式要求,中等规模以上的企业都建有成体系、成规模的制度规范。

把企业内部制度纳入民间社会规范的研究范围,是对把民间法看作乡土社会规范的研究视野的拓展,是民间法实证研究的一个增长点。以往对民间法研究的主力学术力量都集中于"习惯"、"传统知识"和"乡土社会",传统民间法因此被认为具有乡土性、民族性、地域性、内生性、自发性、自律性、传承性等特点。[①] 与之相对比,作为民间社会自治规则的企业内部制度是商业化、现代化的代表,充满全新的气息,有着许多独特之处:

1. 现代城市生活和传统乡土社会

企业内部制度研究是一种着眼于现代社会而不是传统乡土社会的研究,具有现代性。在现代法治的契约性社会中,在城市化浪潮的迅猛发展下,将民间法的研究视野从传统和乡村拉回现代和城市是非常有意义的,因为同日趋萎缩和边缘化的传统乡村社会规范相比,市民社会中的民间社会规范有着生机勃勃的发展势头。虽然,同现代工业国家完全异质化的传统乡土社会规范,在构成社会整体秩序的过程中显示出独特性和规范作用,但毕竟市民社会和城市生活已经成为大多数当代国家的主流社会形态。发达国家如美国约有三分之二的人口、英国约有五分之四的人口生活在城市。中国也正向城市化进程快速挺进,据专业人士预测,按照目前制定的发展方向前进,中国的城市化水平将从现在的35%提高到2020年的55%以上,形成具有7亿到7.5亿人口的城市容纳量。[②] 而且,伴随着中国的民工潮,大批农民涌入城市务工,他们是游走于城市和乡村之间的特殊人群,受到城市生活方式熏染的他们回到乡村,有可能成为乡土社会习惯的解构力量。比如在西藏,一些牧民至今还保留着一妻多夫的习惯,但是凡走出草原去往城市打工的妇女回到家乡结婚,都不喜旧俗,只嫁一夫。

[①] 参见田成有:《乡土社会中的国家法与民间法》,《思想战线》2001年第10期;于语和主编:《民间法》,复旦大学出版社2008年版,第38—42页。

[②] 参见 http://www.cpirc.org.cn/news/rkxw_gn_detail.asp?id=8814。

一妻多夫的习惯在藏民中也自然日益衰微了。相信这只是众多乡间习惯日趋萎缩的一个典型实例。现实是否正如小波斯纳所言，传统惯例、习俗正经历着"逃散羊群的艰苦长征"？[①] 城市的扩张使得市民社会中的民间自治社会规范日益发达，比如学校的规章、公共社团的章程等。而作为市场经济的基本单位的无数个企业，其内部制度则是数量最大的一种城市民间社会规范。而且自企业家们越来越重视制度对企业生存和可持续发展的重要性之后，对企业内部制度的研究和实践越来越引发管理界和法学界的关注，无论是西方还是中国的大型企业，其内部制度都需要由资深管理人员和法律人士合作制定。企业内部制度越来越向正规化和规模化的方向发展。

2. 陌生人社会和熟人社会

企业内部制度是存在于以契约关系为主导的现代陌生人社会或个体主义社会中的，不同于传统民间法赖以形成和生效的熟人社会。资本主义的生产方式要求人们摆脱土地和身份的束缚，拥有订立劳动契约的自由，形成流动的劳动力市场。大量农民离开世代相依的土地，进入城市务工，乡土熟人社会的封闭体系逐渐被打破，而陌生人社会渐趋形成并迅速扩大。因此，与其说企业存在于陌生人社会之中，毋宁说是企业催生了陌生人社会。正是18世纪大量工厂的出现，和19世纪规模经济所要求的公司形式的普遍化，使得大大小小的城市不断涌现，形成了城乡对立，从而产生所谓的"陌生人社会"和"熟人社会"的二元划分。现代企业内部制度就是城市生活中形形色色的各种社会规范的组成部分。企业员工之所以遵守企业的规章，是因为他们同企业订立劳动契约，承认企业合法的明文制度对自己具有拘束力；员工一旦解除劳动契约，就不再受该企业规章制度的约束。

如果对企业本身做一个微观的检视，也可以看到企业内部制度与"陌生人社会"的内在关联。企业内部也是一个小型的陌生人社会。但是如果有人问不是有主要由亲友组成的家族企业吗？在这样的企业

---

① ［美］埃里克·A. 波斯纳：《法律与社会规范》，沈明译，中国政法大学出版社2004年版，第3页。

中人与人之间相熟，人员流动也很小，构成一个微型熟人环境。确实如此，但问题在于这样的企业更像是家庭作坊，同时也正是由于熟人环境下企业日常运营方式都为人所知，容易形成一套经营惯例，因此也不需要建立发达的企业内部制度来维持企业运行秩序。但是企业自身规律所要求的规模化经营和扩张就必然要求引进更多外部人才，进行更大规模的生产经营，并形成这样的良性循环。这就意味着原来封闭的熟人环境最终会被打破，日趋复杂的经营管理也必然要求制定相应的规章制度来规范企业的日常运行，否则企业将陷入混乱和低效。因此，企业内部制度的发达与否同企业的现代化程度有内在关联。在现代企业之中，人与人之间严格来说不是"熟人"关系，而是"合作"关系。鉴于企业人员流动的常规性和普遍性，即便这样的共事合作关系亦不过三年五载，"跳槽"是城市人的常用语。因此以稳定环境为依托才能得以形成的自发秩序难以生长起来。如果说企业中存在什么惯例、习俗的话，那么最主要的是形成的一定企业文化和商业习惯。但即便是企业文化，也还是不同于熟人社会中自然生长的行为规范，企业文化还是需要人为"营造"的，还是会随着企业领导人的改变而改变，随着企业经营风格的改变而改变。原因就在于企业本身和其所处的环境都是具有流动性质的陌生人环境，人与人之间是以个体主义方式相互交往的。在企业内部，人们接触最多的是订立的契约、明确的规章制度和工作流程。因此，发达的企业内部制度一定是存在于"陌生人"环境之中的。

3. 制度设计和自然生长

企业内部制度采用自上而下的建构型、创设型方式予以确立，而不同于传统民间法所普遍具有的长期自生自发、自然形成的生长机理。

传统民间法被认为是"一种知识传统"[①]，是长期演化的产物，文化的沉淀，不知其起于何时，也不知其形成于何时，总之它是一个

---

① 梁治平：《清代习惯法：社会与国家》，中国政法大学出版社1996年版，第127页。

企业制度与法治的衔接

缓慢生长的过程。它的全部效力依赖于其自然形成并长期得到人们反复遵从的事实，而无论规范采取的形式，"对有效性的理解与民间法联系更紧密一些。原因在于这些民间法是在长期的历史中，经过反复博弈、筛选而成的，占据着时间之维的优势"。①

现代企业内部制度则是企业权力主体，比如股东会、董事会、经理，依据企业决策权和管理权，通过行使规章制度制定权而创设出来的。如果说传统民间法是以历史为原点，现实只是传统的摹刻的话，那么企业内部制度则是以现实为基点，力求创设出更有利于实现未来愿景的制度保障。因此，企业内部制度是企业家深思熟虑的产物，是实现一定经济目标的手段。当然会存在某些商业惯例或流行的管理模式，但采纳与否最终取决于制度制定者的选择。从管理职能这个角度上说，企业好比行政机关，企业工商管理和政府行政管理都体现决策权的行使。企业内部的建规立制更像政府公共部门的立法，不仅制定自己的规则，而且还有执行这些规则的人员和机构。美国法社会学者马考利把非政府的私人的社会组织成为"私人政府"。他认为政府（government）的词根是管理（govern）。一般人们把管理理解为制定规则、解释规则，把规则适用到具体案件中，对违反规则者加以制裁。那么，这类功能不仅公共政府具有，非政府组织也同样具有这类功能。比如美国许多大公司既有自己制定的规则，又有执行这些规则的专门人员，还有解决成员之间或雇员与顾客之间纠纷的机构。如美国通用汽车公司有4200名私人警卫，其警力设置比美国5个普通城市的警力还大。美国福特汽车公司有24个类似于美国联邦调查局之类的机构，其职能包括对付公司内部的不良分子和来自外部的工业间谍。②

---

① 郑永流：《法的有效性与有效的法》，《法制与社会发展》2002年第2期。
② See S. Macaulay, "Private Government", in Leon Lipson & Stanton Wheeler, Law and the Social Science, New York: Rusell Sage Foundation, 1986, pp. 281－340，转引自朱景文：《比较法社会学的框架和方法——法制化、本土化和全球化》，中国人民大学出版社2001年版，第339—340页。

4. 成文规则和不成文规则

企业内部制度采用成文规则的形式，而不同于大多数传统民间法的不成文形式。这里的"成文"与否主要不是指有没有形诸于文字，而是指是否运用规范的形式来表述内容。①

习惯、风俗这些传统民间法越是久远古老，越不见于文字，是人们口口相传、世代传承下来的通行做法，是无法捧读的社会规范。随着人类文明的发展，有些乡村也会出现类似于"约法三章"的乡规民约，并将之记录在案，以资成员共同遵守；一些官宦世家、名门望族会制作具体的族谱族规，传诸子孙恪守。② 但它们一般不具有法的形式规范性，故不属于成文规则。自我国宪法规定城乡群众可以制定和执行各种守则、公约，《村民委员会组织法》规定村民会议可以制定和修改村民自治章程、村规民约，《居民委员会组织法》规定居民委员会可以制定居民公约后，③ 村民自治规章等获得合法地位，一些地方出现了成文化的村民条例等规范性文件，但是它们的数量有限，结构比较简单，并且它们不构成传统民间法的主体。因之，可以认为至今为止传统民间法仍以不成文形式为主。

现代企业内部制度是一个完整的成文规则体系。就一般的企业而言，除了企业章程外，人事、财务、营销、行政等部门都应有相关的管理规章；对于大型公司、上市公司、集团公司、跨国公司而言，内部制度规模则更为庞大。从横向上划分，也即按制度的职能划分，可分为治理制度和管理制度，在管理制度中，由于职能部门更多，部门划分更细，除前述提及的以外，还可设置生产、质检、研发、公关、战略规划、信息技术、审计、法务等部门，一般每个部门的规章数量

---

① 参见周旺生：《中国立法五十年（上）——1949—1999年中国立法检视》，《法制与社会发展》2000年1月。

② 参见于语和、刘伟：《从阳泉农村的实地调查看中国的民间法》，谢晖、陈金钊主编《民间法》第二卷，山东人民出版社2003年版，第222页；费成康主编：《中国的家法族规》，上海社会科学院出版社1998年版，第360—361、371—376页。

③ 参见《宪法》第24条、《村民委员会组织法》第20条、《居民委员会组织法》第15条。

不少于 10 个。从纵向上划分，也即按效力级别的构成划分，不同制定主体的级别决定了所制定的规章制度具有不同效力，它们可分为章程、基本制度、具体制度等三至四个效力等级。一个完善的大型企业的内部制度文本数量，至少在 100 个以上。可见，这是一个具有相当数量规模、内部结构严谨的一个现代制度规范体系，类似于成文法国家的法律制度体系。①

5. 同国家法的衔接关系和冲突关系

现代企业内部制度深嵌于国家法治的框架之中，同国家法治形成各自独立而又上下联动的纵向一体化格局，两者之间呈现以衔接为主导的和谐关系。而传统民间法常常游离于国家法治之外，同国家法之间更经常出现紧张甚至冲突的关系。

对于传统民间社会规范与国家法治之间表现出来的不甚相融的紧张关系，有西方学者作过实证调查研究，就国家司法制度和非国家纠纷解决制度之间可能的关系，得出如下七种模式：

① 国家制度对非国家制度的压制；

② 两种制度之间形式上的独立，而事实上国家对非国家制度的默认；

③ 形式上未获承认，而事实上国家制度对非国家制度的积极鼓励；

④ 国家对于非国家制度行使管辖权予以有限认可；

⑤ 对非国家制度在限定地区行使专属管辖权的正式认可；

⑥ 对于非国家制度的正式承认并赋予国家强制力；

⑦ 非国家制度完全纳入国家制度之中。

被调查的实例显示大多数国家和非国家纠纷解决制度并不相互支持，即便在最成功的例子中也存在问题。②

---

① 具体企业内部制度的个案，参见《开滦精煤股份有限公司制度规范辑纂》、《国电电力规章制度汇编》等。

② See Miranda Forsyth, "A Typology of Relationships Between State and Non-State Justice Systems", *Journal of Legal Pluralism and Unofficial Law*, (2007) JLP 56: pp. 67-112.

范愉教授对我国实际纠纷解决过程中，习惯和其他社会规范同国家法的关系也归纳出了四种的模式：

① 冲突，表现为国家法对习惯等规范完全否定或无视，以及社会规范对国家法的积极对抗和消极规避；

② 通过博弈，迫使法律或司法对习惯等社会规范作出适度让步；

③ 补充，表现为国家法允许合法保留民族习惯、公序良俗、经验法则等，日常社会生活中不同法律矛盾的惯例等。

④ 持续博弈状态下的任意性选择。①

根据这四种模式和作者对其分析可以看到，国家法和传统民间规范之间的协同不是主要情形，而两者之间的差异甚至对立才是多数情况。

国家法和传统民间规范之间经常性的差异使两者多少产生摩擦或者互相规避，也正是两者之间的差异和对立引起了法社会学研究的兴趣。国家法和传统民间规范必须寻求互相合作的最大机会，使它们可以各自发挥自身的最大潜力，达到互相取长补短的效果。

企业内部制度与国家法之间则主要呈现以衔接合作为主导的和谐关系。这一方面是因为在现代市场经济环境下，企业的存在和运行有赖于良好的法治环境，另一方面企业内部制度的合法合规原则决定了在它产生之初就必须实现同法律制度的对接。

就第一方面而言，企业有赖于法律为其确立市场主体地位，维护健康自由的市场秩序，法治成为联结政府和企业的纽带。自由主义经济学认为政府不应干涉市场，如果必须对市场施加影响，那么应该通过法治而不是人治的方式。制度经济学理论特别注重正式制度，主要是国家法律制度，对经济绩效的贡献，其核心思想是：法律可以通过规范主体的交易行为和维持良好的交易环境来降低交易费用，提高经济绩效。企业在经济环境中的生存和发展的主要制度保障就是国家法制，而政府对企业施加影响主要手段之一是致力于法律的创设和实

---

① 参见范愉：《纠纷解决中的民间社会规范》，谢晖、陈金钊主编：《民间法》第6卷，山东人民出版社2007年版，第25—42页。

施。在美国这个最完善的市场经济和最发达的法治国家中,"对于一些企业的管理人员来说,已十分熟悉这些政府规章的作用以及相关的一些机构。……政府规章的范围,从道路符合污染控制要求的标准到一个特定月份柠檬销售的规定;从大范围的工人健康和安全的规定到期货交易市场交易的特别限制。"①

就第二方面而言,制定企业内部制度的基本原则之一就是法治原则。对于重要的企业制度文本应当合法,比如公司章程;对于其他制度规范,则不得同法律相抵触,同法律相抵触的制度规范无效。我国《公司法》第5条规定,公司从事经营活动,必须遵守法律、行政法规。由财政部等五部门联合发布的《企业内部控制基本规范》第6条规定,企业应当根据有关法律法规、本规范及其配套办法,制定本企业的内部控制制度并组织实施。《劳动法》第4条规定,用人单位应当依法建立和完善规章制度,保障劳动者享有劳动权利和履行劳动义务。企业内部制度在内容上与国家法治的衔接是全面性的,公司章程和法人治理制度是企业的上位阶制度规范,应当根据公司法、证券法以及其他相关规章合法制定;企业各职能部门制度应当不同国家法律、法规、规章相抵触,比如人力资源制度应当同国家劳动保障制度相对接,财务制度应当同国家财税法相对接,营销市场制度应当同经济法、民商法相对接,生产和质量监督部门应当同国家相应的行政法相对接等。可以认为,部分企业内部制度就是国家法在企业内部的具体延展,是国家法治得以实施的制度媒介。这些制度文本对形成企业良好的内部秩序起到关键作用,同时制度实施的效果不仅对于企业有意义,也具有社会意义。比如企业内部关于雇主和雇员之间权利义务的规定,大多反映在人力资源规章制度之中,它们不仅规范了雇主和雇员在企业内的权利义务关系,而且也直接影响国家劳动保障法律和政策的实际效果。又比如企业生产和产品质量管理规则如果没有得到良好的实施,产品质量就不稳定,这些产品供往社会,就可能引起

---

① [美] 韦登鲍姆:《全球市场中的企业与政府》,张兆安译,上海三联出版社2006年版,第13—14页。

产品侵权的法律关系，等等。当然，无论法律对企业的规制多么细致，每个企业本身的独特性决定了企业仍然享有很大的自治空间，在这个范围内企业内部制度只要不同国家法相抵触，就完全可以自主立法。

二、社会自治中的"软法"

"软法"（soft law）是与"硬法"（hard law）相对称的一个概念。该术语首先出现于国际法领域，现在软法已经传播到更多的法学领域，并成为国际法和法社会学的时尚专业词汇。[1] 同时，那些关注传统管制向公共治理方式转变这一进路的法律学者也试图扩大软法适用的范围。[2]

在我国，仅是在最近几年，"软法"才开始成为法学的一个新的研究领域和热点。国内领衔软法研究的是行政法领域，主要是"为了回应正在崛起的公共治理对软硬并重的混合法模式的迫切需要"，其背景是同社会秩序从"统治到治理"的发展趋势有关，即20世纪中后期以来，世界范围内的公域之治总体上经历了从国家管理模式向公共管理模式、再到公共治理模式的转型。[3]

我国目前对软法的研究重点是探讨软法的一般理论，比如关于软法的界定、特征、范围，这些问题无论在国内还是国外都尚未达成一致的看法，甚至一些外国学者对软法这种提法及其价值提出质疑和批评。此外，我国学者也探讨了软法产生的原因、作用、种类、与硬法的关系、软法的公域治理等问题。由于软法本身是多样化的、开放的和发展的，因此这些理论随着软法实践的不断提升而进一步深化。但是，从法理学或者法社会学的角度讨论软法，在我国还比较少，可能

---

[1] Anna Di Robilant, Genealogies of Soft Law, *The American Journal of Comparative Law*, Summer, 2006.
[2] 参见罗豪才、毕洪海：《通过软法的治理》，《法学家》2006年第1期。
[3] 参见罗豪才：《公共治理的崛起呼唤软法之治》，《政府法制》2009年第5期。

是因为已经有了同软法概念极为相近的"民间法",学者们主要研讨的是民间法。实际上,软法和民间法虽有很多重合,但也不完全等同。本书试图就国内如何看待软法的一些结论提出看法,并对作为软法的企业内部制度进行解析。

(一) 对我国软法一般理论的反思

1. "软法亦法"还是"软法非法"

国内学者对软法作界定总是离不开首先对"法"的概念作出反思和修正,因为要证明"软法亦法",就必须扩大传统法的概念的外延。较有代表性的观点比如罗豪才教授认为,"要确立一种由国家立法、政治组织规则和社会共同体规则三者构成的'混合法',一个重要前提就是承认'软法也是法'这一判断;而要支持这一判断,必须解决一个无法绕过的前提问题,那就是反思和修正传统的、但当下在我国仍然居于主导地位的关于'法'概念的定义。"在这里,我们可以看到对法的概念的修正是一个结论先定的过程,即"对照着确立公共治理模式所需要的混合法结构而言"对传统的法概念进行反思和修正:一是法的本质不再局限于国家意志,还可以体现政治组织、社会共同体的意志等;二是法的形式的多样化,不仅表现为国家立法,还有公共政策、行业标准、裁量基准、社团章程、自治规范等;三是法既有硬拘束力,也有软拘束力,即运用非强制性方式予以实施;四是法既要解决他律问题,更要强调自律,应当基于他律来实行自律;五是法律规则的结构方面,既可采用行为—结果模式,也可以行为模式未必明确、未规定消极法律后果的结构;六是法的运行机制呈现多样化和民主化,因此可以"将法的概念修正为:是由国家制定或认可的、体现公共意志的、依靠他律或者自律机制实施的权利义务规范体系。"[①] 姜明安教授从明确法的特征的角度,来证明软法是法,是一种非典型意义的法。他认同法的三项特征,即法是人们的

---

① 参见罗豪才:《公共治理的崛起呼唤软法之治》,《政府法制》2009年第5期。

行为规则，具有外在约束力，有一定人类共同体制定、协商、认可。软法符合这三项特征：软法规范人们的行为，对人们行为的约束力是外在的，并由一定人类共同体通过其成员参与、协商而制定或认可，具有民主性、公开性、普遍性和规范性，因此软法亦法。①

其实，界说软法并不一定要修正法的概念，并不一定要证明软法也是一种法。因为对于讲究精确性、严密性和逻辑性的法学而言，随意变更法的概念会产生许多弊害，使法在不经意间具有了"无限多样性"② 的特征。且不说上述关于软法亦法的论证是否严密和具有说服力，仅从软法的根本特点可以看出，软法并非严格意义上的法，它仅是一种类比概念，是修辞意义上的法。从诸多学者频繁引用的Synder的定义，即"软法总的说是不具有法律约束力但可能产生实际效果的行为规则"③ 来看，软法既然不具有法律约束力，就很难谈得上是法。所谓的"硬法"仅是为了对称于软法而产生的"多余"说法，而软法并非严格意义上的法。西方已有许多学者指出"软法"是一个具有误导性的或自相矛盾的概念，用软法一词来描述显然不具有法律形式而且并不意图发生法律上的约束力的文件显然是不合适的。④ 如果从实例和经验来看，如果国家机关和政协组织发布的软法具有一定的国家强制力或政治约束力而比较像法的话，那么社团和企事业内部规范，比如一家企业的内部制度，就难以令人联想到它们也是一种法。正如Teubner指出的，法律的有效性问题是一个非此即彼的问题，即完全采用二元编码模式；但同时其社会有效性问题则可以

---

① 参见姜明安：《软法的兴起和软法之治》，《中国法学》2006年第2期。

② Jan Klabbers, The Redundancy of Soft Law, *Nordic Journal of International Law*, 1996, 65: pp. 167—182.

③ Snyder, Soft Law and Institutional Practice in the European Community, in S. Martin (ed.), The Construction of Europe, Kluwer Academic Publishers, 1994, p. 198, 转引自罗豪才、毕洪海：《通过软法的治理》，《法学家》2006年第1期。

④ Dinah Shelton, Commitment and Compliance: The Role of Non-binding Norms in the International Legal System, Oxford University Press, 2000, 转引自罗豪才、毕洪海：《通过软法的治理》，《法学家》2006年第1期。

是一个程度问题。法律规范和社会规范的相互干涉使得它们的有效性问题从"非此即彼"转化成了"或多或少"的问题；但不宜将规则的社会有效性同法律有效性相混淆。① 软法是一种具有显著的社会有效性的规则，但不能就此将它等同于法。以现有的研究来看，学者们其实是将"软法"作为一个形象而便利的称呼加以使用，以显示它同法在众多方面的极大可比性。如果就此纠缠于论证软法亦法，不仅论证本身是困难的，而且也可能限制了软法理论的发展。

否认软法是法，并不意味着否认软法在社会秩序的形成和国家法治建设过程中的重要价值和意义。软法同严格意义上的法有许多共同之处和渊源关系，很多软法是国家立法的预备库或资料性文件，很多软法是经由法授权而产生的规范体系，是法的衍生物。有学者把软法的功能概括为"前法律功能"、"后法律功能"和"与法律并行的功能"。② 从名称上可以看出，硬法和软法的区别重在强调两者的刚性程度不同，不同的刚性是由不同的制定主体决定的，这种刚性体现在是否具有直接的司法救济及其相关的国家强制力为保障。即便软法不是严格意义上的法，"软法之治"和"软法"的价值也是客观存在的。软法是一种同其他社会规范相比，同法更具有相似性的社会规范。社会秩序本来就是由多种多样的、刚柔并济的、高低层次各异的社会规范促成的，软法基于它自身的特点，在社会秩序的形成中起到了非常重要的作用，比如在公共治理领域，它可以与国家法共同形成"混合治理结构"。由于软法同法的极大相关性，软法对于法治有着重要意义，软法研究有利于拓展法治研究的视阈。

2. 民间法、软法和法：由非法到法的过渡

学界对软法一词的界说甚为驳杂，学者们基于各法学领域的不同

---

① Gunther Teubner, Law as an autopoietic system, Blackwell, Oxford, 1993. From Jan Klabbers, The Redundancy of Soft Law, *Nordic Journal of International Law*, 1996, 65: pp. 167—182.

② Linda Senden, Soft Law, Self-Regulation and Co-Regulation in European Law: Where Do They Meet?, Vol. 9 *Electronic Journal of Comparative Law*, January 2005.

视角，提出软法的不同含义。其一，在法学理论领域，对软法较为规范的定义是"以文件形式确定的不具有法律约束力的、但是可能具有某些间接法律影响的行为规则，这些规则以产生实际的效果为目标或者可能产生实际的效果。"[1] 法社会学从法律多元意义上的社会规范角度解释软法，如 Eric Posner 认为，软法指的是一套没有中央的权威加以创设、解释和执行的规则。[2] 其二，在国际法领域，传统国际法根据《维也纳公约》的规定指出，软法是由非条约性义务组成的，不具有强制执行力，如国际组织的决议；在超国家法主要是欧盟法中，软法通常是由专业人员主动提出或者与消费者和国家协作或者根据国家的授权草拟的，根据双方之合意加以使用的一系列文件。其三，在国内法领域，软法是公法中行政主体发布的非法律性的指导原则、规则和行政政策，加拿大公法多在这个意义上使用软法一词。治理领域的软法还指用低法律化程度的规则实现软治理。[3] 此外，我国学者对软法的界定有："所谓'软法'，是指不依靠国家强制力保证实施的法律规范，它是一种由多元主体经或非经正式的国家立法程序而制定或形成的，并由各制定主体自身所隐含的约束力予以保障实施的行为规范"[4]；"指那些效力结构未必完整、无须依靠国家强制保障实施、但能够产生社会实效的法律规范"[5]；软法是"缺乏国家法的拘束力但却意图产生一定规范效果的成文规范。"[6] 从这些界定可以看出，软法的根本特征是没有法律拘束力但能够产生实际效果的成文社会规范。

---

[1] Linda Senden, Soft Law, Self-Regulation and Co-Regulation in European Law: Where Do They Meet?, in Vol. 9 Electronic Journal of Comparative Law, Jan. 2005，转引自罗豪才、毕洪海：《通过软法的治理》，《法学家》2006 年第 1 期。

[2] Eric Posner, Soft Law in Domestic and International Settings，转引自罗豪才、毕洪海：《通过软法的治理》，《法学家》2006 年第 1 期。

[3] 参见罗豪才、毕洪海：《通过软法的治理》，《法学家》2006 年第 1 期。

[4] 罗豪才：《人民政协与软法之治》，《中国人民政协理论研究会会刊》2009 年第 1 期。

[5] 罗豪才、宋功德：《认真对待软法》，《中国法学》2006 年第 2 期。

[6] 翟小波：《"软法"及其概念之证成》，《法律科学》2007 年第 2 期。

从法理学的角度看，软法和民间法是非常相近的概念，它们都不是严格意义上的法。民间法是一种约定俗成的用语，确切地说应该是民间社会规范；软法则是一种对类法律文件的修辞用语。民间法同国家法相对称，主要是从规范产生的不同主体同法做区分；软法同硬法相对称，主要是从规范效力的刚性程度同法做区分。而国家法和硬法是同一个事物；民间法和软法有许多重合之处，都是法律之外的重要社会规范，但也有所不同。从上面这些对软法的界定来看，它同民间法的主要差异在于：（1）形成软法的主体可以是民间的、社会的子系统，如社会团体组织、基层群众组织，可以是官方的国家机关，如行政机关内部的裁量基准，也可以是全球社会的特定系统，如国际组织的某些决议等。而形成民间法的主体一般都不是国家政权机关，而来自于民间社会。（2）软法一般应具有成文的形式；而民间法中很重要的部分是不成文的习惯和风俗。（3）软法的规范效果是一定主体主观追求的，而民间法的实效有可能是自然生成的，也有可能是主观追求的结果。（4）软法同法的关系总体上表现为补充、协助、衔接为主的和谐关系，因此罗豪才教授称之为公域治理的"混合法模式"，而民间法则有时作为法的补充，也有很多情况同国家法存在摩擦和冲突。

正如某些学者所说的，存在着一个从非法到法的向法过渡的灰色梯度：这个灰色梯度充斥着那些既不是明确的法律，但也不能说毫无法律意义的文件文献。[1] 或者按照另一位学者的意思，规则的法律化程度，可以用一个连续的统一体来表示，而确定这个统一体的变量就是规则的责任、精确性和授权的程度。这个统一体的一端是法，另一端是非法的规则。[2] 软法和民间法就处于这个灰色梯度或者连续的统

---

[1] Jan Klabbers, The Redundancy of Soft Law, *Nordic Journal of International Law*, 1996, 65: pp.167—182.

[2] Kenneth W. Abbott et al., The Concept of Legalization, in International Organization, Vol.54(3), 2000, 转引自罗豪才、毕洪海：《通过软法的治理》，《法学家》2006年第1期。

一体之中，而软法比之民间法等其他社会规范都要更接近于法。软法是通过一定的方式或者程序由一定共同体制定出来的，比较成熟的规则。除了缺少法律约束力以外，它已经表现得比较像法了，它们就是一定共同体内部的法。它们与正式的法相去不远，并有着一定的渊源关系，比如许多软法是正式法所认可的或授权产生的规则体系，软法同硬法构成"混合治理"模式，而一般不以"冲突结构"存在。

（二）作为软法的企业内部制度

1. 关于软法的范围

关于软法的范围，更是众说纷纭，广狭各异。较为宽泛的软法范围由梁剑兵教授归纳提出，虽然他本人并不同意所有列举均属软法：在国际法领域：一是国际法本身；二是国际法中那些将要形成、但尚未形成的、不确定的规则和原则。在国内法领域种类颇多：（1）作为硬法律的半成品的法律渊源中的有关种类；（2）法律意识与法律文化；（3）道德规范；（4）民间机构制定的法律；（5）中央办公厅和国务院办公厅联合发布的文件；（6）程序法；（7）仅有实体性的权利宣告而没有设定相应程序保障的法条或法律；（8）法律责任缺失的法条或法律；（9）法律责任难以追究的法律；（10）执政党政策等柔性规范。[①] 当然，这个范围无疑是太大了，既混淆了硬法和软法的界限，又混淆了软法和其他社会规范的界限，使软法成为一个杂物筐，不足为用。

姜明安教授认为软法可以包括六个方面的规则，（1）行业协会、高等学校等社会自治组织规范其本身的组织和活动及组织成员行为的章程、规则、原则；（2）基层群众自治组织规范其本身的组织和活动及组织成员行为的章程、规则、原则；（3）人民政协、社会团体规范其本身的组织和活动及组织成员行为的章程、规则、原则，以及人民政协在代行人民代表大会时制定的有外部效力的纲领、规则；

[①] 参见梁剑兵：《软法律论纲》，罗豪才等：《软法与公共治理》，北京大学出版社2006年版，第333—334页。

(4) 国际组织规范其本身的组织和活动及组织成员行为的章程、规则、原则；(5) 法律、法规、规章中没有明确法律责任的条款（硬法中的软法）；(6) 执政党和参政党规范本党组织和活动及党员行为的章程、规则、原则。同时，他排除了道德、习惯、潜规则、理念、政策、行政命令等作为软法。①

我们基本认同姜明安教授的看法，但也提出保留观点。对于上述第3项，我们认为当人民政协代行全国人大的职责制定纲领和规则时，人民政协就起到了代立法机关的作用，其制定的规范性文件当然属于法律，而且其效力级别仅低于宪法而高于其他法规、规章。因此，这种纲领和规则就是法，而不能当做软法看待。对于上述第5项，把没有明确法律责任的条款看做是软法，其他学者也有类似看法，如认为"促进法"、"进步法"等是软法文本②。没有罚则的法律条款情形比较复杂，有些是因为条款本身属于鼓励性规则，不设罚则这种否定性后果，而是设立肯定性后果，比如规定给予一定形式的奖励；有些是因为立法技术上的缺陷，应当规定罚则而没有规定，从而使得行为模式无法有效实现；有些是因为条款本身表述的是法律原则，而不是法律规则，所以不设罚则。但不能据此认为这些法律条款属于软法，就如同宪法中的大多数条款都没有法律责任，但不能认为宪法是软法。软法和硬法的最主要区别在于是否具有法律约束力，而不在于这种约束力本身由于种种原因是强还是弱。是否具有法律约束力，和是否能实现、如何实现、实现怎样的法律约束力是两个不同的问题。很明显，这些法律条文是有法律约束力的，是可以作为司法适用时的法律依据的。因此，这类法律和法律条文不应当是软法。

从软法的范围可以看出，软法都是由国家立法主体以外的特定社会共同体制定的效力及于该共同体内部的成文规范，这些主体可以是超国家的，也可以是次国家的。这个共同点决定了软法本身不具有法律约束力，但对形成一定的社会秩序具有重要价值。软法的范围是有

---

① 参见姜明安：《软法的兴起和软法之治》，《中国法学》2006年第2期。
② 参见罗豪才、宋功德：《认真对待软法》，《中国法学》2006年第2期。

限的,而软法的具体表现形式则是多种多样的。

2. 企业内部制度是一种典型的软法形式

企业内部制度是一种典型的软法形式,属于社会自治组织规范内部成员和事项的制度规范集合体。无论对软法范围的广狭如何划定,比如认为软法的制定主体不仅包括传统的法律制定主体,如国家,而且还包括社会组织乃至私人组织;认为软法的研究范围包括行业协会、高等学校等社会自治组织规范其本身的组织和活动及组织成员行为的章程、规则和原则;认为软法包括社团和企事业单位的组织、运作或纪律的规范[1],等等。企业的制度规范总是被列入软法的范围之内。大家在提到社会自治组织的软法时,都注意到了高校规章,有一些研究"大学软法之治"的论文[2],并有学者指出高校内部制定的条例,不仅在形式上几乎与硬法无异,在内容上也同样具有法的拘束力。虽然它不是硬法而是软法,但它对人们权益的影响却不可小视:学生违背了相关条例,就可能被开除。[3] 其实,企业内部制度无论在形式还是效力上同高校规章都同属一类。而且,企业内部制度对社会的影响力同高校规章相比有过之而无不及,因为企业及其员工的数量是巨大的,企业本身的影响力也是巨大的。企业内部制度还间接地对社会公众产生影响,不良规章制度产生的恶果最终将波及市场秩序、生产安全、产品质量、劳动保障体系等经济安全和民生安全。

现代企业的"软法之治"越来越迈向正规化、专业化的方向发展,主要基于三方面的原因:

第一,组织自治的制度需求。组织和制度在英文中是同一个词,

---

[1] 参见罗豪才、毕洪海:《通过软法的治理》,《法学家》2006 年第 1 期;姜明安:《软法的兴起和软法之治》,载《中国法学》2006 年第 2 期;翟小波:《"软法"及其概念之证成》,《法律科学》2007 年第 2 期。

[2] 如常秀鹏:《论高等学校法治视野拓展——以高教软法和硬法的融合为视角》,《中国青年政治学院学报》2009 年第 2 期;周华兰:《议"软法"与"硬法"的救济边界》,《湖南社会科学》,2009 年第 1 期;张延利、陆俊杰:《大学软法之治的理论意蕴和价值维度》,《辽宁教育研究》2008 年第 11 期,等等。

[3] 参见姜明安:《软法的兴起和软法之治》,《中国法学》2006 年第 2 期。

西方一些学者，如康芒斯，对制度的理解是兼具组织和规范两重含义的。"随着社会组织化程度的提高和社会学研究的深入，人们越来越发现，组织与规范的界限常常是模糊的，并没有严格的区别。"① 确实组织的存续离不开制度的规范，有时两者是相互等同的，比如世界贸易组织就是由一系列制度构成的实体，没有制度规则也就没有世贸组织的存在。理性化的行为规则可以规范特定组织的运行和成员行为，形成稳定的秩序和内部控制机制。这种自治组织的内部控制是整个社会控制的组成部分。正如有学者指出的，在社会控制中特别重视群体行为，也就是正式组织的行为。以规则的方式对群体行为进行的社会控制主要有两种基本形式：一是通过宪法、法律、行政法规、地方性法规、规章等规范性文件对群体的外部行为进行直接控制；二是通过群体内部管理机构将各种规范性文件系统化为一系列规章制度之类的"准法律"形式对群体的内部行为进行间接控制。②

　　法国公法学家、制度主义学者莫里斯·奥里乌（Maurice Hauriou，1856—1929年）是法国"组织制度理论"（institutional theory）的奠基人。他把组织制度定义为在社会环境中依法实现和维续的工作或组织的观念，其实现有赖于产生一个权威机构和相关职能机关。国家是组织制度最为典型的代表，但国家也不是一个万能极权的实体，还存在着许多其他组织制度，它们在国家的干预之下仍然享有相当大的自治力和独立性，并以此对国家权力形成有效抗衡。这些组织制度可以分为三大类：一种是家庭，最古老的组织形式；一种是宗教群体；还有一种是职业性组织、企业、工会和雇主联合会等。每一个人都可以隶属于除国家之外的某个组织。③ 在现代社会，企业已经成为国家乃至世界经济的支撑力量，许多跨国公司的营业额甚至超过小国的

---

① 张文显：《二十世纪西方法哲学思潮研究》，法律出版社2006年版，第259页。
② 参见周旺生：《法理学》，北京大学出版社2007年版，第461页。
③ Maurice Hauriou, "The Theory of the Institution and the Foundation", Albert Broderick: *The French Institutionalists*: *Maurice Hauriou*, *Georges Renard*, *Joseph T. Delos*, Harvard University Press, 1970, p.99.

第四章　企业内部制度与法治的效力之衔接

GDP，21世纪是企业利维坦的时代，企业作为一种组织形态和制度形式，越来越引起各国在经济和社会治理中的高度关注。组织制度理论这个词传达了这样的意思，组织本身可以视为一种制度状态，它需要在以特定的理念或观念为核心的基础上形成一整套制度体系，使组织合法存在，同时又使之有效运行。组织和制度是无法分割的，任何一种组织都会有其制度存在着，只不过这种制度的表现形态不一，可以是非常简单或原始的不成文规则，也可以表现为成文化的、体系化的、甚至是典章式的制度形态。国家就是一种最突出、最典范的制度化组织，其最重要的正式制度就是法律制度体系。对于另一种组织形式企业而言，首先它们是法律上的拟制主体，其合法性源自法律制度的认可；其次当它们扩展到一定规模的时候，自然产生对系统化的制度治理方式的需求。企业组织的内部制度既享有相当大的自治性和独立性，也有严格的边界和限制；在法治国家，这种界限主要就是国家法律。

第二，科学管理和制度效益对企业提出的系统化、制度化的要求。企业规模的扩大使管理更为复杂，管理难度不断增加，企业面临资源浪费和低效运营的困境。由此，美国人泰勒在20世纪初提出科学管理，制度第一的思想。这在前文第一章已有详论，在此不再赘述。

第三，国家法治对企业提出的要求。市场经济就是法治经济，在市场经济中法律是连接企业和政府的最重要的纽带。现代企业在获得法人地位以后，并不是可以毫无顾忌的朝向经济目标恣意驰骋，法律就是企业的制动器。一方面企业从产权到运作的各个方面都需要寻求法律的保障，另一方面在市场经济条件下，政府对企业的干预是经由法律而正当化的，国家社会管理的职能经由法律而作用于企业。

法律要求企业遵循市场经济秩序，履行最低限度的社会责任，其途径之一就是建立健全相关的内部规章制度。因而，企业制定内部制度规范是企业的一项法定职责，也就是说它既来源于国家法的授权，比如公司法规定的董事会和经理有权制定公司的基本管理制度和具体管理制度；同时它又是企业不可推卸的一项法定义务，比如公司法要求企业制定公司章程、劳动法规定企业应当建立健全规章制度等。在

209

我国，法律制度对企业在法人治理、劳动关系、生产经营、内控监督等各方面都提出了制度建设的法定要求。同时，国家法治又需要法律制度之外的其他社会规范对其加以延伸和补白，企业内部制度就是这样一种重要的社会自治规范。它可以将法律制度的规则推展于自身制度规范建设之中，细化法律原则和规则，对法律规则中的强制性规则作出符合企业具体情况的操作性细则，对法律规则中的任意性规则作出选择并固化下来，对于法律、法规和规章无法规定而自己又确实需要的制度加以创制。从某种程度上说，企业内部制度是法治实施的一种制度媒介。

（三）特定组织的"自治立法"

西方法理学者分别从规则的可司法性和立法权多元化的角度，阐明了企业法人组织制定自治规则的权力，他们将这种规则称为"自治法"（autonomic law），制定规则的行为称为"自治立法"（autonomic legislation）。虽然我们认为冠之以"法"和"立法"的称谓，失之于严谨，混淆了法与非法的概念；但是从另一方面也说明了，企业自治规范具有类法或准法的性质，这与我们现在所提出的"软法"概念颇有相通之处。

1. 萨尔蒙德：作为一种特殊法的自治法

英国法学家萨尔蒙德（Sir John William Salmond，1862—1924年）基于他对法的宽泛定义而将企业内部制度看做自治法，将企业的制度建置视为自治立法。受英国深厚的判例法传统和英国实用主义哲学的影响，萨尔蒙德从法院和司法的角度对法加以界定，认为法是由法院确认和由法院执行的规则，也即判断一个规则是否具有法的属性，应从司法机关而不是立法机关的角度来看。[1] 实际上，他对法的这种解说是过于宽泛的，他仅从法的适用的角度，忽视了法的产生这个角度来对法做出界说，其薄弱环节在于方法的片面性，导致定义的

---

[1] Sir John Salmond, *Jurisprudence*, 7th ed., London: Sweet & Maxwell Ltd, 1924, p. 39.

不完整,无法揭示法的真正的完整的属性,必然导致混淆法与非法的界限。因为,虽然法律一定是司法办案的依据,但不能认为可以作为司法办案依据的就都是法,比如在法律缺失时,政策、习惯、道德也可以作为司法依据,但它们显然不是法。[1] 法的产生是法的前提性条件,而法的适用是法的运作中最重要的一个环节,两者都非常重要,都内在地规定了法的属性。分析法学派认为法是国家最高权力者制定的规则,尤其是英国分析法学派奠基人奥斯丁认为法是主权握有者对臣民的命令,这正是从法产生的角度来划清法与非法的界限,从而划定了法学的范围。虽然萨尔蒙德在什么是法的问题上有失偏颇,但是他的视角仍然是有启发的,他把企业内部制度看成一种自治法,至少说明企业内部制度具有准法的性质,是一种"软法",在法不敷使用之时可以作为司法依据或者参考,因而它是一种重要的在一定条件下具有可司法性的组织自治规则,也因此它与国家法律必然存在着重要的内在关联。

基于对法的上述界定,萨尔蒙德将法分为一般法(general law)和特殊法(special law),前者由国家一般的法律组成,后者由其他规则集群组成,并在性质、渊源或者适用方面具有特殊性,因而将之视为一般法律之外的、在特殊情形下作为一般法律补充的特殊法。这些特殊法主要包括地方法、外国法、协议法、自治法、军事法和国际法。萨尔蒙德进一步指出,这些所谓的特殊法中的自治法,是指由私人或者私人团体制定的法。比如铁路公司可以制定管理企业运行的规则,大学可以制定管理自己成员的规则,股份公司可以通过修改条款对持反对意见的股东施加新的规定。这些通过行使自治权的私人立法而产生的规则是一种真正的法律,因为它们像法律一样在法庭上被认可和适用,虽然它们不是一般英国法的组成部分。[2]

萨尔蒙德对法的这种分类我们固然难以认同,因为他事实上混淆

---

[1] 参见周旺生:《法理学》,北京大学出版社 2006 年版,第 47—48 页。

[2] Sir John Salmond, *Jurisprudence*, 7th ed., London: Sweet & Maxwell Ltd, 1924, pp. 95 – 101.

企业制度与法治的衔接

了法和非法的界限,如协议法、自治法和部分军事法①,它们虽然同法律一样都是具有强制力的社会规范,在国家法不敷使用时也可作为司法依据,但就制定主体的性质而言,它们不是严格意义上的法律,不应将它们与地方法、外国法、国际法等并列提出。萨尔蒙德自己也在后文中指出他的这种划分在某种程度上带有随意性,只是为了实用和方便,为了将法的核心或主体部分同作为法的附属部分的其他规则体做出区分。但是萨尔蒙德从规则适用的普遍性和所起作用的角度,做了一般和特殊的区分:一般法就是在英格兰全境和英格兰所有法院都适用的法律,特殊法则是作为对一般法的补充在特殊情况下适用。这至少说明这些所谓的特殊法,也具有和一般法相类似的调整社会关系的功能,并得到官方比如法院的认可,它们同国家普遍适用的法律一起,构成一个有机的社会规范体系,共同对社会主体的行为进行制度化规制。这些私人组织的内部规则确实具有"准法"的性质,不仅规范了组织内部人的行为,而且也可以作为解决纠纷、确定权利义务关系的规则依据。萨尔蒙德提及的铁路公司的运营规则,在19世纪初的英国具有典型意义。英美国家的工业化进程即肇始于火车头、铁路及由此引发的交通运输革命,而在此过程中诞生的大批铁路公司,由于业务高度分散,以往的人员监督管理方式已不敷使用,必须以规则之治取代人的经验之治,才能维持企业的基本运营和发展。因此铁路公司的规章细则②是当时最先进的企业内部制度规范。

---

① 萨尔蒙德认为军事法(martial law)分为三种形式:(1)约束和管理军队本身的法;(2)战争时期管制境外军事占领地区的法;(3)战争时期出于军事需要和公共安全,由军队管理本国而实施的法,以取代和平时期的法。第一种形式的军事法又称为军法(military law),同后两者有诸多区别,比如它是在和平和战时都有效的法,是仅适用于军队内部的法,是依据军队法(Army Act)而制定的下一层次的法。军法是武装组织的内部规则,而不是严格意义上的法律。

② See *Rules and Regulations to be Observed by the Officers and Men in the Service of the Edinburgh & Glasgow Railway Company*, Glasgow: Printed by James Hedderwick & Son, Printers to the Queen, 1848;*Rules, Regulations, and By-Laws of the Manchester, Sheffield, & Lincolnshire Railway Company*, Manchester: Bradshaw and Blacklock, Printers, 1863;见本书第一章。

与自治法紧密相连的是自治立法问题。在萨尔蒙德看来，立法并不完全出自国家机关；只要是国家认可的可以作为司法依据的那些规则创制都可算为立法。国家立法是制定法的唯一的正式渊源，但这并不意味着国家立法是制定法的唯一渊源。在特定情况下，国家将制定规则的权力赋予私人之手不仅是可能的，也是有效的，这就是一种自治立法。私人立法所产生的规则的效力仅限于自身。① 萨尔蒙德对法的过于宽泛的定义导致了他对立法的过于宽泛的认识。不能认为企业内部制度的创制是一种立法行为，但它确实也是一种建规立制，一种重要的自治规则的创制。

2. 卡勒顿·艾兰：作为附属立法的自治立法

澳大利亚裔英国法学家卡勒顿·爱兰（Carleton K. Allen，1887—1966年）基于权力下放原则（principle of devolution）提出企业内部制度的创制是一种自治立法。英国分析法学派认为主权代议制机关是唯一立法主体，其立法权是国家主权的直接表现和行使。但随着社会文明和多样化的发展，这种立法观念逐渐改变。社会结构的持续复杂化催生了权力下放原则，19世纪的英国大规模发展着附属立法（subordinate legislation）的实践，一方面分担国家立法机关繁重而又日趋专业化的立法任务，另一方面解决法律的具体实施问题。附属立法最主要的形式是委托立法，比如枢密院立法、地方立法、行政部门立法、规则制定机构如最高法院规则委员会立法等。除此之外，还存在其他大量的法人，它们存在于政府系统之外，并被授予了为自身或有时为一般公众制定细则的权力，这就是附属立法的另一种形式自治立法。这些法人许多都是所谓的公共事业公司，其制定的规则具有明显的自治性，因为它们仅直接对特定法人成员产生效力；需要注意的是，这些规则需严格地受制于司法审查。最常见的例子就是股份公司的章程，宗教机构和大学也具有这样的自治立法的权力，可以在国家法律的框架下享有相当大的规则制定权。艾兰还深刻地指出，虽然这

---

① Sir John Salmond, *Jurisprudence*, 7th ed., London: Sweet & Maxwell Ltd, 1924, p.175.

种附属立法原则上不对法人之外的任何人具有约束力,但是这一原则并不能完全说明它的立法效力。从消极的意义上讲,它们适用于所有社会主体,也即每一个社会主体都有不得妨碍他人行使所属法人赋予的权利的法律义务。比如,妨碍一位股东行使其所属公司的章程所规定的权利的,属于民事过错行为,虽然妨碍者并不受该公司章程所规定的权利和义务的约束。所有有效的自治立法,对整体国民都具有这种消极意义的约束性,这一点并非不重要。正是从这个意义上讲,法人法不能被看做是完全不同于一般法律的规则。这些自治规则源自特定的法律许可。国家法律不会为一个股份公司制定章程,但是它赋予公司这样的法定权力,通过股东合议形成来约束自己的章程。①

艾兰关于自治立法和法人的规则制定的看法,对我们有几点启示:其一,非政府的法人组织享有为自己制定同法律相类似的规则的权力。事实上,这既是一个组织得以存续和发展的条件,也是为历史的事实所反映了的。古罗马的家长就享有为其家庭成员和奴隶制定家规的广泛权力。中世纪罗马天主教会享有高度立法权,并且曾一度同世俗国家的立法权相抗衡,甚至超越了后者。即使在今天,宗教组织仍然拥有广泛的制定教规的自主权力,国家对这种权力的介入持审慎态度。在现代工业社会,大型企业理所当然地享有大量的规则制定权,以约束企业成员的行为。其二,法人的规则制定具有自治性或自主性。它区别于委托立法,委托立法一般都有明确的或者具体的立法授权和限制条件。而所谓的自治立法就不必先有这种授权,因为它原则上只涉及自己的成员,而不对涉他成员产生积极效力,因此可以合理地享有广泛的内部规则制定权。但这不意味着自治立法可以违反法律,正因为自治立法没有明确的授权和条件限制,因此艾兰特别指出自治立法的有效性必须受到更为严格的司法审查。其三,艾兰把自治立法归属于附属立法的一种形式,说明了它同法律和法治之间的天然联系。说它是一种附属立法,意在强调其对国家法律的细化和补白作

---

① Sir Carleton Kemp Allen, *Law in the Making*, 7th ed., Oxford University Press, 1964, pp. 531-544.

用。对于社会生活的复杂性、多样性和变动性而言，国家法律看上去显得更为原则化和框架化，对社会生活和个人行为具有指引的功能，但在具体规范和具体实施方面则常显不足，因而需要其他大量的下位阶规则来解决法律的具体实施问题，使纸面上的法成为生活中实际有效的活法。法人所制定的规则在很大程度上实现了这一作用。

当然，我们并不赞成将企业内部规则的制定直接称为自治立法或附属立法，除非是在类比的意义上使用。因为在现代法治社会"立法"一词应当具有专属性，不宜过于广泛地随意使用。虽然许多社会规则同法律具有相似性，并且是在法律的框架下对法律所作的延伸，但是毕竟它们不产生于国家的立法机关或经立法机关授权的主体，不属于法和立法的范畴。企业内部制度的制定同样如此，它们是一种与法律有着千丝万缕联系的组织自治规则。正如博登海默所说，在今天，私有企业和其他组织被赋予了制定调整企业内部关系的章程和细则的权力，法院也经常承认这些规则可以决定其成员的权利和义务。这些规则同法律一样，为一定的团体提供秩序，并试图通过一致和平等的适用来保证公正。在当代社会中，这些自治规则的存在源于这样的原因，即便一个拥有极大立法权的现代国家，也无法制定出有关所有事物和所有人的法律。政府的法律仍然留下了大量空白领域，这些领域必须也完全能够通过私人化的或半私人化的规则制定权来予以填补。这些未占领域虽然可以在宪政制度下由公共法规来加以规范，但是只要国家法律不反对大量存在着的私性权力可以在自己的范围内制定规则，那么这些领域自治的特性也就不被消解。[①]

三、外部效力——国家法和企业内部制度的救济边界

无论是作为民间社会规范还是作为软法意义上的企业内部制度，

---

① Edgar Bodenheimer, *Jurisprudence: The Philosophy and Method of the Law*, Revised Edition, Harvard University Press, 1981, pp. 333–334.

都不具有国家拘束力,但这并不等于它不具有任何拘束力。企业制定的行为规范对其成员都具有拘束力。该拘束力从根源上说源自成员和企业之间的协议,同时也源自国家法对企业的授权或者认可。但是,同所有的民间社会规范或软法一样,企业内部制度的拘束力不直接依赖国家强制力的介入,而是直接根据自己制定的规范对其成员做出奖励或处罚,从而支配个人的权利义务。企业内部制度就是企业内部的"法",企业内部纠纷在内部制度范围内得到解决。而从效果上看,企业内部制度同国家法一样,涉及对特定主体的有关权益的处分。企业人员在日常工作中,不仅受到国家法的约束,同时也受"企业法"的约束。

在国家法不直接干预的情况下,企业人员的权利义务受到企业内部制度的直接调处,是否意味着企业人员处于企业的支配之下而无法获得国家救济呢?在这里,一方面,应当保证企业人员的合法权益不受侵害。这就涉及企业的权力如何受到限制,企业人员的权利如何获得司法救济的问题。另一方面,企业制度规范的效力是否能延伸至国家层面,作为司法办案的依据?如果把企业制度规范看做是一种软法治理的话,这就涉及软法治理和硬法治理之间的衔接问题,即如何处理国家法和企业内部制度的司法救济边界。

(一)企业内部制度的自主性和从属性

一方面,现代企业制定规章制度受到国家法的明确授权,是企业实行自治的权能之一。市场经济环境下,企业实行自主经营、自负盈亏,因此企业在经营活动中享有广泛而充分的自治权,包括自主地制定企业内部规章制度。这些规章制度可以是对国家法的具体化,更多的则是国家法不予干涉而由企业自主决定的经营管理事项。

另一方面,企业制定内部制度的权力并非不受限制和监督,这种限制和监督来源于法律,并且不仅是内容上的,也是程序上的,这表明企业内部制度对于国家法而言处于从属关系。企业的自治权不得违反国家法的规定,这就包含了企业应当依法制定内部规章制度。目前,在企业制定内部劳动规章方面,各国劳动法主要从企业规章制度的建立义务、建立程序、备案或申报制度、劳动者周知义务等方面直接对企业劳动规章制度进行法律规制，同时还通过劳动合同和集体合同的内容对企业规章制度的内容进行确认和间接规制。[1] 当然，企业的内部制度远不限于劳动规章，而是覆盖企业法人治理和经营管理的各个方面。就我国而言，国家法以明示方式或者默示方式规定了企业应当依法制定规章制度的义务。明示的方式比如国家法明确规定企业应当依法建立规章制度[2]，甚至规定违法制定规章所应承担的法律责任。[3] 默示方式主要指国家法规定企业应当依法运营[4]，那么依法制定规章就是其题中应有之义。这里所谓的"依法制定"，既包括在内容上不得同国家的法律、法规相抵触；也包括程序合法。由于企业在内部规章的内容设定方面享有高度的自治权，因此应当尤其注意对规章制定提出程序上的要求，特别是在关涉员工利益时引入民主机制，发挥程序正义的作用。我国《劳动合同法》第4条第2、3、4款专门就程序问题作出规定，[5] 我国《公司法》第18条第3款也规定，公司制定重要的规章制度时，应当听取公司工会的意见，并通过职工

---

[1] 参见杨继春：《企业规章制度的性质与劳动者违纪惩处》，《法学杂志》2003年第24卷。

[2] 比如《公司法》第11条规定公司必须依法制定公司章程。《劳动法》和《劳动合同法》第4条都规定用人单位应当依法建立和完善规章制度。

[3] 比如《劳动法》第89条规定用人单位制定的劳动规章制度违反法律、法规规定的，由劳动行政部门给予警告，责令改正；对劳动者造成损害的，应当承担赔偿责任。《劳动合同法》第80条规定：用人单位直接涉及劳动者切身利益的规章制度违反法律、法规规定的，由劳动行政部门责令改正，给予警告；给劳动者造成损害的，应当承担赔偿责任。

[4] 比如《公司法》第5条规定，公司从事经营活动，必须遵守法律、行政法规。

[5] 参见《劳动合同法》第4条第2、3、4款规定，用人单位在制定、修改或者决定有关劳动报酬、工作时间、休息休假、劳动安全卫生、保险福利、职工培训、劳动纪律以及劳动定额管理等直接涉及劳动者切身利益的规章制度或者重大事项时，应当经职工代表大会或者全体职工讨论，提出方案和意见，与工会或者职工代表平等协商确定。／在规章制度和重大事项决定实施过程中，工会或者职工认为不适当的，有权向用人单位提出，通过协商予以修改完善。／用人单位应当将直接涉及劳动者切身利益的规章制度和重大事项决定公示，或者告知劳动者。

代表大会或者其他形式听取职工的意见和建议。也就是说,在涉及劳动者切身利益的规章制度的制定方面,企业并不享有"单决权"。虽然从我国目前的法律规定看,涉及职工切身利益的事项,并没有像很多国外法律那样规定属于"共决权",即由用人单位和职工双方共同决定,但至少应当经过企业和劳动者民主协商来解决。

由此可见,国家法为企业内部制度的制定提供了根据,也划定了界限。企业在不同国家法相抵触并符合法定制定程序的前提下,可以自主地制定各种规章。国家法的效力高于企业内部制度,企业内部制度违反国家法则无效,不对劳动者产生拘束力,劳动者可以不予遵守;对劳动者造成损害的,企业还应当承担赔偿责任。

(二) 国家法和企业内部制度的救济边界

依据企业内部制度处理纠纷时,什么情形下企业人员可以诉诸司法,国家法的救济机制应当何时介入呢? 在这里,首先需要说明的是,企业和其他诸如学校、社团、村委会、居委会等社会自治组织有所不同。企业中的许多管理纠纷关涉劳动者的权益,而劳动关系是国家法重点规制的对象,我国法律法规为劳动者提供了较为广泛的司法保障,比如有专门的劳动仲裁法,解决企业和劳动者之间的纠纷。而其他社会自治组织同其所属成员之间的管理纠纷,没有专门的法律法规提出司法救济的范围,实践当中是由法院来认定的。[①] 因此,在确定企业人员何时可以寻求司法救济时,应当结合两个标准:

其一,根据我国《劳动仲裁法》的相关规定,判断企业管理纠纷是否属于劳动争议的受案范围。该法第 2 条规定:中华人民共和国境内的用人单位与劳动者发生的下列劳动争议,适用本法:(一) 因确认劳动关系发生的争议;(二) 因订立、履行、变更、解除和终止劳动合同发生的争议;(三) 因除名、辞退和辞职、离职发生的争议;(四) 因工作时间、休息休假、社会保险、福利、培训以及劳动

[①] 比如关于对公立高等院校学生管理纠纷如何确定司法救济边界就需要探讨,参见周华兰:《议"软法"与"硬法的救济边界"》,《湖南社会科学》2009 年第 1 期。

保护发生的争议；（五）因劳动报酬、工伤医疗费、经济补偿或者赔偿金等发生的争议；（六）法律、法规规定的其他劳动争议。从这些受案范围中可以看出，它们主要是关于确认劳动关系、企业是否为劳动者提供合法的劳动安全卫生条件、劳动者和企业之间的金钱给付关系等有关劳动者最基本、最重要的权益而产生的纠纷。

其二，判断是否涉及企业人员的法定权益。如果企业人员的法定权利受到侵害，相关主体可以启动国家法的救济机制；如果不涉及企业人员的法定权利，则应当在企业内部制度的范围内解决纠纷。也就是说，主要以企业人员的诉求是否为国家法所认可或保护的权利为标准。如果纠纷涉及企业人员的法定权益，那么就不仅仅是企业内部事务，而是涉法案件，就可以诉诸国家的司法机构予以解决。如果纠纷不涉及企业人员的法定权益，那么就属于无涉法律的企业自治范围，企业完全可以依照自己的规章定纷止争。同时，凡涉及企业人员法定权益的纠纷，就意味着需查明企业内部制度是否违反了国家法的规定，即企业是否存在违法行为。

结合上述两个标准，当纠纷属于劳动争议范围的，或者企业内部制度超越权限，侵犯企业人员法定权益的，国家法的救济机制就可以介入。例如，企业人员如果因为违反企业规章制度而被辞退或者未被给付劳动报酬的，可以提起劳动仲裁；对劳动仲裁不服的，还可以按照民事诉讼程序提起诉讼。如果企业规章制度限制企业人员的结婚权、生育权、人身自由、人格权等①，有关主体也可以诉诸司法救济，因为这些权利属于公民的法定权益。但是企业人员如果因为违反企业规章制度而被通报批评、限制或剥夺其一定的工作权限，则既不属于劳动争议的范畴，也不属于法定保护的权益，应当在企业内部制

---

① 比如实践中有些企业规定限制劳动者的人身自由，以暴力手段强迫工人劳动；有的用人单位为了防止职工偷拿本单位财物，而规定单位保安人员可以在每天下班时，对职工进行搜身检查；还有的用人单位通过规章制度规定职工每天上厕所的次数，及每次上厕所的时间等。引自"北大法律信息网"：http://vip.chinalawinfo.com/newlaw2002/slc/SLC_TSiy.asp?Db=chl&Gid=94833&Tiao=80。

度范围内予以解决，而不属于国家司法保护的范围。

（三）作为司法办案依据的企业内部制度

依法制定的企业内部制度可以具有外部效力，即作为司法办案的依据，在劳动仲裁或者诉讼活动中起重要作用，保护员工合法权利，维护企业的合法利益。通常情况下，法是最主要的司法办案的依据；在民商事领域中，契约、合同或者其他有效的文书、文件也可以成为司法依据。在涉及企业和其所属员工的权利、义务分配时，依法制定的企业内部规章制度可以成为司法依据。这是因为：

一方面，企业内部规章制度是确定企业和其所属员工权利、义务关系的细化规则，其本身就是解决纠纷的一种判断依据。法律、法规和规章根据社会基本正义的要求，规定企业和其所属员工之间最低限度的权利、义务框架，起到原则化的指引作用。而有关企业和其所属员工之间的具体权利、义务如何配置，员工在特定企业可以享有哪些权利、履行哪些义务、如何分配责任等问题，大都是在法的框架下确定的具体化了的权力义务关系，带有各个企业自身的特点。纠纷的出现和解决，要求精确、细致地辨识和判定权利、义务和责任的归属，此时企业内部规章制度就可以作为一种细化了的规则，作为法律、法规、规章的补充而成为裁决的依据。

另一方面，合法制定的企业内部规章制度也可以视为企业和员工之间订立的一种契约而成为司法依据。法律契约论是法的本质学说中非常重要的一种观点，西方法律思想史上一直传承着这一学术脉络。早先的例子可以追溯至古希腊，苏格拉底被判处死刑后，拒绝逃跑，并坚持认为，自己同城邦订有契约，服从法律就是遵守契约。启蒙思想家们虽然在一些问题上持不同观点，但大都主张法律就是共同体成员订立信约，来维护和保障每个参与者的人身和财富安全。现代企业是一种结构复杂而完整的组织，在这个意义上同作为国家的组织在形式上有相似之处，企业的规章制度也就同法律有许多会通，可以视为是企业同员工之间签订的契约。尤其是，在企业和劳动者订立的劳动合同中，大多会有诸如员工应当遵守企业依法制定的规章制度的条款，这就意味着遵守企业规章制度是劳动者和企业所订契约之组成部分。有些企业还要求员工在员工手册或者规章文本上签字以示认可。这些都意味着员工认同企业在有关规章中对双方权利义务关系的配置方案，并愿意一体遵循之。当然，这里的规章制度，必须满足形式和内容上的要求，比如制定程序的民主化、规章文本的公开化、规章内容的合法化等。因此，当产生纠纷时，司法机关就可以依据这些规章进行裁决。但是，未经民主制定或未予公开的规章制度，只不过是企业单方面的意思表示，当然不能视为契约，也不具有合法性，当然不得作为司法依据。

在我国，能够有效地作为司法依据的企业内部规章制度应当符合程序和内容两方面的要件。根据2001年4月16日发布的《最高人民法院关于审理劳动争议案件适用法律若干问题的解释》第19条的规定：用人单位根据《劳动法》第4条之规定，通过民主程序制定的规章制度，不违反国家法律、行政法规及政策规定，并已向劳动者公示的，可以作为人民法院审理劳动争议案件的依据。据此，企业规章可以作为司法办案的依据，应当符合的条件是：

其一，程序合法。主要是指民主参与的程序和文本公示的程序。我国已对企业制定重要的或者与员工切身利益相关的规章制度作出了民主参与和公示的法定程序要求。如根据《公司法》第18条第3款规定，公司研究决定改制以及经营方面的重大问题、制定重要的规章制度时，应当听取公司工会的意见，并通过职工代表大会或者其他形式听取职工的意见和建议。《劳动合同法》第4条第2、3、4款分别规定，用人单位在制定、修改或者决定有关劳动报酬、工作时间、休息休假、劳动安全卫生、保险福利、职工培训、劳动纪律以及劳动定额管理等直接涉及劳动者切身利益的规章制度或者重大事项时，应当经职工代表大会或者全体职工讨论，提出方案和意见，与工会或者职工代表平等协商确定。/在规章制度和重大事项决定实施过程中，工会或者职工认为不适当的，有权向用人单位提出，通过协商予以修改完善。/用人单位应当将直接涉及劳动者切身利益的规章制度和重大事项决定公示，或者告知劳动者。

其二，内容不得违法。根据最高院的解释，企业规章制度不得与国家规范性法律文件相抵触，也不得与相关政策规定相抵触。但需要注意的是，虽然最高院的解释只列举了法律、行政法规及政策规定，而没有列出地方性法规和行政规章，但是可以推定企业规章亦不得违反地方性法规和行政规章。原因有二：一是被解释的《劳动法》第4条规定用人单位应当依法建立和完善规章制度，此处所依之法应当包括国家所有的规范性法律文件，而不仅仅指法律和行政法规；二是解释还指出不得违反政策规定，由于政策在效力上低于各种法规和规章，既然不得抵触政策规定，那么自然也不得抵触各种形式的法规和规章。

其三，劳动合同优先适用。根据2006年《最高人民法院关于审理劳动争议案件适用法律若干问题的解释（二）》中第16条的规定，用人单位制定的内部规章制度与集体合同或者劳动合同约定的内容不一致，劳动者请求优先适用合同约定的，人民法院应予支持。该规定赋予劳动者以选择适用的权利。因为企业内部规则的制定，虽然需要经过民主程序和公示程序，但毕竟主导面是由企业把握的；而且，大多数员工都不可能参与规则的制定，而只是被动地认可规则的内容。因此基于公平原则和保护弱势群体的原则，员工有权选择优先适用集体合同或者劳动合同。

这里需要注意的是，最高法院解释中规定，符合法定条件的企业规则"可以"，而不是"应当"作为法院审理案件的依据。因此，在最高法院解释出台后不久公布的福建省高级人民法院"关于审理劳动争议案件若干问题的意见"中第38条规定，符合法定条件的企业规章制度应当作为法院审理案件的根据[1]，是将授权性的规则变更为

---

[1] 参见福建省高级人民法院"关于审理劳动争议案件若干问题的意见"（2001年12月19日）：38. 用人单位经职工大会或者职工代表大会通过的规章制度，或未设职工代表大会的用人单位经股东大会、董事会等权力机构或依相应民主程序制定的规章制度，只要不违反国家法律、行政法规及政策规定，应当作为人民法院处理劳动争议案件的依据。但用人单位没有尽到告知义务的，不应作为处理案件的依据。

强制性的规则,违反最高法院解释的精神,剥夺了法院相应的自由裁量权。比如,假设出现了企业内部规章制度虽然是依法制定出来的,但其内容有不合理之处,就此而发生了劳动争议,那么法院是有权不以不合理的企业规章制度为依据来解决纠纷的。

四、内部效力——企业内部制度的效力位阶

企业制度的内部效力体现在它对企业员工和事项具有普遍约束力,并可以对员工作出奖励或者处罚。那么企业内部制度何以有效,其效力范围是什么,其内部是否存在效力层级的划分,这是本部分要回答的问题。

(一) 效力渊源

法治国家中,在国家的法律制度之外,企业员工为什么还有遵守企业内部规则并在违反规则时接受处罚的义务,企业为什么拥有制定规则来约束与它具有平等法律地位的个人并给予处罚的权力?这涉及企业内部制度的效力渊源问题。

根据法国组织制度学派的理论(the institutionalist theory),组织本身可以视为一种制度状态,它需要在以特定的理念或观念为核心的基础上形成一整套制度体系,使组织合法存在,理性运行。组织和制度是无法分割的,任何一种组织都会有其制度存在,只不过制度的表现形态不一。国家是最重要的组织,但国家之外还存在着许多其他组织,企业就是其中的一种,它们享有自治性和独立性。[①] 制定规则就是这种自治性和独立性的题中应有之义。换言之,企业就是一种理所应当创制内部规则的组织,是私性团体通过为自己提供法律规则而延

[①] See Maurice Hauriou, "The Theory of the Institution and the Foundation", Albert Broderick: *The French Institutionalists*: *Maurice Hauriou*, *Georges Renard*, *Joseph T. Delos*, Harvard University Press, 1970, p.99.

企业制度与法治的衔接

续自身的自然倾向的结果。① 不过，制度学派们这种浪漫的归结为"自然"的观点，降低了企业的复杂性，忽视了它的社会角色，某种程度而言，是将企业的绝对权力合法化，而无视企业在内部和外部都存在着的利益攸关的复杂情况和企业行为所带来的外部后果。② 组织制度学派阐释了内部制度对于企业的必要性，但是仍然有三个问题值得探讨：其一，该理论未触及企业权力的正当性和深层次基础；其二，在法治状态下，企业和个人享有平等的法律地位，企业何以有权为实现自己的存续和利益目标，而通过自身创制的规则来处分所属员工的权利义务关系；其三，企业制定内部规则的权力如果不是绝对的，其边界在哪里，如何受到调控？

财产权理论是回答上述第一个问题的有效进路。对财产权的尊重和保护是商业自由原则的前提条件，也是市民社会得以存在的基础，归根结底是现代法治社会的要素之一。法治国家强调对权利的保障，而财产权是社会主体最基本的权利之一。现代法治也离不开国家和市民社会二元结构的运行，这意味着公权力和私权力的划分，意味着对公权力行使的调控和对私权自治的保护。有基于此，公司作为具有独立法人地位的市场主体，享有自主处理内部事务的权利，所谓自主经营、自负盈亏，包括通过制定内部规则来协调内部关系以实现自身的合法利益。因此企业自治的权力源于法律对财产权的保护。

契约理论或者个人主义理论可以解决第二个问题。这一理论认为企业所属人员之所以受企业内部规则的支配，就在于他们同企业订立了劳动合同。内部规则即成为劳动合同的附件为雇员所默许接受，其法律效力和约束力源于双方的共同意愿。③ 也即企业所属人员以劳动合同的形式与企业达成接受内部规则约束的协议。但是也许有人会

---

① See Jean Savatier：Règlement Intérieur et Délai de Prescription des Poursuites Disciplinaires, *Droit Social*, 24.

② See Jean-Philippe Robé：L'entreprise en droit, *Droit et Société*, 1995, p.117.

③ See Alain Bacquet：Règlement Intérieur et Libertés Publiques – Conseil d'Etat, 1 er Février 1980, Conclusions du Commissaire du Gouvernement Alain Bacquet, *Droit Social*, 310.

第四章　企业内部制度与法治的效力之衔接

问,对于员工何以应当接受订立劳动合同之后新增的或者修改了的规则的调整,这一问题当如何解释呢?另外,又如何解释一位并未订立劳动合同但在企业内部承担一定职责的人,需受企业内部规则的支配的问题呢?① 事实上,任何一个个人加入企业,就已经意味着他同意接受企业内部制度的约束。因为,企业在合理范围内拥有针对员工的权力,正是由于员工通过劳动合同接受了这种隶属关系。而企业所享有的对员工支配权的合理范围是由法律予以界定的,只要法不禁止即为许可。这势必产生一个特性,即在企业和员工之间形成了一种必要的不对等关系。企业的命令权源自对财产权的控制,而员工的服从是由于他签订契约接受了如此行为。如果员工无意接受企业内部规则的约束,他可以选择离开企业,法律有保护员工辞职的权利,这也是劳动合同的组成部分。法律和劳动合同保障了员工自由进入和退出企业的机制,因此遵守企业内部规则仍然是一个双方的合意选择。

无论是对财产权的尊重还是对契约自由的保护,归根结底都源于法治国家的基本原则和自由社会的宪政治理。企业的存在和企业自治的权力渊源于此,因此每一个企业都被授予了为组织经营而制定规则的权力。②

就第三个问题而言,20 世纪以来,财产权利和契约自由不再绝对化,而要受到公共利益的制约,法律要求企业承担最低限度的社会责任。同时,在法治国家,任何权力都不是不受控制的,企业自治的权力同样如此,企业在国家法的规范下享有广泛的独立自主权。因此,企业制定内部规则的权力要受到国家法治的调控,这就出现了企业内部制度和国家法治的关系。企业内部制度创制权可以溯源至国家法的认可,国家的法治原则决定了企业内部制度的有效性;同时,国家又应当为企业有权创设怎样的内部制度设定边界,企业内部制度创

---

① See Alain Supiot: La Réglementation Patronale de l'Entreprise, *Droit Social*, 1992, 215.

② See Jean-Philippe Robé: Multinational Enterprises: The Constitution of a Pluralistic Legal Order, *Global Law Without A State*, Athenaeum Press, 1997, pp. 59 – 60.

制权要受到国家法的有限约束。

我们不妨以法国法就企业内部制度有关规定的变化为例，说明企业内部制度的效力对国家法的依赖性。法国法律中有专门针对企业内部规则（règlement intérieur）的规定。法国法承认雇主在企业内部拥有通过制定内部规则行使指引雇员行为和处罚雇员的"立法"权。具体条文内容是，雇主有权颁布永久性的和一般性的规则。这看上去有点不合常理，在任何明确的法律授权之外，一个主体竟可以拥有单方面对其他主体施加义务的权力。当时的法国人认为雇主的这种立法权是古老的：可以从 Paul Durand 的著述中找到，他提出公司的经理是"职业领域中的立法者"，因为他的职责就是来协调各类事务以保证"团体的共同利益"。直至 1982 年，法国立法者在研究了大量内部规则条款之后，决定宣布在民主的法律秩序中，不能再置人民于雇主的任意专断之下了。自从这个立法干预之后，法国企业内部规则的范围得到确定，即在任何至少拥有 20 个雇员的企业中内部规则才具有强制性，并且只能在严格确定的领域，即有关劳动纪律、卫生和安全的领域①，企业才能制定规则。这样一来，过去法律规定的不确定因素已为现在的明确范围所替代，显示了雇主的权力基于并受制于国家。②

（二）效力范围

企业内部制度在企业内部具有普遍效力，即其效力可以及于企业内部所有事项和所有员工。企业员工的工作行为应当遵循依法制定的规章制度，违反制度规定的，应当承担相应的不利后果。

当然，这并不意味着企业的每个规章都对企业所有事项和所有员工有效，而是指在规章文本的效力范围内有效。比如集团公司制定的考核制度可以是针对集团公司、集团公司各职能部门、集团公司下属

---

① The French Labour Code, Article L. pp. 122 – 134.
② See Jean-Philippe Robé: Multinational Enterprises: The Constitution of a Pluralistic Legal Order, *Global Law Without A State*, Athenaeum Press, 1997, pp. 62 – 64.

企业和集团公司所属管理人员有效,而集团公司的其他关联企业和一般员工则不适用该制度。① 另一种情形是母公司的规章对母公司投资之子公司是否有效。母公司和子公司实为各自独立的法人和权利义务主体,两者之内部管理应属各自之内政,可以各自独立制定相应的内部制度。但母公司对子公司有经营权,通常向子公司派出管理人员,也意欲对子公司采行同一步调的经营管理。在此情形下,母公司可以对所投资之子公司规定:本公司的规章制度应适用于所投资之公司。转投资公司如因情况特殊而有另行制定规章之必要时,应送本公司核准。② 明确企业内部制度的效力范围对于制度的实施和实效具有重要作用,因此善于运用立法技术、制定得良好的企业内部制度,应当在每一个规则文本中都有规定其效力范围的专门条文,以明确每个规则的对象效力和事项效力。

(三)效力位阶

企业内部制度应当有明确的效力位阶体系。如同国家法律体系一样,现代企业的内部制度也是由众多规则文本构成的制度集群,应当力求使之成为和谐统一的有机整体。在一个国家,不同立法主体拥有不同的立法权限,所制定的规范性文件具有不同的效力等级。现代企业也是如此,其内部机构有层级的高低和对应的权限划分,它们所制定的规范性文件也相应地具有不同的效力等级和不同范围的调整事项,效力等级的高低决定于制定主体级别的高低,下位阶规则不得同上位阶规则相抵触,也不得篡越权限规定属于上位阶规则所调整的事项。反过来,确立企业内部制度文本的效力位阶体系,对于确定适当

---

① 参见《某集团考核规章》第2条效力和适用范围的规定:集团所属组织和个人从事与本规章相关的活动,都应当遵守本规章。/ 上款所称组织包括集团公司、集团各职能部门、集团各事业群、集团所属各级企业;所称个人包括集团公司、集团各职能部门、集团各事业群、集团所属各级企业的管理人员。/ 集团的其他组织和个人的考核,由相关组织根据实际情况并参照本规章自行规定,报集团备案。

② 参见赵成意编著:《企业内部规章制定实务》,中国台北:中华企业管理发展中心1979年版,第22页。

的制定主体、明确制定依据、解决规则冲突等问题具有重要意义。

在我国，中等规模以上的企业，其内部制度体系至少应当分为三大类别四级效力层次。其中类别是根据制度的性质予以定位的，分别是企业章程、法人治理制度、公司管理制度；效力层次是根据制度的制定主体确定的。根据我国《公司法》对股东会、董事会和经理①的规定，以及《企业内部控制基本规范》第11条的规定，股东会是公司的权力机构，依法行使企业经营方针、筹资、投资、利润分配等重大事项的表决权；董事会对股东会负责，是股东会的执行机构和经营决策机构，依法行使企业的经营决策权；经理是董事会的业务执行机构，负责组织实施股东会、董事会决议事项，主持企业的生产经营管理工作。由此，企业内部制度的效力层次是：作为企业宪章的公司章程具有最高效力，以下依次为股东会、董事会和经理制定的规范性文本。这种效力层次的划分是能够与我国《公司法》和其他规范性法律文件中的有关规定相衔接的。具体而言：

第一类制度是公司章程。公司章程是企业内部的宪法，效力等级最高。它由全体股东制定，体现全体股东的意志，其中募集设立的股份有限公司的章程由发起人提出草案，由公司创立大会予以通过。公司章程的修改属于股东会的职权。公司章程应当在公司登记机关备案，向全社会公示，以作为公司诚信的度量标志。公司章程规定和调整的内容，在公司法上有必要记载事项和任意记载事项之分，都是关于企业根本问题和重大事项的，其显著特点是具有综合性。如同宪法比之其他法的形式而言，规定的内容更重要、更系统，综合性地规定和调整诸如国家性质、社会经济和政治制度、国家政权机构、公民基本权利和义务等带根本性、全局性的关系或事项。② 企业章程也不具

---

① 《公司法》中的经理是指对公司日常经营管理工作总负责的管理人员，在实践中一般称为总经理、总裁、首席运营官等。实践中的负责某一部门具体管理工作的所谓经理或部门经理，一般是在总经理领导下、协助总经理负责日常管理工作的中级管理人员，不是公司法所讲的"经理"，不享有公司法规定的经理职权。参见安建主编：《中华人民共和国公司法释义》（2005年版），法律出版社2005年版，第78—79页。

② 参见周旺生主编：《法理学》，北京大学出版社2007年版，第314页。

体规定某一方面的事项，而是综合性地规定有关企业的性质、组织机构、基本治理、资本投入、利润分配等带有根本性、全局性的关系或事项。与章程相冲突的其他企业内部制度文本都归于无效。我国公司法对公司章程的规定是比较详细的，关于它的效力、制定和修改、记载内容、登记等相关问题都有明文规定。[①]

　　第二类是法人治理制度，它又可以分为基本法人治理制度和具体法人治理制度，前者是由股东会制定的二级制度，后者是由董事会制定的三级制度。法人治理制度是在企业中除了章程之外居于首要地位的制度，必须由股东会或者董事会担任制定主体，而不能以效力级别更低的制度形式出现。原因在于：其一，在法学中，法人治理制度主要是关于公司治理结构特别是利益制衡机制的构架和相关的制度设计，即股东与股东会、董事与董事会、监事与监事会、经理之间的责、权、利的分配与构成问题，因此是属于企业中权力制约与制衡的重大组织结构问题，影响企业运营大局，因此应当由企业的权力机关和决策机关予以制定。其二，法人治理制度在很大程度上影响着企业具体管理制度的模式。治理问题关注的是组织制度，它确保企业处于正确的运营轨道。由于公司代理人问题的凸显，人们越来越认识到治理的价值，公司治理逐渐从过去的管理四大职能中分离出来，并居于

　　[①] 关于章程的制定主体：《公司法》第23条规定，股东共同制定公司章程。第77条规定，设立股份有限公司，发起人制定公司章程，采用募集方式设立的经创立大会通过。关于章程的修改主体：第38条规定，股东会行使下列职权：……（十）修改公司章程。关于章程规定和调整的内容，《公司法》第25条规定：有限责任公司章程应当载明下列事项：（一）公司名称和住所；（二）公司经营范围；（三）公司注册资本；（四）股东的姓名或者名称；（五）股东的出资方式、出资额和出资时间；（六）公司的机构及其产生办法、职权、议事规则；（七）公司法定代表人；（八）股东会会议认为需要规定的其他事项。股东应当在公司章程上签名、盖章。《公司法》第82条规定：股份有限公司章程应当载明下列事项：（一）公司名称和住所；（二）公司经营范围；（三）公司设立方式；（四）公司股份总数、每股金额和注册资本；（五）发起人的姓名或者名称、认购的股份数、出资方式和出资时间；（六）董事会的组成、职权和议事规则；（七）公司法定代表人；（八）监事会的组成、职权和议事规则；（九）公司利润分配办法；（十）公司的解散事由与清算办法；（十一）公司的通知和公告办法；（十二）股东大会会议认为需要规定的其他事项。

更重要的位置，成为企业管理的前提和保障。因此法人治理制度不能由企业的经营管理机关制定，而应当由级别更高的机构制定。其三，法人治理制度主要以股东和股东会、董事和董事会、监事和监事会、经理人员等为关系主体，因此必须由董事会以上级别的主体制定。

基本法人治理制度是由股东会制定的二级制度。公司章程规定了法人治理制度的框架及其最重要的内容，但对于大型企业而言仍然需要以公司章程为依据，进一步对法人治理的某一方面的事项规定基本制度。这些制度往往涉及股东会、董事会、监事会、投资关系、关联交易决策和其他公司重大事项，因此需要以股东会的形式审议通过。根据公司法的规定，股东会是企业的权力机构，凡是经股东会审议通过或者批准的规范性文件，其效力等级即为仅次于公司章程的二级制度。主要的基本法人治理制度有股东会议事规则、董事会议事规则、监事会议事规则、投资者关系规则[1]等。在公司实务中，董事会和监事会的议事规则一般都由董事会或者监事会拟订并提出草案、由股东大会审议通过[2]，这是最常规的做法；也有少数公司由监事会审议通过、再由股东会批准施行[3]。但无论哪种方式，只要经股东会审议通过或批准，其效力即为二级制度[4]。但是也有一些公司的董事会、

---

[1] 比如绵世投资集团股份有限公司的《关联交易决策制度》即由股东大会审议通过。

[2] 比如《广东威尔医学科技股份有限公司董事会议事规则》第98条：本规则经股东大会审议通过之日起执行；《陕西广电网络传媒股份有限公司董事会议事规则》第32条：本规则由董事会制定报股东大会批准后生效，修改时亦同。《南京红太阳股份有限公司监事会议事规则》第35条：本规则自股东大会通过之日起施行；《中技贸易股份有限公司监事会议事规则》第22条：本规定经二零零一年度股东大会审议通过后实施。

[3] 比如《海陆重工监事会议事规则》附则中的第22条规定：本规则经公司监事会审议通过并提交股东大会批准后生效。

[4] 这种情况可以比照我国地方立法制度的相关安排。根据《立法法》第63条的规定，较大的市的人大及其常委会有权制定地方性法规，报省、自治区的人大常委会批准后施行。对此条文，立法机关认为较大的市的地方性法规经批准后，其效力即等同于省、自治区地方性法规的效力，也因此高于省、自治区政府规章。参见张春生主编：《中华人民共和国立法法释义》，法律出版社2000年版，第192—193页。

第四章　企业内部制度与法治的效力之衔接

监事会议事规则由董事会和监事会自行审议通过后施行。① 这是不妥的，因为董事会和监事会都直接向股东会负责，并且是集体行使公司经营决策权或者监督权的机构，它们工作的主要方式就是以会议的形式做出决定，因此它们的议事规则非常重要，应提请股东会审议通过或者最低限度应报股东会批准才能施行。有些公司已经意识到这个问题，在实践中将由董事会审议通过改为由股东会审议通过。②

其他法人治理制度是由董事会制定的三级制度。对于大型公司，尤其是上市公司而言，完善的法人治理结构及其相应制度对规范公司运作、保护和实现投资者利益非常重要，因此法人治理制度比较细化，需要对多方面的治理事项做出制度性规范。但不可能所有法人治理制度都由股东会审议通过或批准，因为股东大会只负责决定公司的投资计划、经营方针和其他重大事项，不直接管理和控制公司，而是交由自己的执行机关董事会来全权负责。因此，法人治理中比较细化的、具体的制度就可以由董事会予以制定。比如信息披露制度、重大信息内部报告制度、募集资金管理制度、独立董事制度、董事会下设各专业委员会的制度等。③

第三类是管理制度，它又可以分为基本管理制度和具体管理制

---

① 比如《南通江山农药化工股份有限公司董事会议事规则》第 39 条：本规则经公司第二届董事会第一次会议表决通过，自 2001 年 12 月 28 日起实行。《四川美亚丝绸（集团）股份有限公司董事会议事规则》第 37 条：本规则自董事会通过之日起执行。《大商集团股份有限公司监事会议事规则》第 32 条：本规则自监事会审议通过之日起生效。《广东开平春晖股份有限公司监事会议事规则》第 17 条：本规则自监事会通过之日起实施。《冠城大通股份有限公司监事会议事规则》第 15 条：本议事规则自公司监事会通过之日起执行，修改权和解释权归监事会。

② 比如《南通富士通微电子股份有限公司董事会议事规则》第 39 条：本规则由董事会制定报股东大会批准后生效，修改时亦同。在文本最后注明了此前董事会议事规则的几个版本情况：第一版，2003 年 9 月 13 日董事会批准；第二版，2006 年 11 月 14 日股东大会批准；第三版，2008 年 4 月 10 日股东大会批准。

③ 比如绵世投资集团股份有限公司的《信息披露制度》、《重大信息内部报告制度》、《募集资金管理制度》；浙江新和成股份有限公司的《董事、监事和高级管理人员所持本公司股份及其变动管理制度》等，都由公司的董事会通过。

度，前者是由董事会制定的三级制度，后者是由经理制定的四级制度。中国台湾学者对此也有类似区分，其对如何认定各自规范的范围的观点亦可为我们参考：企业规章依规定事项之不同可分为由董事会制定的基本规章和由总经理制定的业务规章，前者较具全盘性、原则性和安定性，其内容比较偏重于公司政策或者员工权利义务方面所涉及的事项；后者较具局部性、琐细性，其安定性较弱，内容也比较偏重于作业程序。这位学者还提出，两者在认定上如有困难，可授权由法制单位予以认定，以资灵活运用。① 这位学者在前文中还运用类比的方法指出，企业规章的形式和效力，可以比照国家法的形式和效力体系加以设计和认定；他又指出在无法认定基本规章和业务规章时，也可以求助企业法制机关②来解决。这些都反映了国家法的体系和企业内部制度体系在形式、效力、建制和治理方面的会通和衔接之处。在我国，基本管理制度和具体管理制度的区分是以《公司法》为依据的，具体而言：

基本管理制度是涉及企业日常营运管理的大政方针、基本原则和基本规则的制度。它们由董事会审议和制定，由董事长公布施行。基本制度的草案可以由经理拟定并向董事会提出。我国《公司法》的相关规定是，第47条：董事会对股东会负责，行使下列职权：……（八）决定公司内部管理机构的设置；……（十）制定公司的基本管理制度；……。第50条规定，经理对董事会负责，行使下列职权：……（四）拟订公司的基本管理制度；……。

董事会作为经营决策机构，对公司的整体运营和管理方略负责，因此它有权制定所有关于公司经营管理方面的基本制度和重要制度，

---

① 参见赵成意编著：《企业内部规章制定实务》，中国台北：中华企业管理发展中心1979年版，第5页。

② 此处的企业"法制机关"，类似于我国企业的法务部门，专司企业与法相关的事务。这位中国台湾学者认为在企业中应设置法制单位，就企业规章的草拟、审议和公布等制定活动、企业规章的汇集归档和管理、企业规章施行的稽核和检讨等活动，都参与和过问。参见赵成意编著：《企业内部规章制定实务》，中国台北：中华企业管理发展中心1979年版，第3页。

其范围可以参照《公司法》上关于董事会职权的规定①，大致包括四个方面：公司的总体管理制度、各职能部门的基本工作机制和程序、涉及员工重要权益的制度、其他董事会认为有必要由它制定的制度。在公司实践中，这些制度可以下列形式出现：公司整体工作规则、管理规章制定制度②、计划投资管理制度、财务管理制度、人力资源管理制度、安全生产管理制度、市场营销管理制度等。这些基本管理制度是各部门具体管理制度的制定依据。

具体管理制度是经理为行使具体生产经营管理职能，实施、实现经营计划和投资方案而对有制度化之必要的事项所制定的管理制度、业务规章或者操作流程。它们的制定应当经过以总经理为首、高层管理人员参与的正式会议讨论，由总经理决定是否修改、如何修改和是否颁布实行，并以总经理或者总经理办公室的名义公布施行。我国《公司法》的相关规定是，第50条：经理对董事会负责，行使下列职权：……（五）制定公司的具体规章；……。具体管理制度的草案一般可以由相关职能部门，如销售部、财务部、人力资源部等拟订并向总经理提出。

具体管理制度虽然效力级别最低，但数量却是最多的。具体管理制度的范围可以参照《公司法》上关于经理职权的规定。③ 一个大型

---

① 参见《公司法》第47条规定：董事会对股东会负责，行使下列职权：（一）召集股东会会议，并向股东会报告工作；（二）执行股东会的决议；（三）决定公司的经营计划和投资方案；（四）制定公司的年度财务预算方案、决算方案；（五）制定公司的利润分配方案和弥补亏损方案；（六）制定公司增加或者减少注册资本以及发行公司债券的方案；（七）制定公司合并、分立、解散或者变更公司形式的方案；（八）决定公司内部管理机构的设置；（九）决定聘任或者解聘公司经理及其报酬事项，并根据经理的提名决定聘任或者解聘公司副经理、财务负责人及其报酬事项；（十）制定公司的基本管理制度；（十一）公司章程规定的其他职权。

② "管理规章制定制度"是用来规范公司内部管理规章的制定及其程序和技术等问题的制度，类似于立法法对立法活动的规范。

③ 参见《公司法》第47条规定：有限责任公司可以设经理，由董事会决定聘任或者解聘。经理对董事会负责，行使下列职权：（一）主持公司的生产经营管理工作，组织实施董事会决议；（二）组织实施公司年度经营计划和投资方案；（三）拟订公司内部管理机构设置方案；（四）拟订公司的基本管理制度；（五）制定公司的

公司，尤其是上市公司，大约需要百个以上的具体管理制度，才能使整个公司处于系统化的规则运作之下。以一个职能部门比较完整的大型企业为例，它一般会包括总经理办公室、战略规划部、人力资源部、财务部、销售部、市场部、客户服务部、采购部、生产部、质量管理部、仓储部、行政管理部、研发部、项目部等职能部门。每一个部门都承担了相应的业务事项，每个业务事项都应当有专门的、具体的管理规则、业务规章或操作流程。这不仅有利于实现企业的系统化和规则化运作，也是企业内部控制的要求。我国《企业内部控制基本规范》第 14 条规定，企业应当结合业务特点和内部控制要求设置内部机构，明确职责权限，将权利与责任落实到各责任单位。／企业应当通过编制内部管理手册，使全体员工掌握内部机构设置、岗位职责、业务流程等情况，明确权责分配，正确行使职权。更加具体的可以参照《上海证券交易所上市公司内部控制指引》中第 8、9 条的规定，它具体指出了企业内部制度通常涵盖的经营活动和业务环节。①

根据我们对企业内部制度的实证调查和研究，以人力资源管理部

具体规章；（六）提请聘任或者解聘公司副经理、财务负责人；（七）决定聘任或解聘除应由董事会决定聘任或者解聘以外的负责管理人员；（八）董事会授予的其他职权。／公司章程对经理职权另有规定的，从其规定。

① 参见《上海证券交易所上市公司内部控制指引》第 8 条规定：公司内部控制通常应涵盖经营活动中所有业务环节，包括但不限于：（一）销货及收款环节：包括订单处理、信用管理、运送货物、开出销货发票、确认收入及应收账款、收到现款及其记录等。（二）采购及付款环节：包括采购申请、处理采购单、验收货物、填写验收报告或处理退货、记录应付账款、核准付款、支付现款及其记录等。（三）生产环节：包括拟定生产计划、开出用料清单、储存原材料、投入生产、计算存货生产成本、计算销货成本、质量控制等。（四）固定资产管理环节：包括固定资产的自建、购置、处置、维护、保管与记录等。（五）货币资金管理环节：包括货币资金的入账、划出、记录、报告、出纳人员和财务人员的授权等。（六）关联交易环节：包括关联方的界定，关联交易的定价、授权、执行、报告和记录等。（七）担保与融资环节：包括借款、担保、承兑、租赁、发行新股、发行债券等的授权、执行与记录等。（八）投资环节：包括投资有价证券、股权、不动产、经营性资产、金融衍生品及其他长、短期投资、委托理财、募集资金使用的决策、执行、保管与记录等。（九）研发环节：包括基础研究、产品设计、技术开发、产品测试、研发记录及文件保管等。（十）人事管理环节：包括雇用、签订聘用合同、培训、请假、加班、离岗、辞退、退休、计时、

门的规章制度为例,就可以细分为12个方面:(1)人力资源综合性制度,也即企业在人力资源职能方面的总纲性制度规范;(2)不同种类员工的相关制度,如外勤业务管理办法、临时人员管理办法、实习生管理办法、专业技术人员管理办法等;(3)招聘和录用制度;(4)培训制度;(7)考绩和奖惩制度;(4)薪酬、津贴、补助制度;(6)福利制度;(8)考勤和休假制度;(9)岗位调整制度;(10)辞职、辞退、退休制度;(11)劳动合同管理制度;(12)其他制度,如人事档案管理规章等。在这12个方面中,除了第(1)个方面的制度应当由董事会以基本管理制度的形式制定以外,其他绝大部分的内容都是属于具体管理制度的范围。当然,不同部门所需要的规章数量也不同,但是总和起来,这部分制度的数量规模还是相当可观的。

本章小结

从法学的角度研究企业内部制度的性质及相关问题,对于拓展法学研究的视阈是有助益的。从规范法学派的立场来看,企业内部制度可以成为比喻意义上的法,但就其本质而言当然不是法。企业内部制度是民间社会的"商事规则",商业社会中的"活法",社会治理中的"软法",是特定组织的自治规则。

如果说民间法或者更准确地说民间社会规范是与国家法相对应的概念,那么企业内部制度就是在工业社会和城市生活中颇具现代气息的民间社会规范,是现代商业社会的活法。它同国家法形成各自独立而又上下联动的纵向一体化关系,是整个社会法律秩序中的一个子系统,这突破了传统法社会学所提出的民间社会规范与国家法的二元结

计算薪金、计算个人所得税及各项代扣款、薪资记录、薪资支付、考勤及考核等。/公司在内控制度制定过程中,可以根据自身所处行业及生产经营特点对上述业务环节进行调整。第9条规定:公司内控制度除涵盖对经营活动各环节的控制外,还包括贯穿于经营活动各环节之中的各项管理制度,包括但不限于:印章使用管理、票据领用管理、预算管理、资产管理、质量管理、担保管理、职务授权及代理制度、定期沟通制度、信息披露管理制度及对附属公司的管理制度等。

构论。企业内部制度也是一种软法，是组织的自治规则，在当今利益多元化的社会中，由企业来行使私性立法权，维护组织内部秩序，填补国家法的规则空白不仅是可能的，也是有效的。

现代企业内部制度越来越向正规化、系统化和专业化方向发展，也实实在在地影响着千千万万个企业和员工的利益。企业内部制度的正当性、合法性和有效性源于国家法治。尊重财产权利和契约自由的宪政框架和法治原则，认可了企业内部制度作为整个社会规则系统中的合法部分，在自身管辖范围内有效。同时，企业内部制度在国家正式司法制度中也发挥着作用，它在满足内容和程序合法的条件下，可以成为司法办案的依据，为法院所采信，决定企业和个人的权利和义务关系。依法制定的企业内部制度成为企业降低法律风险的事前预防机制。作为一个体系的企业内部制度本身，如同法一样也讲究规范的效力层级。在我国，中等规模以上的企业，其内部制度至少分为三个效力位阶：公司章程具有最高效力、法人治理制度和基本管理制度是二级规则、具体管理制度是三级规则。

第五章 企业制度建设与立法技术之衔接

一、企业内部制度建设的资源投入

企业的建规立制是一个持续性的制度建设工程，需要确立适当的投入机制，才能保障制度建设效用的最大化。但是在我国，整体而言，企业内部制度建设并没有获得应有的关注和重视，取得的成效也很有限。其原因当然是多方面的，择其要而言，在于两方面因素：一是不了解企业内部制度建设的性质，缺乏方法和技术支持；二是规则意识淡薄，制度建设投入短缺。

（一）作为制度建设科学的企业制度建置

优良的现代企业内部制度建设不仅仅是一项管理附加型工作，更是深具专业性和技术性的制度建设科学，有着自身的规律性内涵。

首先，现代企业内部制度是一个多类别、多部门和多效力层次的内部结构完整、协调统一的制度集群体系。从文本的类别划分企业内部制度，它可以分为企业章程、法人治理制度和管理制度三大类，每个类别制度的特点、宗旨和目标均不相同。从横向角度划分企业内部制度，它是由不同职能模块或者工作部门的制度文本群构成的整体，如一般企业都会设置的董事会、总经理办公室、人力资源部、销售部、财务部等，每个部门都有自己的一套制度规则。虽然每个部门制定的制度承担不同的职能，具有专业性，但企业是一个讲究各部门之间协调合作的经济运营体，各部门之间的割裂势必导致企业各种力量之间的掣肘，无法形成最大化的合力而成为一个有效的机体。因此，企业各部门的相关制度要反映和促进它们之间的关联性和协调性，不能各自为政，只从自己部门的利益出发，也不能交叉矛盾，让人无所适从。从纵向角度划分企业内部制度，它至少由四个效力层次的制度文本构成，依次为企业章程、股东会制定的基本法人治理制度、董事会制定的具体法人治理制度和基本管理制度、总经理制定的具体管理制度。效力高的制度为上位法，效力低的制度为下位法，下位法不得同上位法相抵触。由此可见，作为一个制度体系，中等规模以上的企业内部制度完全可以同国家的法律制度相比拟。在维护制度体系的完整性，结构的协调性，内容的科学性方面，有相当大的难度，是制度建设的专业性问题。

其次，现代企业内部制度亟须专业法律人士参与制定。虽然从性质上说属于自治规范，但是它已经不像18、19世纪企业那样可以在绝大部分内容上完全依照企业自己的意愿来制定规则，而是必须要随处注意与国家的法律、法规、规章甚至政策性文件的规定相衔接。这种衔接是全面性的，而不是局部性的，在企业的各类、各级、各部门的制度文本中普遍存在着或多或少的法治化因素，法治的精神、原则和规则是渗透于企业内部制度之中的。因此，企业内部制度的制定不是仅由管理人员就能胜任的，而必须由熟谙法律的专业人员参与。法律人士全面而清晰地掌握与企业方方面面存有关联的国家法的范围和内容，可以有效地提高企业内部制度的法治化程度，从而降低企业法律风险。可见，企业制度建设不仅仅属于管理学的专业领域，也同样属于法学的专业领域。

最后，企业内部制度是一种典型的制度建设，包含着制度建设本身的专业要求、方法和技术。比如，在制度的宏观规划方面，需要注意制度的全面性和涵盖性，需要调查研究本企业需要什么样的制度数量规模，如何划分制度模块，哪些业务和事项需要制度化规范等。在制度的中观设计方面，需要明确每个模块的制度文本应当集中凸显什么样的经营管理理念和精神品格，采用复杂的、简单的、还是介于两者之间的制度文本结构构造、如何给予规则文本以科学的命名等。在制度的微观起草方面，需要研究一个制度文本如何谋篇布局，如何运用授权性规范、命令性规范和禁止性规范来配置权力、权利和义务，以形成权、责、利的平衡、对应和协调；需要讲究运用制度规范的语言文字、语言风格和语言技术来表述条文；需要避免重复规定、分散规定、层次不清、前后矛盾、条文抵触、用语不一致、一条不一义、题文不对应、条文内容不合理、条文内容不周全、条文内容不具可操作性等问题，不一而足。在制度的完善阶段，需要懂得如何对制度创设和实施加以评估，从而挑选适当时机对有关规则进行补充、修改和废止；需要懂得如何清理和汇编制度文本，如何存档和列管等。上述列举的仅仅是制度建设中通常需要注意和运用的常见方法和技术；在实际制度建设过程中，由于每个企业都有个体差异和对制度的不同需求，所以必然还会出现其他形形色色的问题和困难，需要运用制度建设的方法和技术予以化解。因此，企业内部制度建置是包含着特定方法和技术的专业化活动，是一门制度建设的科学。

（二）智力物力的双重投入

时至今日，企业制度建设的重要性尚未引起我国企业和企业人的充分认识，资源投入极少；同时，我国学界在这一领域的研究仍然薄弱，法学界尚未将之纳入研究视阈，管理学界又不谙于制度建设。因此我国企业内部制度建设面临亟待实践和研究必要投入的现实局面。

第一，中国企业人普遍缺乏规则意识，不注重企业制度建设。最典范化的规则意识就是法治意识。我国经过三十余年的法治建设，国民法治意识有了普遍提高，但距离法治国家的水平还是有差距的，并且不同职业群体的法治意识也不尽相同。企业家们是在国家法治建设的进程中、在市场有序化的进程中慢慢意识到守法合规经营的重要性。但是这种意识主要是被动的，而通常不是自觉的。我们可以在媒

企业制度与法治的衔接

体对成功企业家的人物访谈中，或者是企业家的演讲、著述中发现，他们在描述自己的成功经验，宣扬企业家精神的过程中，不仅很少强调企业的成功源于建立了优良的制度系统，反而还时常不经意地流露出不按规则办事的论调，甚至得意于这种制胜之道。[①] 许多企业家仍然认为按制度管理企业不灵活、效率不高，不如按照个人决策见效快。因此，他们从根本上不重视企业的规则之治，要么没有系统化的制度规则，要么有了一些规定，但也不注重实施。他们仍然抱有"英雄主义"的思想，而不能区分"英雄"和"领导者"之间的区别：前者靠的是个人，人走茶凉，是韦伯所谓的"领袖式统治"；而后者是通过领导力，建立机制、制度和团队，走可持续发展的道路。不按规则办事，家长式作风，是轻规范、重投机，轻制度、重人治的表现。一旦市场正规化、有序化，国家法律制度完备化、有效化以后，不按规则办事的企业和企业家们还能走多远呢？培养规则意识应从加强法治意识着手，而法治意识淡薄也自然影响了他们规则意识的树立。淡薄的规则意识反映在企业日常运营中，就是不重视制度化管理，不把企业内部的建规立制当做企业可持续发展的必备要件来抓。实际上，规则意识的确立确实对企业有着长远的价值和意义。德国人的规则意识在世界各国中也堪为典范[②]，德国又是以其机械制造业闻

[①] 2009年CCTV"财富人生"节目对一个成功企业家采访，这位企业家的成功之路和百折不挠的精神当然为我们所敬佩，但是期间谈到他将自己的企业与同行业最领先的一家外国企业合资，但三年之后，他决定撤资，理由就是在合资公司，做一个决策要开会，要按制度办，不如以前他自己想一想就能做决定。这令我们疑惑，不知他有没有想过，继他之后，企业何以能继续成功生存呢？公司和团队没有形成核心竞争力，他的退出会不会意味着公司的溃败呢！另有一个著名企业家，在演讲中大谈他如何通过调包之计，从一个世界旅游胜地带回法律规定不得取走之物，以此显示自己的智慧。当然这个事件足以显示他的聪明，但是我们不禁担心，他的员工都这么聪明的话，企业会有凝聚力吗，企业能避免不法事件的出现吗？

[②] 有旅德中国人做过一个试验，考查德国人的规则意识：在相邻的两个电话亭外面各贴上两个纸条，分别注明"女士专用"和"男士专用"。不一会儿，男士专用电话亭前排起了长队，而女士专用电话亭却没有人打电话。于是，做实验的中国人对排着队的德国男士说，旁边那个电话亭没有人打电话，你可以去那里打呀，何苦在这里排队呢。但那位德国男士说，不行啊，那个电话亭是女士专用的。

名于世的,这两者之间有之不言而喻的内在联系。不能想象工人和管理人员随意发挥,能制造出精密机械。培养中国企业人的规则意识不可能一蹴而就,而是要在国家法治建设过程中慢慢引导和树立起来。什么时候企业家们能把规则意识内化为自己的管理理念之一,什么时候企业的内部制度建设才会有快速的发展。

第二,中国企业界缺乏对制度建设的合理投入。企业经营,除了对生产资料和人力的投入外,现代企业越来越重视对软实力的投入。软实力包括研发能力、管理能力,还应包括制度建设能力。就研发而言,过去中国企业限于经济条件而对此不够重视。但是现在随着经济实力的增强,对研发的重视程度也迅速加强,资金投入不断加大,目前我国研发投入的平均水平已经达到销售收入的3%—4%,而国际标准为4%—5%。因此,近年来我国企业在技术研发、工艺改进、流程再造方面获得长足进展。再以管理为例,自管理成为继资本、人力和技术之后的第四种生产要素后,有发展的企业都注重加强高层次人才的引进、培养和维护;同时在学术界,企业管理也成为专门的学科而独立发展。可见,企业的研发和管理都得到了实务界和学术界的大力投入,并且总体上呈稳步上升趋势。但相比之下对于企业内部制度建设,鲜有中国企业能稳定地投入一定比例的资金,认真规划、设计、起草、完善和维护。企业的核心竞争力和成功基因无法通过制度传承而固化和保存下来。纵观中国30年改革开放史,尽管我们在无数经济指标上达到了世界第一、第二等领先水平,但是除国家资源垄断性企业外,经30年发展存续至今的知名企业非常稀少。其中主客观因素很多,如复杂多变的经济和市场环境,从计划经济向市场经济过度造成的价格双轨制、政策变化、社会转型等,这些都增加了企业可持续生存和发展的难度。但是在今天,市场经济已经大体形成、社会主义法律体系已大体建成之际,大多数企业仍然没有重视制度建设,缺乏对制度软实力所能带来的长远利益的清醒认识,势必阻碍企业的长远发展。然而在国外,情形远非如此。国外大部分企业内设专门的法律顾问室或政策研究室,这些智囊部门承担收集国家法律、政策、信息等资讯,制定相应的规章制度、措施和对策,企业的制度建设人员也越来越专业化。[1] 什么时候中国企业界能够实实在在地给予制度建设必要的物力和人力投入，中国的企业内部制度建设才能取得好的成果，企业则将会成为最终的、也是最大的受惠者。

正如一本企业内部管理制度实务著作的前言所论，"目前，管理落后已成为制约中国企业发展的瓶颈，企业管理者的重要任务之一就是制定一套有效的管理制度。这套制度必须要高度人性化，鼓励人们去追求卓越；这套制度必须要强化每个员工的利益，使大家齐心合力地为企业工作，创造企业机制的勃勃生机和活力；这套制度必须要具有高度的整合性，把流程、岗位的权责和工作目标全部对应起来。目前中国企业的管理制度问题决不是单个点上的问题，而是制度结构化、系统化问题，要真正改善企业的管理，已不能局限于'补丁'式的改造，必须观念创新，制度创新，才能真正建立规范化的管理制度体系。"[2]

二、企业内部制度建设的人员选择

（一）制定者的选任意义

所有的制度都可以视为是一种产品，是产品就有质量问题，而产品质量很大程度上取决于生产者即人的质量。把制度视为一种产品，意味着人们能够对其加以改进和完善，也意味着制度的设计和形成是有技术含量的，是一种技艺，是一门学问。制度质量如何，取决于制度创制者是否掌握了这些技艺，是否谙熟于这些学问。

法律是制度文明的典范，早在两千多年前的亚里士多德就将立法

---

[1] 参见朱玉泉主编：《最新企业内部规章制度建设全书》（上卷），中国商业出版社2001年版，第68页。

[2] 石明芳编著：《如何设计企业内部管理制度》，北京大学出版社2004年版，前言。

看做是一个专门的学问和实践的技艺,[①] 如今立法学已经成为一门专门研究立法现象和立法规律的学问。企业内部制度建设作为企业内部的"立法",也包含着丰富的理论、方法和技术。同时,它和国家立法一样,都属于制度建设的范畴,都遵循制度建设的规律,因此企业内部制度建设可以很好的引进和借鉴立法的方法和技术,来提升自己的科学化水平。

企业内部制度作为一个复杂的有机制度体系,需要由制度建设的专业人士来设计和制定,才能保证其质量。企业内部制度可以看做是企业对投资者和内部人而生产的制度产品,其质量如何,直接关系到制度用户的使用效率和收益。因此,保证制度质量很大程度上取决于制度建设者的正确选用。但是我国大多数企业的制度制定者不熟悉制度建设的理论、方法和技术,缺乏制度设计的经验,因此难以胜任科学创制企业内部制度的重任,导致企业内部制度的质量差强人意,问题很多,其实行效果当然也不甚理想。要改变这种状况,就应当从选择合适的人选入手,让专业人士来担任专业的制度建设工作。

(二)制定者的选任标准

优良的企业内部制度离不开优秀的起草团队。理想的企业内部制度制定者应当符合下列条件:

第一,应当挑选综合素养较高的优秀人才担任制度建设的主要负责人和直接起草者。全盘创设制度文本是需要兼具智力和能力的综合性人才的。对于立法,许多学者都提出立法者应当是精英人物,比如孟德斯鸠就认为不是人人都可以来立法的,只有"那些有足够的天才"的人,才"可以为自己的国家或他人的国家制定法律"[②]。至于企业内部制度,虽然对它的要求不像对国家法律那样高,但是它作为规范性文本制作所必须具备的专业化标准,却不亚于法律制度,所谓

[①] 参见[古希腊]亚里士多德:《尼各马可伦理学》,廖申白译注,商务印书馆2003年版,第311—318页。

[②] [法]孟德斯鸠:《论法的精神》下册,张雁深译,商务印书馆1963年版,第338—339页。

麻雀虽小，五脏俱全。因此，重视企业内部制度建设，就应当从源头上解决问题，即从挑选具备综合素养的高质量人才来担当制度建设的首席负责人。

关于企业规则起草之难度和起草者素养之间的关系，中国台湾人有精辟阐述，这里不妨引用以资参考："规章系就规范之事做有系统、有条理、有层次之规划，必须在布局及架构方面，疏而不漏，前后不重复、不冲突，同时也不脱节。其用字必须正确（不含糊）、明晰、严谨（不多不少）。为达成上述要求，拟案者必须拥有逻辑观念，头脑清楚，具有分析能力，且擅长表达。除此之外，拟案者于工作着手之际，必须凭经验与能力了解事实，广集有关材料，并假以充裕之时间，熟思远虑，作周密之思考与研析。"[1]

我国企业界对企业内部制度制定者的素养也有一些体认。有书提出制定者的首要素质就是知识结构既博又专，既是通才，又是专才，同时还需要考虑跨学科的知识功底。因为企业内部制度牵涉面很广，既涉及经济，也涉及法律，还涉及人的心理、社会学中的社区、历史传统，宏观上的各种经济、政治、政策以及技术科学等。在经济管理中，具体还涉及财务、统计、销售、生产、人事、物资。在法律中涉及民商法、经济法、行政法等。[2]

我们认为，编者认识到企业内部制度制定的难度和复杂性，并对其制定者提出素养要求的主张是完全正确的，但是认为制定者必须具备那么多知识，而且还必须都很专业，那就未免太理想化了，至少在目前中国很难找到这样既精通各管理事项又精通各法律部门的人才。然而，企业内部制度确实又提出了这样的要求，那么，可以通过两个途径来解决：其一，任用的起草负责人必须是综合素养较高的制度制作专门人才，他具备精于一科而贯通其余的能力，既能把握全局，又

---

[1] 赵成意编著：《企业内部规章制定实务》，中国台北：中华企业管理发展中心1979年版，第13页。

[2] 参见朱玉泉主编：《最新企业内部规章制度建设全书》（上卷），中国商业出版社2001年版，第67页。

第五章 企业制度建设与立法技术之衔接

不疏于细节,对新事物有很强的学习能力,能迅速击中要害,把握要领,特别善于把相关内容转化为制度规范。其二,组成制度建设团队,健全各方面的知识储备,也就是下面一点之所论。

第二,企业内部制度建设的承担者应当是一个各有专长的团队,而不是由哪一个人、或者哪一类人员能够单独胜任的。如同中国的民法典编纂仅靠民法学者一家是难以胜任的,还需要有立法专家、司法机关人员、高级律师等人员的参与才有可能形成高质量的法典一样,企业内部制度的制定,如果仅由律师事务所的律师、由高级管理人员、或者由管理学学者来制定,都是难以圆满完成任务的,尤其对于大型企业而言,这样的起草主体无法满足企业制度体系整体构建的要求。理想的企业内部制度建设团队可以参照立法起草班子的组成人员结构[1],主要包括这样几类人员:

(1)企业决策人员,比如董事会成员,或者总经理。一方面,他们把握企业的战略发展方向、企业文化和管理理念,可以为制度起草指明方面,另一方面,他们的决策权可以提高制度起草的效率。

(2)制度起草专业人员、专家或学者。他们的法学专业背景和立法方法技术对于制度文本的规范化和科学化起直接作用。在我国这类人员主要都是立法人员、立法专家或学者。他们的优势有二:其一,他们是起草规范性文本的专才或专家,长于制度文本的制作,有很强的语言文字能力,由他们执笔可以使先进的管理理念形成于制度文本之中,使这些制度在企业的实际生产经营当中能用、好用,而不至于因为制度本身的技术性缺陷而影响其实行效果;其二,他们熟悉国家法律、法规和规章,谙于分析和诠释法的各项原则和规则,可以很好地实现企业内部制度与法律、法规和规章的和谐对接,坚持企业内部制度的全面守法合规。我国目前企业在大多数情况下都是被动地与法发生关系。如果请熟谙法律的人员参加制度制定,将企业制度与法律的衔接化被动为主动,就会使企业处于更为主动的位置上,成为

---

[1] 参见周旺生:《立法学教程》,北京大学出版社2006年版,第483—484页。

245

法律的用户，发挥法律对企业利益最大化所能带来的积极作用。

（3）同具体制度文本相关的企业职能部门的经理和主管人员。他们熟悉制度文本所要解决的具体问题、所要达成的具体目标、所包含的具体管理方法和技巧、对把握制度文本的实体内容至关重要。

（4）企业法务部人员。法务部人员负责企业的法律相关事务，精通本企业的相关涉法事项，同时也要负责所有制度在企业内部的普及、培训、宣传、实施和后期的制度评估、维护和完善，他们是运用制度解决具体纠纷的实际操作者。所以法务人员是同整个企业内部制度直接相关的部门，可以从"立法"和"适用"两个方面对起草起到重要作用，是参与制度建设的当然人选。

（5）其他必要人员。

第三，合理配置制度建设的组成人员。企业内部制度建设由一个各有专长的团队来承担，但这并不意味着每类人员都直接参与制度起草，而是应当合理配置该团队的人力资源，使每类人员都人尽其才，正确发挥自己的作用。

三、企业内部制度建设的规范化和标准化

（一）企业内部制度建设的规范化

企业内部制度建设的规范化是指企业将同内部制度建设有关的制定主体、权限、程序、技术和标准等基本问题，以统一的规范性文件的形式加以确定，以避免各项规章制度在制定过程中和表现形式上的任意性，使企业内部制度成为效力等级分明、结构严谨、协调统一、清晰易懂的制度体系。理解企业内部制度建设的规范化的内涵，可以从了解国家立法的法治化着手。

1. 现代法治国家的立法法治化

现代法治国家都注重立法，注重立法的法治化。法治原则是立法的基本原则之一，它的基本要求和主要内容体现在：一切立法权的存在和行使都应当有法的根据，立法活动的绝大多数环节都依法运行，

第五章　企业制度建设与立法技术之衔接

社会组织或成员以立法主体的身份进行活动，其行为应当以法为规范，行使法定职权，履行法定职责。坚持立法的法治原则，就要有一套较为完善的立法制度，为立法权的存在和行使，为立法活动的进行，提供法的根据。① 我国的立法制度虽然仍有待于完善，但目前就立法的各主要方面已经有了大体框架。比如关于立法权限划分、立法主体设置、立法运作程序、立法与政党、政府、司法的关系和中央立法与地方立法的关系等方面的制度，在宪法和宪法性法律中已有规定。尤其是2000年颁行的《立法法》，比较集中地规定了中国立法的权限和程序，但遗憾的是《立法法》对立法标准和技术事宜鲜有规定。② 此外，国务院还制定了《行政法规制定程序条例》、《规章制定程序条例》、《法规规章备案条例》等行政法规，进一步规范了立法程序和立法监督。近年来，我国立法法治化的努力在地方立法活动中迅速推进，不仅延展和细化了《立法法》的有关规定，还在诸如确定地方立法标准和技术等方面开展了地方立法先行的实践，积累了许多宝贵经验。比如，目前所有省、自治区、直辖市和许多较大的市都以地方性法规或自治法规的形式制定了地方立法条例，规定的内容涉及立法权限、立法程序、立法准备、立法冲突、批准、备案、解释、修改、废止等诸方面，显然比《立法法》的规定更为丰富；一些地方还制定了地方立法听证的法规或规章；近几年来立法技术获得越来越多的重视，许多地方以立法部门内部规范性文件的形式规定了立法技术的相关规范。③ 所有这些立法法治化的举措都是为了规范国家立法活动，建立正当、统一、和谐的国家法律体系。

---

① 参见周旺生：《立法学教程》，北京大学出版社2006年版，第82页。
② 同立法技术直接相关的条文只有1条，即《立法法》第54条：法律根据内容需要，可以分编、章、节、条、款、项、目。／编、章、节、条的序号用中文数字依次表述，款不编序号，项的序号用中文数字加括号依次表述，目的序号用阿拉伯数字依次表述。／法律标题的题注应当载明制定机关、通过日期。
③ 如《广东省人民代表大会常务委员会立法技术与工作程序规范（试行）》、《上海市人大常委会立法技术规范》、《江苏省地方立法技术规范》等。

2. 对国家立法法治化的借鉴

现代企业内部制度不是若干零散规则的简单拼凑，而是一个多类别、多部门和多效力层次的内部结构完整、协调统一的制度集群体系。并且优秀的企业还需要在管理质量方面与国际接轨，符合国际标准，标准化的管理制度是其内在要求之一。这就对企业内部制度建设的规范化提出了必然要求。

如同国家立法一样，企业制度建设也涉及许多规范化问题，主要是应当坚持：第一，不同种类和层级的规范性文本，只能由不同的或相应的企业职能部门依照既定的权限和程序予以制定；第二，不同种类和层级的规范性文本的效力等级、相互关系应当有明确规定；第三，不同种类和层级的规范性文本应当有各自的专有名称；第四，规范性文本应当有统一的表达方式，文字应当明确，规范化术语应当严谨、统一。[①] 为了有效实现这些要求，有必要以企业基本制度的形式，将这些要求固化下来，可以制定诸如"＊＊公司制度规范制定规则"之类的规则，类似于国家的《立法法》，以明确企业制定制度规范的统一依据。

然而，企业内部制度建设也有不同于国家立法之处，比较突出的是：其一，它不像国家立法体制那么复杂，因此在制定主体、权限和程序上，要有规范，但可以简化；其二，它不需要像国家立法法制那样，以宪法、若干法律、法规和规章来规定立法的有关内容，而最好用一个统一的规范性文件，系统地规范企业内部制度建设，做到凡是涉及企业内部制度建设的规范化问题，只要查阅这个规章即可明了。其三，企业内部制度建设还特别需要标准化和技术化方面的规范，因为大部分的企业内部制度是有关管理规程和业务流程的内容，具有工作手册的性质，每个员工在日常工作中都会反复使用，因此运用好制度起草技术，对于降低阅读难度，提高制度的使用效率非常关键。

因此，在企业制度建设规范化方面对国家立法法治化的借鉴，应

---

① 参见周旺生主编：《法理学》，北京大学出版社 2007 年版，第 322 页，"法的形式的规范化"。

当注意有所侧重和选择：一方面，对于制定主体、权限、程序等内容，可以偏重于方法上的借鉴；另一方面，对于制度起草的标准化和技术化等内容，可以直接吸收立法技术的实体性内容。因为标准和技术是科学化的问题，更具有相通性。而且这方面的借鉴，还可以广为延揽中国台湾和国外的经验。比如，在中国台湾，关于立法技术和标准问题，就有《中央法规标准法》、《台湾省法规准则》、《台北市法规准则》、《台北市政府整理法规精简计划》等。在英国，没有统一的立法标准法或技术法，但有单行法规范制定法的一些技术性细节，比如1892年和1896年《简短标题法》、1948年《法律修正法》、1962《议会法令编号和引用法》等，在日本，公司称为会社，有专门的《社规社则管理规范》。

3. 现代企业内部制度建设规范化的内容

大型企业可以根据自己的实际情况，制定一个统一的制度规范制定规则，作为规范企业内部制度建设的基本依据。[1] 制定这类规则应当规定的要点和内容包括：

其一，制定主体和效力。企业制度规范制定规则是针对企业所有规范性文本的制作而制定的系统管理规则，类似于一个国家的立法法，中国台湾学者将其称之为"规章之管理规章"、"规章之母"，[2]企业内部所有规范性文件的起草、制定、变动、保管等都应以其为依据。因此，它是企业的一部基本法，应当由企业的董事会予以制定，其效力仅低于企业章程和企业股东会制定的规范性文件。

其二，实体性内容。作为企业规范制度建设的基本规则，其内容是比较丰富的，因此一般考虑分为总则、分则和附则三个部分，还可以附加"规则文本参考模版"、"规则文本编排格式说明"等附件。

---

[1] 我国企业已有这方面的实践，比如国电电力发展股份有限公司就制定了"管理制度管理规则"，并作为公司管理制度中的一级制度，参见《国电电力规章制度汇编》，中国电力出版社2007年版。

[2] 参见：赵成意编著：《企业内部规章制定实务》，中国台北：中华企业管理发展中心1979年版，第3页。

其中，总则部分可以包括：该规则的宗旨和根据，该规则的适用范围，制定制度规范的基本原则；制度规范主管部门等内容。

分则是规定实体性内容的部分，可以包括：

（1）制定主体和权限：哪些主体可以就哪些事项制定规范性文件等。

（2）制度的形式和效力：包括企业内部制度如何分类，分别属于什么样的效力位阶。

（3）制定过程：包括制度的规划和起草；集体负责制的应当规定草案的审议、表决和通过，如由股东会或者董事会制定的制度，个人负责制的应当规定草案的讨论和决定，如由总经理制定的制度；制度的公布和实施等。

（4）制度的施行：包括生效时间、施行要求等。

（5）制度的适用：制度文本的规定不一致时如何适用等。

（6）制度的完善：包括对文本的解释，定期或者不定期的制度评估，修改权限和程序，废止的情况，制度的清理和汇编等。

（7）制作文本的技术规范和标准：这部分内容可以规定得比较详细，以利于制度文本的标准化，如规定制度文本的结构、名称、目录、标题、附件、索引、章节条款项目的设置、语言文字等，还可以统一常用词的含义，以避免在单个文本中重复规定相似内容，比如规定"以上"、"以下"、"自"、"至"等词应包含本数，"大于"、"小于"等词不含本数。

（8）制度文本的收集列管：包括收集保管制度文本原始版本和副本的责任主体、原则、方法，规章的发放、移交和收回，员工查阅规章的权利等。

（二）企业内部制度建设的标准化

企业内部制度的标准化是指使企业各种规章制度在制定、施行、适用、修改、废止、完善和管理等技术性要件和名称、结构、符号等规则形式要件方面，达到整齐划一的状况，以避免各种规章制度在制定技术和文本形式上的随意性，使企业内部制度建设系统化、统一化。

第五章　企业制度建设与立法技术之衔接

　　标准化主要解决的是企业内部制度建设的科学性和效率性的问题。标准化的实质是建设有效运作的文件化的优化整合运营体系。企业内部制度建设标准化的意义在于：首先，要产生和规定一定的制度建设标准，就意味着必须对企业的制度建设有系统化的研究和总结，把研究和总结的成果运用于制定各项规章制度之中，必然对优化企业内部制度建设的技术化水准，提升制度质量，具有积极的推动作用。其次，标准化地制定各项规章制度，也有利于制度文本的信息传递。企业人员的文化素质有高低之分，良莠不齐，每个企业员工在日常工作中都会反复阅读和运用相关的规章制度。企业内部制度建设的标准化，有利于降低员工阅读和掌握相关制度的难度和时间，帮助企业员工迅速地了解、把握和运用制度文本，提高制度使用的效果和收益。最后，永续经营是企业的追求，但是企业的制度设计者却会经历人事变动而产生变化，为避免"人在政在，人离政改"的弊端，或者因每个人不同的撰写或起草习惯而产生的文本差异，有必要将制度建设中的技术化要件和形式要件以标准的形式固定下来，以保持企业内部制度质量的稳定性和统一性。

　　企业内部制度建设的标准化尤其与企业的质量管理息息相关。无论是生产型企业还是服务型企业，在良性发展到一定阶段，都会考虑申请 ISO（国际标准化组织）品质认证。比如 ISO9000 族标准就是完善企业质量管理的优质工具，取得相应的认证，一来可以改进产品和服务质量，控制质量成本，降低浪费和风险，提高生产率；二来也有利于企业树立诚信，取得顾客信任，这两个因素有利于企业扩大市场占有率，提高企业在开放市场中的竞争力。1998 年被调查的一大批美国公司承认 ISO 9000 认证所带来的内部利益和外部利益，前者包括：更好的文件提供，雇员中更加浓厚的质量意识，公司内部联系的增加，办公效率和生产率的提高；后者包括：顾客对质量良好的领悟，竞争优势的提高及顾客对质量审查的减少。[①] 其中内部效益的第

[①] 参见"ISO 质量标准"，http：//baike. baidu. com/view/973976. htm。

251

企业制度与法治的衔接

一项就是良好的文件提供，也就是良好的管理制度。确实，在企业申请认证过程的几个步骤中就包括：建立文件和记录系统；完成质量手册并使之行之有效等，也即企业需要提供符合标准的规章制度，以证明企业具有良好的管理质量和产品质量。ISO 主要就是为了满足完善的质量管理的需要，通过规范制度和技术标准来提升和保持优质的管理体系，从而始终如一地为客户提供满意的产品和服务。ISO 从事先预防的指导思想出发，强调过程控制，过程控制的重点就是质量控制程序化、管理规范化、就必须建立文件化的质量体系，对企业各项活动的"范围和目的、做什么、谁来做、何时做、何地做、如何做、采用什么设备和材料，如何对活动进行控制和记录等都做出详细的规定，做到工作有章可循，有章必循，违章必究。实现从'人治'到'法制'的转变。"① 可见，ISO 非常强调企业相关的文件制度，而且对之有特定的要求。做好企业内部制度建设的标准化，有利于企业申请相关的品质认证。

四、企业内部制度的制定和修编过程

（一）规划和动议

系统地制定企业内部制度，或者对现有制度进行大规模修编，都属于重大制度建设活动，最好专门立项实施，才可能达到较为满意的效果。在立项之前，又应当有较为慎重的规划和动议程序。启动规划需要满足一定的时机条件，"规章是企业达成经营目的的工具，这个工具的提出，要有一定的时机，要有凭有据而不是漫无目标；既然企业规章是为解决问题所产生的，在规划的时候，就应该要有严谨的思考程序，让所制定出来的企业规章，成为真正有效的工具。"②

---

① 引自 http://bjjyfz.com/iso9000.htm。
② 《企业规章完全制作》系列丛书，中国台湾：智囊团顾问股份有限公司 2001 年版，第 13 页。

启动规划的时机可以选择在企业发展过程中的不同阶段:①

（1）初生期：企业处于原始积累阶段，缺乏竞争地位，组织结构不稳定，制度不健全，缺乏系统化的成文制度。此时，除了确定生产经营的主次顺序，树立品牌外，重要的就是建立科学的管理制度，使领导行为和日常经营制度化。制度建设的重点是建构，搭出基本的制度框架，目标是固化当前的经营模式，并赋予制度一定程度的前瞻性，为企业进一步发展奠定制度基础。

（2）成长期：企业完成了原始积累，进入生产经营和产生现金流的正规期，经历了企业服从创业者到创业者服从企业的跳跃。此时，除了要建立合理的组织结构，提高管理水平外，建立完善的规章制度体系应提上重要日程。制度建设的模式有两种：其一，如果企业的经营管理没有重大变化，那么可以采取在原有制度体系基础上进行大型修编的方式予以扩充和完善；其二，如果随着企业的发展，出现多元化的经营项目和更为复杂的管理需求，原有制度体系严重落后和不敷使用，那么可以考虑重起炉灶，另行制定系统化的制度体系。

（3）成熟期：企业依照各种规章制度惯性运转，可能开始失去灵活性和创新精神，产生成功路径依赖等问题。企业容易出现以管理控制代替管理发展的瓶颈状态。此时，企业除了唤醒创新意识，积极寻找存在的问题和相应的解决之道外，制度建设的重点是修缮、改进和创新。企业的进一步跨越式发展可以采用上市或集团化这两种途径，它们有时是重合的，而这两种途径的发展都必须全面提升制度体系的质和量：

A. 上市公司：根据我国公司法、证券法、上市规则和其他规范性法律文件，我国公司上市应当提交系统的企业内部制度。公司上市流程需经历改制、辅导和申报三个阶段，其中在改制阶段，会计事务所协助公司建立股份公司的财务会计制度、财务管理制度；对公司的内部控制制度进行检查，出具内部控制制度评价报告；在辅导阶段，

---

① 参见石明芳编著：《如何设计企业内部管理制度》，北京大学出版社2004年版，第15—16页。

辅导内容包括依照股份公司会计制度建立健全公司财务会计制度；建立健全公司决策制度和内部控制制度，实现有效运作；建立健全符合上市公司要求的信息披露制度等。

B. 集团型企业：企业经营会面临由产品经营向资本经营的转变，组织上则由单一管理到集群管理的转变。此时制度建设侧重于母公司和子公司的分制和协调。要发挥集团优势，在制度上可以通过选择母公司的管理模式，建立统一领导、分级管理的原则。

启动规划的时机可以满足下列的情势条件：[1]

（1）企业的政策、方针、组织、产品、技术等需要改变的时候；

（2）配合企业内外经营环境和市场变化的实际需要；

（3）配合相关企业规章的制定、修改和废止；

（4）配合相关法律、法规、规章或者其他规范性文件的制定、修改、废止；

（5）其他需要制定、修改或废止的情形。

在形成比较成熟的制度建设规划后，就可以提出具体动议，形成方案和准备立项。

（二）起草

企业内部制度建设立项之后，就可进入实质性的起草阶段。有效的起草工作通常是遵循一定的步骤有序展开的，避免起草的随意性，保证制度文本的质量。起草企业内部制度可以参照法案起草的有关步骤[2]，择其重点而用之。可以按照下列步骤组织起草工作：

第一，由高层管理者作出起草决策。

第二，确定起草负责人员和具体参与人员。

第三，明确起草意图，把握制度文本要达到的目标。一般由高层管理人员根据企业战略规划、企业文化、管理理念等要素，提出指导

---

[1] 参见《企业规章完全制作》系列丛书，中国台湾：智囊团顾问股份有限公司2001年第二版，第13页。

[2] 参见周旺生：《立法学教程》，北京大学出版社2006年版，第481—489页。

性意见，确定制度的指导思想和目标，形成起草意图，并由实际起草人员贯彻既定的起草意图。

第四，进行资料收集和调查研究工作。如同法案起草过程中需要做好调查研究工作一样，企业制度建设也应当注重调研工作，调研工作充分不充分，决定了所形成的制度具不具备扎实的现实基础。起草企业内部制度所依据的资料和信息应当全面、准确和及时，这样才能使制度设计的条款与企业的客观状况和实际需求相吻合，所制定的制度才能够反映生产经营的客观需要。这就要求起草者巨细无遗地做好调研工作，收集相关的法律、法规、规章、政策和企业的文件、资料，与相关部门进行充分讨论和沟通，反复听取意见。

第五，拟定提纲。对于规模比较大，内容较为复杂的规章制度，应当先搭出架子和拟定提纲，精心构思制度需涉及哪几个方面，分几个部分撰写，各部分应体现什么原则，如何衔接等。

第六，正式起草。在先前拟定的提纲的基础上，进入正式撰写阶段。对于规模较小、内容简单明确的规章或流程也可以不列提纲而直接撰写制度内容。

第七，征求有关方面的意见和协调论证。企业内部制度不仅应当满足股东利益最大化，有利于管理者管理企业生产经营活动，还应当注重一般员工的意愿和工作积极性。因此制定出来的草案应当广泛征求企业高级管理者、部门骨干人员和一般员工的建议和意见，并对征集的建议和意见作出甄别、进行论证和有所取舍。

第八，反复修改后定稿。

（三）征求意见和民主参与

企业内部制度建设是企业的建规立制，其意义如同国家立法。虽然企业的大部分制度都属于经营管理范畴，实行个人决策原则，不可能做到完全民主化，但是，征求意见的民主做法仍然可以贯穿于制度建设的各个环节，比如在起草的过程、在审议的过程中注意做好集思广益的工作。因为任何制度都需要民主基础，民主参与有利于提高企业制度建设的质量。其一，企业内部制度广为征求"民意"，可以使所制定的制度符合实际,具有可操作性,有利于制度的良好实施。其二,注重对制度草案广征民意,也有利于培植以人为本的企业文化,增强员工对企业的归属感,促进劳动关系内部的协调和制约,加强劳动关系的合作,提升企业的团队精神和凝聚力。其三,企业内部制度不仅仅是用来约束员工的工作行为,更重要的是能从正面激励为出发点,使制度规范与员工的利益和期望相适应,获得大多数员工的基本认同感。因此制度设计不能单纯强调罚责,而要注意权利和义务的相互协调,激励和罚责的相互对应。广征民意有利于建立和谐的激励和惩罚机制。其四,符合法定民主程序制定的企业内部制度还有利于企业降低法律风险,成为企业减少劳动争议的一种事前预防。

对企业制度草案的民主参与,有法定要求和自主决定两种情形:

法定要求:我国有关法律、法规和规章对企业制定的重要的或者与员工切身利益相关的规章制度作出了民主参与的法定程序要求。如根据《公司法》第18条第3款规定,公司研究决定改制以及经营方面的重大问题、制定重要的规章制度时,应当听取公司工会的意见,并通过职工代表大会或者其他形式听取职工的意见和建议。《劳动合同法》第4条第2款规定,用人单位在制定、修改或者决定有关劳动报酬、工作时间、休息休假、劳动安全卫生、保险福利、职工培训、劳动纪律以及劳动定额管理等直接涉及劳动者切身利益的规章制度或者重大事项时,应当经职工代表大会或者全体职工讨论,提出方案和意见,与工会或者职工代表平等协商确定。

自主决定:除了有法定民主参与程序之外的规章制度的制定,可以有企业自行决定征求意见的范围、内容、形式等问题。一般而言,公司的总经理工作条例中会规定,总经理制定重要的具体管理制度时,应听取工会和职工代表的意见和建议,并由各职能部门和咨询机构充分调查研究,广泛听取各方面的意见,反复比选、论证,提出可行性方案,再经总经理办公会议充分研究后,由总经理作出决定。[①]

[①] 参见《广东风华高新科技股份有限公司总经理工作条例》(2009年修订)第15、20、21条。

（四）审议、决议或决定、公布

在企业内部制度制定过程中，审议、决议或决定、公布都是必不可少的重要程序。

1. 审议

审议的方式主要有两种：一种是会议审议，这是最常见的，也是比较适宜的审议方式。凡是由股东会和董事会制定的规范性文本，应采用投票表决的决议方式，因此必须经过会议审议。此外，由总经理制定的规范性文本，可以在总经理工作会议、经营管理委员会①会议进行审议和讨论。在中国台湾，有些公司还设有"规章审议委员会"专门负责规章的审议和制定工作。② 另一种是个人审议方式，即由经营管理者独自审议。根据我国公司法的规定，总经理有权制定公司具体规章制度，也就是说，公司具体管理规章不采用投票表决的方式，而是由总经理享有决定权。如果公司的总经理工作条例没有对此作出特别规定，总经理可以自行审阅草案后作出决定。但是从保障制度的民主基础、更符合工作的实际需要出发，重要的规章制度还是应当经过一定的会议讨论为宜。

2. 决议或决定

股东会和董事会制定的规范性文件，采用投票表决的决议方式。我国法律、法规和规章对股东会和董事会的"决议"有所规定。比如我国《公司法》第44条、第104条分别规定，有限责任公司股东会议作出修改公司章程的决议，必须经代表三分之二以上表决权的股东通过；股份有限公司股东大会作出修改公司章程的决议，必须经出席会议的股东所持表决权的三分之二以上通过。《上市公司治理准

---

① 有些公司采用经营管理委员会制度，经营管理的重大决策由该委员会作出。经营管理委员会一般由总经理、副总经理、董事会秘书及财务负责人组成。比如上海申沃汽车有限公司、国旅联合股份有限公司。

② 参见《企业规章完全制作》系列丛书，中国台湾：智囊团顾问股份有限公司2001年第二版，第15页。

则》和《上市公司股东大会规则》等规章中对于股东投票权的确定、股东会的投票、计票、表决结果的宣布、会议决议的形成等[1]都有规定。对股东会、董事会决议相关事项更为具体详尽的规范，体现在各公司的章程和相应的议事规则之中。一般而言，有限责任公司的股东会由全体股东组成，股东会作出决议的，应由代表三分之二以上表决权的股东表决通过；股份有限公司的股东会作出决议的，应由出席股东大会所持表决权的二分之一以上通过；董事会会议应当由二分之一以上的董事出席方可举行，每一名董事享有一票表决权，董事会决议应由全体董事的过半数通过。当然，各公司可以根据自身的实际情况就企业内部制度审议决议问题作出具体规定。

不经会议审议而由个人作出决策的称为决定。总经理制定的规范性文件，由总经理决定。公司的总经理工作条例中，一般会规定，总经理职权范围内的重要问题，经总经理办公会议充分讨论研究后，由总经理作出决定。

3. 公布

正式的规章制度都应当公开公布，否则秘密传阅的资料只能算是涉秘文件，不能要求企业员工一体遵循。对于公布程序，我国《劳动合同法》对与劳动者切身相关的企业规章有法定公示的要求，其第4条第4款规定，用人单位应当将直接涉及劳动者切身利益的规章制度和重大事项决定公示，或者告知劳动者。

企业规章制度的公布应当有章可循，比较好的做法是在制度规范

---

[1] 比如《上市公司治理准则》第5条规定：上市公司应在公司章程中规定股东大会的召开和表决程序，包括通知、登记、提案的审议、投票、计票、表决结果的宣布、会议决议的形成、会议记录及其签署、公告等。第8条规定：上市公司应在保证股东大会合法、有效的前提下，通过各种方式和途径，包括充分运用现代信息技术手段，扩大股东参与股东大会的比例。股东大会时间、地点的选择应有利于让尽可能多的股东参加会议。第9条规定：股东既可以亲自到股东大会现场投票，也可以委托代理人代为投票，两者具有同样的法律效力。第10条规定：上市公司董事会、独立董事和符合有关条件的股东可向上市公司股东征集其在股东大会上的投票权。投票权征集应采取无偿的方式进行，并应向被征集人充分披露信息。《上市公司股东大会》则有更为详尽的规定。

制定规则中对各制定主体制定的规范性文本的公布统一作出明确规定。比如，股东会通过的制度文本，由股东会发布公告予以公布；董事会通过的制度文本，以董事长名义发布公告予以公布；总经理决定的规章制度，由总经理发布公告予以公布。公布的形式，可以是在公司的公告栏中予以公示，以电子邮件的方式告知相关主体等。

五、企业内部制度的体系设计

（一）法人治理制度的体系和内容

1. 公司章程

公司章程是公司内部的宪法，具有最高效力，公司其他规则制度都不得同它相抵触。如同国家宪法，通常只在建国时进行一次制宪活动、其后原则上不存在重新制定宪法而只是对原来宪法进行修宪一样，公司设立时制定公司章程之后，不再存在公司章程制定问题，公司存续期间只对公司章程进行修改，并且应当在公司登记机关办理相应变更登记。[①] 对此，我国公司法有相关规定，即第11条：公司可以修改公司章程，改变经营范围，但是应当办理变更登记。"

公司章程是依法制定的规定公司名称、住所、注册资本、经营范围等基本信息和组织机构、基本经营管理制度等重大事项的法律文件，也是公司最重要的法人治理制度。公司章程的内容，从与法律的关系而言，有法定记载事项和任意记载事项之分。从公司章程的体例来看，公司法没有提出特别要求，公司可以根据实际情况制定，但是上市公司应当参考证监会发布的《上市公司章程指引》设计公司章程的体例。

在实践中，规模较小、组织结构和管理制度较为简单的公司，比如一人有限公司、小型有限责任公司，公司章程的内容结构可以较为

---

① 参见《公司法》第11条的规定。

简化；规模较大、组织结构和管理制度复杂的公司，比如股份有限公司、上市公司，公司章程应当达到相当规模，做到内容完备、结构合理、治理健全的基本要求。

对于普通公司的公司章程，在内容结构上可以根据公司的实际情况和需要做出自主安排，但通常应当包括的内容有：公司的名称和住所，注册资本及出资，经营范围，股东及股权，法定代表人，股东会、董事会、经理、监事会的产生、职权和议事或工作规则，财务会计和利润分配，解散和清算，还可以规定公司债券，公司的合并、分立、增资、减资的变更事项，工会等内容。在设计公司章程的内容框架时，应当注意：

其一，要根据公司和公司章程所需规定的内容设计框架。对于内容不太复杂的公司章程，可以合并相关内容。比如一人有限公司的组织结构很简单，不设股东会，可以不设董事会和监事会而只设执行董事和执行监事；其他股东较少或规模较小的有限责任公司，也可以只设执行董事和执行监事。因此，就执行董事、执行监事和经理方面的内容就可以合并为一章予以规定。对于公司章程内容比较复杂的，不仅可以设章，有必要的还可以在章下面设置节，使得宏大的条文内容条分缕析，便于阅读。比如股份有限公司的组织机构比较复杂，那么可以设"股东大会"为专章，下设"股东"、"股东大会的召集"、"股东大会的提案与通知"、"股东大会的召开"、"股东大会的表决和决议"等各节。

其二，章节内容不宜太散太碎，应当合理安排体例结构。有些公司的章程，一共二三十条，却分为八章甚至十一章；规模稍大些的公司章程，共六七十条，分为十二章甚至十四章，如：第一章总则、第二章公司名称和住所、第三章公司经营范围、第四章公司注册资本、第五章股东姓名或名称、第六章股东的权利和义务、第七章股东出资方式和出资额、第八章股东转让出资的条件、第九章公司的机构及其产生办法、职权、议事规则、第十章公司的法定代表人、第十一章公司利润分配和财务会计、第十二章公司的解散事由与清算办法、第十三章股东认为需要规定的其他事项、第十四章附则。在这些公司章程中，每章平均三至六个条文，很多章只有二三个条文，甚至一章就一个条文。① 这严重不符合规范性文本的起草技术，也不利于读者把握章程的要旨。应当把相关内容归纳在一起，如可以把"公司名称和住所"、"公司注册资本"放在总则中，把"股东姓名或名称"、"股东的权利和义务"、"股东出资方式和出资额"、"股东转让出资的条件"合并为一章，命名为"股东"。

对于上市公司的章程，其框架设计和条文内容应当主要参考《上市公司章程指引》。该指引给出了公司章程的全部文本，正文共有 12 章 198 个条文，部分条文后面还附有注释，为企业起草该条文做出说明。但这并不意味着，上市公司照搬这个文本就可以了，也不意味着上市公司失去了自主规定章程内容的权利。证监会在公布该指引的公告中，明确说明"《章程指引》规定的是上市公司章程的基本内容，在不违反法律、法规的前提下，上市公司可以根据具体情况，在其章程中增加《章程指引》包含内容以外的、适合本公司实际需要的其他内容，也可以对《章程指引》规定的内容做文字和顺序的调整或变动。上市公司根据需要，增加或修改《章程指引》规定的必备内容的，应当在董事会公告章程修改议案时进行特别提示。"因此，上市公司可以也应当根据自身的实际情况，以该指引为蓝本，设计章程内容。比如关于董事会，指引中的内容为专章"董事会"，下分"董事"和"董事会"两节，上市公司则可以进一步把"董事会"这一章分为"董事"、"独立董事"、"董事会"、"董事会专门委员会"、"董事会秘书"等五节。实践中，上市公司的章程规模也往往要大于指引规定的 198 条的数量。

2. 法人治理制度

法人治理制度是企业内部制度体系中效力位阶较高的规则文本，

---

① 据作者考察，现实生活中的许多公司的章程都有这方面问题。另可参见一些公司章程的范本：孙林编：《企业管理常用规章制度范本》，法律出版社 2006 年修订版，"一、公司章程"，第 3—7 页；http://www.bokee.net/company/weblog_viewEntry/4299595.html；http://tieba.baidu.com/f?kz=7572072。

企业制度与法治的衔接

仅次于公司章程，主要由股东会或董事会制定，规定公司的组织机构和基本管理体制，因此其制定和修改应当极为慎重，不宜过于频繁。

中型规模以上企业通常应当具备的法人治理制度至少包括：

（1）股东会（或股东大会）议事规则；

（2）董事会议事规则；

（3）监事会议事规则；

（4）总经理工作规则。

企业还可以根据实际情况和需要制定其他规则。比如规模稍大的企业，出于制度化管理的需要，发布的规范性文件比较多，而且往往还存在政出多门的现象。那么，为了规范企业的制度建设活动，建立和完善制度规范体系，提升制度建设的科学化水平，应当制定"制度规范制定规则"，作为企业内部的"立法法"，统一规定企业制度建设的规范化、科学化和标准化问题。

又比如，集团公司部门设置较细，有些职能是一般企业没有的，故权责界限需要明确；层级划分又较多，如在集团下设立产业集团或者事业群、再下设所属企业。这类企业，就很有必要制定"组织和权责规则"，作为企业的"组织法"，以合理设置企业的组织机构，明确划分企业的组织权责，发挥企业的组织最佳管理效能。

还比如，注重决策质量和决策民主化的企业，可以制定"重大事项决策规则"，以健全企业重大事项决策制度，规范决策程序、决策实施和决策监督，减少和避免决策失误。可以制定"总经理办公会议议事规则"，实施经理层按照办公会议制度行使职权和履行职责。

对于上市公司，由于国家对其提出了更为严格的法定要求，为了满足这些要求，上市公司还可以根据公司法、证券法等法律、法规和规章制定下列规则：

（1）根据证监会和经贸委的《上市公司治理准则》等规定制定本公司的《治理准则》；

（2）根据证监会的《上市公司信息披露管理办法》、"公开发行证券的公司信息披露编报系列规则"等规定制定《信息披露编报管

理规则》;

（3）根据证监会的《上市公司与投资者关系指引》、深交所的《深圳证券交易所上市公司投资者关系管理指引》、上交所的《上市公司投资者关系管理自律公约》等规定制定《投资者管理关系规则》;

（4）根据《深交所上市公司募集资金管理办法》等规定制定《募集资金管理规则》;

（5）根据《关于在上市公司建立独立董事制度的指导意见》等规定制定《独立董事工作规则》;

（6）此外还可以根据需要制定《董事会战略委员会工作规则》、《董事会提名委员会工作规则》、《董事会薪酬与考核委员会工作规则》、《董事会审计委员会工作规则》、《董事会秘书工作规则》、《内部审计规则》、《对外担保管理规则》、《关联交易管理规则》等。

（二）企业管理制度的体系和内容

1. 人力资源管理制度

任何企业都离不开对人的管理，因此人力资源管理制度是任何一个企业都不可或缺的制度规范。人力资源制度的突出特点在于，它们是与员工切身利益最相关、员工最为关心的制度，同时也经常是企业各职能部门中规则文本最多、最芜杂的部分之一。因此，设计好这部分规则制度对于人员管理的有序进行、激励机制的充分发挥具有重要意义。由于企业人力资源管理的模式、内容和侧重的不同，各企业在人力资源管理制度方面既有许多普遍性的规则，也有许多个性化的规则，内容涉及非常广泛。根据对不同企业人力资源制度的调查研究，大致可将其归纳细分为下列几大部分：

（1）总体性制度：是关于企业人力资源方面的全局性规定，可以制定一部基本规则，如《人力资源管理总则》或者《人力资源综合管理规则》，对企业人力资源管理的基本原则、职能、模式和各主要管理事项做出综合性、框架性的规定。此外，根据企业自身的人事管理机制，可以制定诸如《人事评议委员会组织规则》之类的制度。

《员工守则》是非常重要的规范性文件,是员工的日常行为规范,经常在员工入职时发放给他们,人手一册,其内容可以是从其他人力资源制度中抽离出来的与员工行为规范最相关的内容。

(2) 不同种类员工的相关制度:针对有些企业人员种类比较复杂,企业可以根据不同类型的员工制定相关规则,比如聘用人员管理规则、临时雇用人员管理规则、实习生管理规则、派赴国内关联公司人员管理规则、外勤业务人员管理规则、计件工管理规则、承揽工管理规则、服务生管理规则、专业技术人员管理规则、技术人员技能检定规则、管理人员规则、后备管理人员管理规则、顾问或者专家管理规则、退休管理人员聘任顾问管理规则,等等。

(3) 招聘和录用制度:可以制定诸如员工增补申请规则、员工招聘规则、招聘面试管理规则、招聘考试委员会工作规则、员工录用规则、员工录用与调配管理规则、管理人员甄选规则、专业技术人员聘用规则、临时人员聘用规则、新入职员工报道规则、员工保证金管理规则,等等。

(4) 薪资、奖金、津贴、补助制度:关于薪资部分,可以制定诸如薪资管理规则、薪酬福利管理规则、薪资保密管理规则、员工薪资发放规则、新进试用员工核薪规则、职务工资与职能工资管理规则、特别工资管理规则、兼职人员工资管理规则、加薪管理规则、驻国外员工薪资津贴支付管理规则、停薪留职人员复职核薪规则、计件薪资管理规则,等等。

关于奖金部分,可以制定诸如奖金管理规则、出勤及其奖惩加扣薪管理规则、全勤奖金核发规则、年终奖金核发规则、效率奖金核发规则、绩效奖金核发规则、责任奖金核发规则、生产奖金核发规则、研发奖金核发规则、营业、促销人员奖金核发规则、服务人员奖金核发规则,等等。

关于津贴补助部分,可以制定诸如员工辅助金核发规则、员工津贴核发规则、员工生活补助费发放规则、员工子女教育补助金发放规则、员工工伤补助费支付规则,等等。

(5) 福利制度:可以制定员工福利和社会保障管理规则、员工福利委员会工作规则、员工保险管理规则、员工健康检查管理规则、劳动安全与员工保健管理规则、员工医疗费补助管理规则、员工伤害补偿规则、员工抚恤管理规则、婚丧喜庆福利补助给付规则、员工购买住宅奖助规则、员工购置车辆及油料补助管理规则、作业服装制发规则、员工互助管理规则、职工福利社团活动规则、员工退休和养老保险管理规则，等等。

（6）培训制度：可以制定诸如员工培训与能力开发管理规则、培训委员会工作规则、管理能力考核和培养管理规则、国外培训管理规则、外部培训管理规则、管理人员培训规则、普通员工培训规则、员工归还培训费用管理规则，等等。

（7）考勤和休假制度：可以制定诸如员工考勤管理规则、加班管理规则、值班管理规则、缺勤处理管理规则、员工出差管理规则、职员休假管理规则、员工轮休管理规则、员工病假管理规则，等等。

（8）绩效和奖惩制度：关于绩效考核，可以制定诸如员工绩效考核管理规则、绩效考评委员会工作规则、人事评议规则、绩效考核程序规则、企业 KPI 考核管理规则、工作评价准则。

关于奖惩部分，可以制定诸如员工奖惩规则、员工奖惩委员会工作规则、员工发明创作奖励规则、久任员工表彰规则，等等。

（9）岗位调整制度：可以制定诸如职位等级管理规则、员工岗位调整管理规则、岗位动态管理规则、竞聘上岗管理规则、员工晋升管理规则、员工定期轮岗管理规则、员工降职管理规则，等等。

（10）辞职、辞退、退休制度：可以制定诸如员工离职管理规则、员工辞职管理规则、员工辞退管理规则、员工退休管理规则，等等。

（11）劳动合同管理及其他制度：劳动合同管理规则、人事档案管理规则、员工差旅管理规则、出国出境管理规则，等等。

2. 财务管理制度

财务部门是企业的核心支持部门，财务会计管理制度是企业最重要的制度规范之一。财务会计制度健全完善与否，对于真实、准确、系统和全面地反映企业资金流动信息，如实反映财务经营状况，保护企业各方相关利益主体权益都具有尤为重要的意义。

完善的企业财务会计制度不可能通过一个规则文本就可以全面有效地覆盖所有管理事项，而应当由一个财务会计基本规则或者主干性规则和一系列相关事项的单项规则共同构成企业的财务会计管理制度体系。虽然不同企业拥有不同的财务管理政策，但是从企业管理的角度而言，会计好比企业的语言，是企业进行内外交流的工具，企业财务会计操作规程存在差异的同时，也强调相互之间所应具备的基本共通性，因此不同企业的财务会计管理制度既有个性化的内容，也有许多通用性的规范方式。

企业财务会计的基本规则或者主干性规则一般可以命名为"××公司财务会计总则"或者"××公司财务会计管理规则"，其主要内容应当是根据公司法、证券法、会计法等有关法律、法规、规章和公司章程而制定的、综合性地规定企业财务会计管理诸方面事项的规范性文本。该基本规则一般应当规定的内容有：

（1）财务会计管理的基本原则或者基本要求；

（2）财务会计管理机制，可包括财务会计的管理模式、管理体制、岗位和职权设置、财务权限等；

（3）会计核算管理；

（4）预算管理；

（5）财务规划和财务分析；

（6）税务管理；

（7）会计档案管理；

企业还可以根据自身财务管理范围，在该基本规则中规定：

（8）资金管理；

（9）信用管理；

（10）财务风险管理；

（11）投资管理；

（12）内部审计和稽核管理，但是当企业、尤其是上市公司设置专门的内部审计部时，宜单独建立内部审计相关规则集群；

（13）其他必要事项。

上述基本规则仅仅勾勒出企业财务会计管理的大政方针和全局设计，如何进行实际的财务会计操作还需要有更为细致的单项规则来加以具体规范和指引。基本规则中涉及的主要事项可以进一步制定专项规则，如会计核算规则、预算决算管理规则、税务管理规则、资金管理规则、信用管理规则、财务经营分析报告规则、财务风险管理规则、财务会计档案管理规则，等等。其他比较重要且常见的单项制度还有流动资产管理规则、固定资产管理规则、成本费用管理规则、差旅费管理规则等。企业还可以根据实际情况，制定诸如总会计师或者首席财务官工作细则、出纳业务处理规则、现金收支管理规则、发票管理规则、存货管理规则、应收和预付款项管理规则、担保管理规则、财务信息化管理规则、财务报告管理规则、对外财务信息管理规则、招投标管理规则、基建项目财务管理规则、中介机构聘请规则、财务人员委派管理规则等规范性文本。

对于上市公司或者其他大型企业设立内部审计部门的，应当至少制定一个内部审计管理规则，同时还可以根据企业实际情况或者具体审计模块制定若干规则文本，比如管理人员离任审计规则、内部审计质量控制管理规则、内部审计项目实施细则、内控制度审计实施细则、关联交易管理审计实施细则、建设工程审计实施细则，等等。

3. 生产和产品质量管理制度

（1）安全生产管理制度

完善的企业安全生产责任制度不能局限于一个管理规则文本，最好由若干制度规范构成的规范性文本集群为宜。它包括一个安全生产方面的基本规则或者主干性规则，对企业安全生产的诸事项作出综合性和框架性的总体规定；以该基本规则为核心，可以根据企业实际需要制定若干单一事项的规则、细则、办法或者操作规程等，以便对于不同方面、不同层次的安全生产管理事项作出更具有针对性和操作性的规定。

企业安全生产方面的基本规则或者主干性规则一般可以命名为"××公司安全生产管理规则"，它主要是根据有关安全生产法、劳动保护法和公司章程制定的，综合性地规定企业安全生产诸方面要素的

规范性文本。该规则一般应当涉及的内容有:

① 确立企业安全生产的基本原则和基本要求;

② 重点规定企业安全管理机制,也即安全生产的组织机构及其职责,以明确安全管理的管理方式和责任主体;

③ 重点规定企业的安全制度保障,在不同行业领域,法律、法规和规章可能对相关企业提出不同的安全管理制度建设要求,企业也需要根据自身的实际情况,制定一系列单项安全管理制度,那么本企业究竟应当和需要制定哪些安全管理制度,可以在本规则中予以明确,以保障这些制度得以真正地建立起来;

④ 还可以规定安全技术管理、安全生产管理等安全生产的实体性内容;

⑤ 有必要规定安全教育和培训、安全考核和奖惩的内容等。

在单项安全生产规则中,比较重要的有生产技术管理制度和生产设备管理制度。企业应当根据有关法律、法规、规章和自身的实际需要,规定具体的操作标准作业,加工指示说明,设备的管理责任主体,设备的引进、保养、维修、转让、报废,设备事故分析处理等内容。此外,企业还可以根据法律、法规、规章和自身的实际需要,制定其他一系列单项安全生产规则、细则、办法和操作规程,比如隐患排查制度、安全检查制度、安全办公会制度、安全生产奖惩制度、事故统计分析和报告制度、安全质量警告制度、安全状况评估制度、安全教育和培训制度、各级管理人员安全生产责任制度、消防系统维修保养标准作业规程等等。

(2) 产品质量管理制度

完善的企业质量管理制度不是由一个管理规则文本就能够全面地包容所有质量管理事项的,而需要由若干制度规范构成一个规范性文本集群,其中可以创设一个产品质量管理的基本规则或者主干性规则,对企业安全生产的诸事项作出综合性和框架性的总体规定;以该基本规则为核心,可以根据企业实际需要制定若干单一事项的规则、细则、办法或者操作规程等,就不同方面、不同层次的产品质量管理事项作出更为具体、更具有操作性的规定。

第五章 企业制度建设与立法技术之衔接

产品质量管理方面的基本规则或者主干性规则一般可以命名为"××公司产品质量管理规则",它是根据产品质量相关法和公司章程制定的,综合性地规定企业产品质量管理诸方面要素的规范性文本。由于各企业的质量管理方式和规则设计的思路不同,质量管理基本规则的框架内容也可以有不同的设计方案。这里介绍两种质量管理基本规则的框架设计方案。两者的共同点是,可以有相似的总则设计,总则内容至少应当包括该规则的宗旨和根据、适用范围、产品质量管理的基本原则或者基本要求等。两者的不同之处在于分则设计。

方案一,可以按照下列框架建构规则内容:

① 企业产品质量管理机制,也即产品质量管理的组织机构及其职责,以明确产品质量管理的管理方式和责任主体;

② 生产和技术管理;

③ 企业的产品质量检查和监督机制;

④ 企业的产品质量考核和奖惩;

⑤ 其他根据企业实际需要有必要规定在基本规则中的事项。①

方案二,可以按照下列框架建构规则内容:

① 企业产品质量管理机制,明确质量管理的责任主体;

② 质量标准和质量检验;

③ 原物料质量管理;

④ 生产前质量条件复查;

⑤ 在制品质量管理;

⑥ 成品质量管理;

⑦ 成品出厂前质量管理;

⑧ 产品质量异常的处理、分析和改善;

⑨ 产品质量信息管理;

⑩ 产品质量改进;

---

① 参见开滦精煤股份有限公司:《开滦精煤股份有限公司煤炭产品质量管理办法》,《内控制度规范性文件汇编》。

269

⑪仪器管理等。①

在单项产品质量管理规则中，企业可以根据实际需要对某些重点管理事项进一步予以单独细化规定。比如可以制定产品质量管理责任规则、物料部门工作细则、生产部门工作细则、成品部门工作细则、产品质量管理常规检查办法、不合格产品处理办法、产品质量管理培训办法等等，不一而足。

（3）标准化管理制度

就宏观而言，企业的标准化管理是包含于企业的质量管理之中的，是服务于质量管理的一种手段。由于我国有专门的《标准化法》，追求卓越的品质管理的企业往往还申请国际质量标准体系认证，所以企业的标准化管理成为这些企业的一块重要的制度领域。

对于申请 ISO 族国际标准的企业而言，由于 ISO 质量管理体系推行文件化管理模式，因此企业必须制定和执行完整详尽的符合 ISO 标准的规范性文件体系，否则无法通过认证。ISO 质量管理体系文件化要求企业建立描述企业质量管理全过程、各层次的文件结构，保证各类文件的层次性及其相互协调性，同时对文件本身要实行严格管理和控制，保证需用文件的场所使用的都是现行有效的文件。质量管理体系文件的层次主要分为五种类型：

第一层次为质量方针和质量目标；

第二层次为质量手册，是纲领性文件；

第三层次为程序文件，是质量手册的支持性文件；

第四层次为工作文件，包括作业指导书、岗位责任书、检验指导书等，都是针对操作者或岗位编制的；

第五层次是质量记录，是质量管理体系运行状况的证明，也可为产品追溯及质量改进的依据。②

---

① 参见李津主编：《现代企业经典管理制度1001例》（下），海南出版社2006年版，"第七章质量管理制度"。李燕子、董淑娟编著：《如何进行品质管理》，北京大学出版社2004年版。

② 参见姚根兴、滕宝红编著：《如何进行ISO9000质量管理》，北京大学出版社2004年版，第26—27页。

对于尚未申请国际质量标准认证、主要是 ISO 族国际标准的企业而言，在标准化管理制度方面可以比较简化，但仍然应当制定有关标准化的规则内容，规定质量控制和标准之类的事项，在体例上可以作为质量管理基本规则中的一个部分，也可以作为独立的一个规则。

（4）计量管理制度

计量管理是产品质量管理中不可缺少的组成部分，是对计量仪器、设备、标准进行管理的手段。同时，它又具有相对独立性，我国颁布有专门的《计量法》和一系列配套的法规和规章，因此本书也是将计量管理制度从产品管理制度中分离出来单独加以阐述的。

鉴于计量管理的相对集中性，企业可以根据实际情况，制作一个完整的综合性计量管理规则；当一个企业计量管理任务较重时，也可以制作多个下层次的计量单行规则。无论采用哪种制定方式，企业计量管理制度都至少应当包括下列内容：

① 总则：明确计量管理规则的宗旨和根据、适用范围、计量管理的基本原则或准则，还可以有说明本企业计量管理主要内容的内容等；

② 计量管理机制，主要是设置计量管理机构和人员，说明它们的职能和职责，明确计量管理人员的资质条件等内容；

③ 计量管理的实体性内容，即建立计量管理体系或者计量管理的实施，可以包括计量管理的标准体系，下属公司或者部门所需的计量管理单行制度，计量器具管理，计量量值管理，计量档案管理，计量检测，计量培训，计量事故报告，其他必要的计量管理事项；

④ 计量评审、监督和奖惩等内容。[①]

4. 市场和营销管理制度

由于不同行业和不同企业具有不同的市场运作方式和营销管理模式，因此与企业人力资源制度、财务会计管理制度具有相当多的共性内容不同，各类企业的市场营销管理制度差异性很大。因此设计和制

[①] 参见李燕子、董淑娟编著：《如何进行品质管理》，北京大学出版社 2004 年版，第 92—94 页。

定这部分管理制度，应当以企业的实践作为最重要的规则渊源。当然，共通性的规则仍然是存在的，如：

在市场领域，常见的规则有市场调查管理规则、产品宣传管理规则、品牌规划管理规则、品牌传播管理规则、品牌考核管理规则等；

在营销领域，常见的规则有销售管理规则、销售计划管理规则、销售人员管理规则、定价管理规则、调价管理规则、促销管理规则、营销渠道管理规则、大客户管理规则、经销商/代理商管理规则、连锁店管理规则、客户信息管理规则、客户关系管理规则等；

在售后服务领域，常见的规则有售后服务管理规则、客户意见、投诉处理规则等。

5. 行政管理制度

行政管理部门主要处理企业的内部事务，为企业提供方方面面的支持和服务，使得企业在生产经营的链条上顺利行进。企业行政管理制度琐碎而又繁多，是任何企业都不可或缺的制度组成部分，但却又往往不为人所重视。然而从制度建设的角度来看，正因其琐碎芜杂，牵涉广泛，所以在企业纷繁复杂的行政事务中，如何合理抽离和规划需要制度化的事项，如何厘清细枝末节的问题和关系，如何设计出高效率的办事规则，就不仅仅十分重要，而且其难度不亚于起草其他职能部门的制度规范。

企业行政管理制度涉及众多分散而又独立的事项，所以包含的规则种类繁多，完全根据企业的不同个性而产生制度需求，实难以尽述，因此按照行政管理的事项类别加以凡举：

（1）综合类行政管理制度，可包括行政事务管理规则、总裁/总经理办公室管理规则、办公行为规范、授权委托管理规则、秘书管理规则、保密管理规则、统计管理规则等；

（2）办公用品管理制度，可包括办公用品管理规则、办公室固定资产管理规则、办公消耗品管理规则、印章管理规则、图书和报刊管理规则、电话和传真管理规则、计算机使用规则、网络使用管理规则、电子邮件管理规则、公司钥匙管理规则等；

（3）文书档案管理制度，可包括公文处理规则、档案管理规则、合同管理规则、证照管理规则、证明函管理规则、公文签批管理规则等；

（4）会议和活动管理制度：可包括会议管理规则、会议室管理规则、会议礼仪和服务管理规则、各类重要会议管理规则、大型活动管理规则、异地集体活动管理规则、捐赠活动管理规则等；

（5）司机和车辆管理制度，可包括司机管理规则、车辆管理规则、车辆肇事处理规则等；

（6）安全卫生管理制度，可包括安全管理规则、保安工作规范、值班管理规则、消防安全管理规则、出入公司/厂房管理规则、突发事件处理规则、卫生管理规则、环境保护管理规则等；

（7）接待管理制度，包括接待管理规则、参观管理规则、外事管理规则等；

（8）出差管理制度，包括境内外的出差管理规则等。

此外，还可以就企业文化建设、内刊管理规则、员工建议意见管理等事项制定管理制度。

对于中小企业而言，如不制定过多行政管理制度的话，那么至少需要具备的最为基本的规则应当包括印章管理规则、公文处理规则、档案管理规则、车辆管理规则、安全管理规则、保密管理规则等。

6. 其他管理制度

人力资源、财务会计、安全生产和产品质量、市场和营销、行政总务是企业最基本的管理职能，相关的管理制度也是企业应当具备的基本内部制度。在此基础上，不同行业和不同规模的企业还可以设置其他职能部门，常见的如技术和研发部、信息管理部、公共关系部、法律事务部等。企业新的职能和职能部门的产生意味着相应的管理制度必须加以制定和推行；而在这些领域究竟应当制定哪些管理制度，则取决于相关职能部门的管理职权范围和重点管理事项。通常这些部门需要制定的规则有：

（1）技术和研发管理制度：企业可以制定的规则有技术管理规则、技术标准管理规则、技术等级评定规则、技术秘密管理规则、对外技术交流和合作管理规则、技术考核管理规则、技术创新奖励规则、研发管理规则、研发项目管理规则、专利管理规则、著作权管理规则、商标管理规则、涉密资质使用管理规则等。

（2）公共关系管理制度：企业可以制定的规则有公关组织管理规则、公关活动管理规则、危机管理规则、政府事务管理规则、信息发布管理规则等。

（3）法律事务管理制度：企业可以制定的规则有法律事务管理规则、合同管理规则、诉讼管理规则、法律事件处理程序和责任追究规则、法律服务机构聘用规则、商号管理规则、举报管理规则、申诉管理规则、重大决策失误认定及责任追究规则等。

此外，大型企业十分注重战略规划，它们可以设置、也可以不专门设置战略规划部门，但是由于战略规划对于企业成败的决策性意义，企业有必要对如何制定战略规划加以有效规范，可以制定相应的战略规划管理规则。

六、企业内部制度文本的技术优化

制度建设是一门科学，应当遵循制度建设的规律，其中技术理论是其科学性的重要体现，解决的是制度建设的科学化问题。立法和企业内部制度建置是现代社会各种制度建设中最重要的组成部分，有许多会通之处，在技术方面则更具有相通性。鉴于立法技术的理论和实践已经有了相当的积累，在某些方面已形成了系统的学问，而我国的企业制度建设则仍处于草创阶段，因此，在开掘和研究企业内部制度建设的技术化，应当对立法技术多有借鉴。

（一）制度文本的精神品格——企业战略、企业文化和管理理念

制度文本应当具有一定的价值取向和精神品格，建设企业内部制度，也应当注意体现这一点。具体而言，就是要将企业的战略发展、企业文化和管理理念融入条文设计之中，使它们成为企业内部制度的灵魂、精神品格和指导思想。

企业战略是企业发展的蓝图和愿景,是企业使命的展开和具体化,是企业经营活动所要达到的水平和要求取得的成果的具体化。一方面,企业战略对制度建设全局具有导向作用。企业战略主要不是直接针对单个制度文本、而是针对整个制度建设提出的要求。在设计企业各个职能模块的制度集群时,都要围绕企业的战略发展加以定位,比如产品战略、质量战略、技术战略、品牌战略、投资战略、人力资源战略等,都要能够支撑企业的总体战略发展规划。另一方面,企业战略的部署和实施手段之一,就是通过企业内部制度建设来达成的。战略固然重要,比战略更为重要的是如何实施战略。企业的各项制度是为实现企业战略服务的,宏观的战略通过细致化的和可操作性的制度得以展开,化解到具体的生产、营销、人事和财务运营规则中去。企业各项制度是否合理、有效,不仅体现企业管理水平的高低,更体现了企业在生产经营和管理过程中对发展战略的理解和把握程度。制度作为企业战略的落实载体,它们之间在内容上的匹配和谐是在实施企业战略中逐步形成的。[1]

企业文化是企业中存在着的共同的核心价值观,优秀的企业文化有助于企业的健康发展。[2] 企业文化由表及里被分为物质文化、行为文化、制度文化和精神文化四个层次。可见,强调制度建设和规则意识本身就是企业文化的一个内容,而制度文化又是精神文化的具体体现,企业制度如果违背了精神文化,企业将陷入"知行不一"的状态之中。企业制度建设应当以健康的企业文化为精神品格,其意义还在于:其一,企业文化作为企业员工的一种"心理契约",其实现有赖于从观念到行为的转变,而以企业文化为精神内核的制度规范正是实现这种转变的媒介;其二,企业文化是潜在的,有人称之为企业的"潜规则",它也是一种习惯,但它对企业的影响力却是可观的,不

---

[1] 参见石明芳编著:《如何设计企业内部管理制度》,北京大学出版社2004年版,第11—12页。

[2] See Terrence E. Deal, Allan A. Kennedy, Terry Deal: *Corporate Cultures: The Rites and Rituals Of Corporate Life*, Addison-Wesley, 1982.

良的企业文化足以消磨企业的斗志，而优秀的企业文化则可以成为企业发展的精神引擎。企业内部制度建设要善于吸纳积极的企业文化，更可以借制度之力开拓和形成优秀的文化，把潜规则和习惯转化为稳定的、系统的正式制度和成文制度，在更大程度上发挥企业文化的积极作用。

管理理念是企业内部制度建设，尤其是企业管理规章制度的直接指导思想。制定企业管理规章，就是要将一定的管理理念以制度形态加以表现和固化，使无形的管理理念转变为有形的、可以捧读的管理制度，使管理思想转变为可以操作的管理行动。就一定意义而言，企业管理制度是否合理、严密、系统和完善，直接体现了该企业管理理念的先进与否和管理水平的高低。

（二）制度文本的名称

规范和统一企业内部制度文本的名称具有重要意义。法的名称的重要价值同样适用于企业制度[1]：从制度制定的角度而言，规范化的名称可以使制定者明确所制定的规范性文本有什么样的效力等级、性质和内容；制定之后能明确这个规范性文本应由哪个部门对其加以解释、修改或废止；还有利于对规范性文本进行分类、清理、汇编及其他系统化的工作。从制度运用的角度而言，规范化的名称可以使企业的每一个员工或者其他阅读者通过名称便能了解该文本的性质、内容和效力等级，从而了解它同自己的业务存在什么样的关系。

企业制度文本的名称可以借鉴法的名称的技术理论。科学化和规范化的法的名称，由三个要素组成：一是反映法的适用范围的要素；二是反映法的内容的要素；三是反映法的效力等级的要素。[2] 企业内部制度的名称不宜太多、太乱、太杂，应当实现规范化和标准化。完整规范的名称如"××××公司董事会议事规则"。在名称问题上需注意的要点是：

---

[1] 参见周旺生：《立法学教程》，北京大学出版社2006年版，第494页。
[2] 参见周旺生：《立法学教程》，北京大学出版社2006年版，第499页。

其一，反映适用范围的要素：以公司名义发布的制度规范应当标明公司全称；以公司具体部门名义发布的制度规范可以在公司全称后标明具体部门，从而易于员工知晓该制度文本的发布主体。

其二，反映内容的要素：这是名称中的实体性组成部分，反映该制度文本规范的事项，比如战略管理、招聘与录用、绩效考核、财务信息化、会计核算、产品质量管理、安全生产、物资供应管理、工程业务处理、销售管理、售后服务、环境保护管理、内控制度审计、采购监督等。读者通过这部分内容即可知道该制度文本是规范哪一个机构或属于哪一个职能部门的管理事项。

其三，反映效力等级的要素：法的名称应能够直接反映法的效力，比如宪法、基本法、法、法规、规章等。企业内部制度文本的名称也应当能够大体反映制度文本的效力等级，主要有这样几类：

章程，仅指规定企业宗旨、组织机构、基本经营内容的公司宪法性文件，如××××公司章程。

基本制度，可以根据制度文本的性质、内容及实际需要，命名为"规则"、"条例"、"准则"、"管理制度"等，如"股东大会议事规则"、"监事会工作条例"、"人力资源管理制度"等。

具体制度，可以根据制度文本的内容和实际需要，命名为"办法"、"规定"、"标准"、"实施细则"等，如"公司生产成本管理办法"、"公司产品质量管理规定"、"公司财务收支审计实施细则"、"生产车间技术工作标准"等。

此处需要注意两点：其一，由于企业的经营范围和管理事项千差万别，企业各项制度又必须具备较强的可操作性，因此不同企业对于反映效力等级的名称要素，可以根据企业的具体情况和实际需要而各有所选，不囿于定式。但所应坚持的是，在同一个企业内部，宜有统一的命名标准和规范，形成统一的名称格局。其二，无论规章的性质和内容如何，切忌使用"暂行"二字。因为制度是将一定的社会关系以明文的形式固化下来，以求取安定性、连续性和秩序性，"暂行"之意恰与制度的内在属性相悖，削弱了制度的权威，也令人在贯彻制度时心存顾虑。因此，那些属于暂时性的、过渡性的事项，就

企业制度与法治的衔接

未必用规章制度的形式加以规定，而可以采用公告的方式来处理。

（三）制度文本的目录、条标和索引

目录、条标和索引的设置，都属于制度文本制作的技术化手段，为的是便于人们迅速和准确地了解宏观制度结构，把握条文信息，查阅和检索相关内容。

1. 目录

是否设置目录取决于企业制度文本的结构。企业制度文本的结构可以参照法的结构模式，[①] 大致分为简单结构和复杂结构两种。简单结构的显著特点是：第一，条文较少，有时不以正规地使用"第×条"的形式加以表现，而只简单地用"一"、"二"这样的序数符号加以表达；第二，没有章、节设置，没有各部分的标题，没有目录，也没有清晰的总则、分则和附则之类的区分。复杂结构的显著特点是：第一，条文较多，一般在15条以上，都正规地采用"第×条"的形式加以表现；第二，一般都分成若干章、节，设有各部分的标题，有目录，有明示的总则、分则和附则。

凡是设置章、节的企业制度文本，都应当设有目录，把章、节各部分的标题集中排列在正文之前。设置目录应当注意：第一，要以与人方便为基本要求。设置章、节的制度文本一般都规定了比较多的内容，通过设置目录，给阅读者提供迅速、准确地查找到他们想查找的那些条文的便利。第二，目录中各层次标题后面，可以统一以括号形式注明从第几条到第几条；如将制度文本汇编成册，还可在各层次标题最后注明对应的页次，以给查阅的人提供更多便利。[②]

2. 条文标题

设置条文标题，就是将每一个条文所表达的主旨以简明扼要的标题形式表现出来，括在括号之内，置于条文序号之后，条文正文之前。正规的制度文本都以条文形式表现，条文是制度文本的基本构成

[①] 参见周旺生：《立法学教程》，北京大学出版社2006年版，第493页。
[②] 参见周旺生：《立法学教程》，北京大学出版社2006年版，第503—504页。

单位。撰写条文的一个基本原则就是"一条一义",也就是一个条文只表述一个独立的主题,以使每个条文都主旨分明,也有利于整个制度文本形成逻辑严谨、脉络清晰的整体。这个条文主旨就可以作为条文的标题。

　　设置条文标题应当注意:第一,标题应当全面、准确地反映条文的基本内容,使阅读者能够通过标题,较为便利地把握条文的中心意思。第二,标题的文字表述应当科学、规范,长短适度,应当尽量简洁、明了。第三,各个条文标题之间应当尽可能在结构、文字风格以及其他方面相互协调。第四,当条文内容被修改、补充时,如原标题不适合新内容的,应当对原标题做相应的改动。[1]

　　在中国台湾地区,由于立法中加注条文标题已成惯例,因此中国台湾的许多企业制度文本,都采纳了立法中的这种技术,对条文设有标题。[2] 英国 19 世纪的铁路公司规章制度中已经运用了标题,只是表现格式略有不同,更像是一种题注,但它与条文标题实属异曲同工:起草者一般在条文左侧或者右侧的页边空白处注明条文主旨;有时如果一个条文比较长,由若干句子构成的话,撰写者还会在每个句子的页边空白处注明主旨。[3] 英国人之所以如此注重题注,还在于题注可以用来制作索引,题注的质量直接影响索引的质量。

3. 索引

　　将一个企业的所有制度文本汇编成册时,可以制作一个索引,便于人们检索和查阅相关条文和文本的内容。在制度汇编之中,索引具有相对独立的地位,对于整个制度汇编起到便于查阅的辅助功能。

---

　　[1]　参见周旺生:《立法学教程》,北京大学出版社 2006 年版,第 504—505 页。
　　[2]　如《企业规章完全制作》系列丛书,中国台湾:智囊团顾问股份有限公司 2001 年版;赵成意编著:《企业内部规章制定实务》,中国台北:中华企业管理发展中心 1979 年版;《中华民国企业管理规章范例》,哈佛企业管理顾问公司 1985 年第 5 版。
　　[3]　如 Rules and Regulation of Edinburgh and Glasgow Railway Company, Glasgow: Printed by James Hedderwick & Son, Printers to the Queen, 1848; Rules, Regulations and By-laws of Manchester, Sheffield and Lincolnshire Railway Company, Manchester: Bradshaw and Blacklock, Printers, 1863.

制作索引应当注意：第一，索引词的来源是条文标题，但是每个制度文本都规定的重复性内容，如宗旨和依据、效力和适用范围、生效或施行时间、解释条款等可以不纳入索引词的范围，以避免过多重复。第二，索引可以按照索引词第一个字的拼音首字母的顺序排序，并分为自 A 至 Z 的 26 个部分。第三，在索引词后面注明该条文所属文本的编号和条文序号，最后注明相对应的页次，以便于查阅者迅速找到该索引词所属的条文和文本。英国 19 世纪铁路公司的规章制度汇编就设置了非常详细具体的索引，[1] 可以为我们借鉴。第四，一般情况下，索引宜放置于整个制度汇编的最后部分。索引一般规模比较大，而规模越大的索引，其检索功能也会越强，质量也越高。如果像前述英国铁路公司制度汇编那样把索引直接放在目录后面，容易产生整个汇编布局上的弊端：即由于在目录和正文之间加入了规模很大的索引，导致目录和正文相隔太远，不便于人们阅览正文。鉴于索引的相对独立性和辅助功能，把它作为单独的一部分，放在最后即可。

（四）制度文本的内容架构

规则文本的内容是千差万别的，但其在形式上也不是毫无规律的。制度文本的设计和起草是一种科学活动，其中包含着一些有章可循、大体相同的架构和内容要素，遵循这些要素可以避免制度制作成为起草者主观随意性的产物。对于企业内部制度建设而言，明确这些共通性的架构和内容，形成一定的标准模式，对保持制度质量的稳定性具有重要意义。否则，因不同起草人的不同习惯，或者水平的高低，而产生混乱的内容体例，甚或遗漏制度文本必备的内容要件，就不仅会影响制度的质量，也会影响人们对制度内容的把握，带来不必要的疑惑和误解，影响制度的实施效果。

企业制度文本中本文的内容结构一般应当包括总则、分则和附则三个部分，并宜按照如下顺序撰写：

---

[1] 参见 *Rules, Regulations and By-laws of Manchester, Sheffield and Lincolnshire Railway Company*, Manchester: Bradshaw and Blacklock, Printers, 1863。

（1）总则

①制定宗旨：即制定者希望通过所制定的规范性文本来获得的结果。

②制定根据：即制定某个规范性文本的上位阶制度根据何事实根据。

制定宗旨和根据，可以合并为一条来写，并仍应先写宗旨，再写根据。

③效力范围：规范性文件的效力是指某个规范性文本对什么主体、在什么空间和时间有效。在中国立法中，已约定俗成地将主体效力和空间效力放在总则中予以规定；而将时间效力放在附则中予以规定，因此在企业制度文本的制作中也即可遵守这一习惯。就空间效力而言，包括地域和事项两方面的效力；就主体效力而言，应当明确适用于企业中的什么对象。制定效力范围条款，尤其应当注意全面地表述空间、事项和对象效力，切忌只写一方面或两方面，而疏于规定其他方面。写好效力范围条款非常重要，它可以令企业的有关人员明确该规则的适用范围，明确某事项或者某主体是否属于该规范性文件的调整范围，以此来明确适用依据。

④基本原则：是经抽象出来的规则文本的纲领和核心，体现规则所要坚持的最基本的价值和准则，一般而言是规则所必具的组成部分。

⑤主管机关：即规则调整事项的主管部门及其与规则调整事项有关的职权。在总则中规定主管机构有实际意义，即有利于明确管理的责任主体及其职权范围，便于开展工作。在实际起草中，该项内容可能出现两种情况：其一，管理主体比较复杂，涉及数个职能部门，管理方式和职权也多层次化。针对这种情况，可以不在总则中规定"主管机关"的条文，而在分则中设置"＊＊管理机制"的专章，专门规定规则调整事项的管理主体、权责、流程等内容。其二，没有特定的主管机关，那就不需要规定本条。

⑥其他内容：需要在总则中予以规定的其他内容。但是应当注意，只将某个规范性文件的纲领和事关全局的内容，在总则中予以规

定，而不能或不宜将其他内容放进总则之中，使总则失去在整个规范性文本中的统领地位，沦为杂则。

（2）分则：规定规则的实体性内容，根据每个规范性文本的实际需要撰写

（3）附则

①名词、术语的定义；

②修改权、解释权的规定；

③制定实施细则的规定；

④宣告有关规范性文本失效或废止的规定；

⑤有关施行问题的规定；

⑥其他需要附注的内容。

附则是总则和分则的辅助性内容，它对规范性文本的实施有重要意义。在撰写附则时需要注意：不是每个规范性文本都必须包括上述内容，但是关于解释权的规定和有关施行问题的规定，一般还是加以规定为宜。

总则、分则和附则的内容结构可以采取两种形式加以表现：一种是以明示为主的形式，用于内容比较多、设章的规范性文本之中。一般第一章以"总则"为标题，最后一章以"附则"为标题，中间实体性内容即属于分则部分，但分则比较少地标以"分则"为题明示出来，而是由规定实体性内容的各章组成，每一章以其相应的主题为章的标题。另一种是非明示的形式，用于内容不太多、不设章的简单结构的规范性文本之中。因其不分章，也无须标明总则、分则、附则之类的标题，但是其内容还是应当有总则、分则、附则的区分，并应按相应顺序展开。①

（五）制度文本的附录

附录是附加在规则本文后面的有关资料的总称。企业制度文本不

---

① 参见周旺生：《立法学教程》，北京大学出版社 2006 年版，第 518—535 页。

同于法的文本的一个显著特点就是企业制度文本运用大量的资料作为附录，以明确和统一具体工作中应用的资料，可以说附录是企业内部制度不可或缺的重要组成部分。根据附录的性质和作用，可以将它们大致分为两种类别：

一类是对规则的本文内容起说明、解释和细化作用的附录，比如组织结构图、业务流程图、绩效考核指标、示意图形、统计数据、新进员工培训课程目录、差旅各国或地区费用开支标准表、财务预警指标等。设置这种附录的主要目的在于：通过附录使正文中的有关内容，得到进一步的说明，取得更为直观的效果，为人们更好地理解，并有助于制度的有效实施。

另一类是与规则本文中涉及的业务内容相对应的表格、单据、文书等，比如应聘人员登记表、面试记录表、请假申请表、车间操作检查表、差旅费报销申请单、订货单、出货单、违纪处罚单、面试通知书、供应商信息表等。这些附录都是各项业务的执行记录和档案文书，将被有关部门和人员在一定期限内予以保存，并在企业的审计、监督和稽核的过程中作为凭证接受检查。设置这些附录的主要目的在于：第一，明示哪些业务需要填报或者出示哪些表格、单据或者文书，以资员工在工作中遵守和使用；第二，明示相关业务所需的样表、样单、格式文书等，实现企业表单使用的统一化和标准化。企业在日常运营中凡是需要运用相关表格、单据或者文书的，都应当以附录中所示的为标准格式和样板，可以统一印制，不得随意变更它们的样式。

（六）制度文本的标准化和信息化

与现代企业标准化、信息化管理的要求相适应，企业内部制度也应当实现一定程度的标准化和信息化。

这里的标准化主要是指制度文本的编排和格式的标准化。经过标准化后的企业制度文本，应当呈现出文本标识一致、格式规范、形式清晰、系统有序的特点，以便于查阅、汇编、存档、信息化等制度管理活动。标准化的具体要求有：第一，设计有规律和可延展的编号方式，赋予每一个制度文本一个固定的编号，便于编排目录，便于汇编和查找；① 同时也赋予每一个制度文本以版次编号，便于作为清理、修改或其他变动的线索和参考。第二，正式印制的制度文本，应当采用统一的格式模版，包括统一的纸张尺寸和页边距，统一的字体、字号和标题格式，统一的页眉、页脚和其他必要的格式。其中，页眉和页脚的内容和编排格式应根据企业的具体情况进行个性化的设计，比如页眉处可标注某个规范性文件的名称、所属机构或部门、文本编号、文本版次、通过日期等要素，页脚处可标明企业名称、页次等要素。②

信息化是把企业所有的制度规范转化为数字化文本，提高制度管理和应用的效率。现代企业倡导数字化和无纸化办公，一方面提高效率，另一方面节约用纸，促进环保。企业内部制度当然不能实现完全无纸化，但可以与纸质管理同步进行数字化转换。标准化和信息化之间可以形成有效互动：企业内部制度的标准化有利于信息化的转化和应用，信息化的应用和成果也有利于各项标准化工作的产生和执行。大型企业在制度文本标准化的基础上，开发数字化的制度系统，可以设置不同的查阅方式和检索方式等技术手段。制度建设信息化的好处在于：其一，便于人们全面了解制度全局，提高查阅和运用制度的效率，从而提高企业业务流程的透明度，提高各有关协作方的信息流通水平；其二，提高存档、保管和发放等各项制度管理的效率；其三，信息化使数据的收集、储存、查询、汇总变得简单易行，这也有利于进行制度修改和清理等各项完善工作。中国企业制度建设的信息化尚属前沿的领域，有待追求卓越的企业进行尝试和开拓。

本章小结

无论是国家法还是企业内部制度，都是一种制度建设，都包含着

---

① 企业制度文本编号设计的具体范例，可参见《国电电力规章制度汇编》，中国电力出版社2007年版。

② 页眉、页脚设计的范例，参见《企业规章完全制作》系列丛书，中国台湾：智囊团顾问股份有限公司2001年版。

制度建设的规律、方法和技术。目前我国企业内部制度建设研究尚处于蹒跚起步阶段，实践和理论投入、物力和智力投入都极为贫乏，取得的成效也很有限。

　　将立法的方法和技术运用于企业内部制度创设之中，可以有效提高制度文本的质量和科学性，提高制度实施的有效性，从而提升企业的软实力。本章借鉴先进的立法方法和技术，对企业内部制度的起草人员选择、规范化和标准化、制定和修编过程、文本技术优化等方面做了系统阐述。

结 语

在现代社会的正式规则中，国家法律虽然细如蛛网，但仍然留下了大量的规则空白地带，将这些规则制定权交于社会组织来行使，不仅是可能的，也是有效的。它们可以通过行使私性的"立法权"，制定效力及于内部人员和事务的规章制度，并以此来细化和延展国家法、填补法的空白，推动法的演进，形成与国家法律制度相衔接的规则系统。企业内部制度就是存在于现代工业社会和城市生活中的这样一种重要的民间自治规范。这些去国家化了的私性规则不失为"活法"研究在现代商业社会中的新展现和新课题。

企业作为现代市场经济和法治环境中最重要的社会主体之一，面临着内外两个方面的制度规范：以国家法为主的外部制度环境和企业为自身立法而形成的内部制度安排，这两个方面形成衔接协调的纵向关系，构成社会正式制度体系中上下位阶的互相联动的规则系统。一方面，法治国家尊重财产权利和契约自由的宪政框架和法律秩序，认可了企业内部制度作为整个社会规则系统中的合法部分，在自身管辖范围内有效，并且国家法全方位、多层次地对企业内部制度建置做出指引和规范；另一方面，企业内部制度对国家法加以延伸和补白，是国家法的实施媒介和形成渊源，成为国家法治的支流和细脉，被西方学者誉为"原法"（proto-law）。企业内部制度从产生机制上决定了其同国家法应处于相互衔接的内在和谐关系，但这并不否认两者间或有之的规避甚至竞争关系。总体而言，企业内部制度是整个社会规则和法治系统中一个活跃的子系统，它以软法的形式和国家硬法一起协同发挥社会秩序的制度化治理功能。企业内部制度发达与否、有效与否、科学与否，从一个侧面反映国家法治的实行状况，并在完善和推进法治国家建设中扮演着重要角色。

当然，法治和企业内部制度的广泛衔接不是一开始就出现的现象。在自由资本主义时期，当公司还是新兴事物，政府致力于为工商业的发展提供经济机会和自由、调动个体的主动性和开拓精神时，国家法治仅对公司章程和基本法人治理制度做出底线要求。但是以20世纪30年代经济大萧条为分水岭，政府从"看不见的手"转变为"热情的手"，自罗斯福新政以后，政府越来越扮演起一个新角色：成为企业经营活动的管制者。企业也开始被视为"企业公民"，被要求承担一定的社会责任。随着经济人时代向社会人时代的转型，国家趋向于福利化和社会化的发展，企业最低限度商业伦理和社会责任法制化进程的加快，法治与企业内部制度已经、并将继续在更广泛领域和更大程度上产生对接和合作。在20世纪末席卷而来的经济全球化浪潮之中，跨国企业的内部制度被誉为是新时期的"商人法"，在与不同国界中法治的合作和竞争关系、在推动国际商事规则的演进方面都面临着诸多机遇和挑战。

企业内部制度在社会规则系统中的重要地位日益凸显。这不仅是因为工业化和城市化进程使得企业成为经济生活的支柱性力量，更在于企业内部制度实实在在地影响着千千万万个企业和员工的切身利益。尤其是企业内部制度与国家法治的衔接关系使得它在满足内容和程序合法的条件下还可以成为司法办案的依据，为法院所采信，决定个人/企业的权利和义务关系，合法制定企业内部制度也成为降低企业法律风险的事前预防机制。故此，从理论、内容、形式、方法和技术等诸方面优化企业内部制度建设，完善其与法治的衔接，既能促进企业提高管理效率、降低经济风险和法律风险，提升综合竞争力，又能推进和完善国家的法治建设事业。

最后，从企业家的视角看，制度意识和规则之治是决定企业可持续发展的要素之一。企业需要建规立制，以厘定内部秩序，降低法律风险，提升管理水准，增进运营效能。所谓制度进步一小步，管理进步一大步。企业内部制度规范作为企业管理中的正式约束，承载着十分重要的职能，因此企业制度建设是任何企业都无以回避的重大问题。西方世界诸多百年企业证明了没有科学的制度化管理就没有企业的基业常青。我国企业难以逃脱"小而强、中而挺、大而衰"的宿命，从洋务运动起至改革开放以来，鲜有规模化企业存续至今，这不能简单地归咎于战乱，因为英美法德的许多企业也亲历了一战和二战的战火。个中原因是多方面的，其中之一就在于我国企业家规则意识薄弱，治理企业难以从"人治"方式向"法治"方式转型。我国企业家重视"企业立法"及其质量，尤应注意三方面问题：其一，确保制度合法合规，降低企业法律风险；其二，增强制度的科学性，体现先进管理理念；其三，提升制度的规范性，运用立法的方法和技术指导企业内部制度创设，遵循制度建设规律。

参考文献

I. 中文文献
（一）著作类

1. 安建主编：《中华人民共和国公司法释义》（2005年版），法律出版社2005年版。

2. 陈信元主编：《财务会计学》（第二版），高等教育出版社2005年版。

3. 费成康主编：《中国的家法族规》，上海社会科学院出版社1998年版。

4. 甘培忠著：《企业与公司法学》，北京大学出版社2007年第5版。

5. 国际贸易中心、国际标准化组织编：《ISO9000质量管理体系——发展中国家实施指南》，俞明德译，中国对外经济贸易出版社1994年版。

6. 荆新、王化成、刘俊彦主编：《财务管理学》（第四版），中国人民大学出版社2006年版。

7. 李建伟著：《公司制度、公司治理与公司管理》，人民法院出版社2005年版。

8. 李玫编著：《银行法》，对外经济贸易大学出版社2007年版。

9. 李燕子、董淑娟编著：《如何进行品质管理》，北京大学出版社 2004 年版。

10. 梁治平著：《清代习惯法：社会与国家》，中国政法大学出版社 1996 年版。

11. 刘广第编著：《质量管理学》，清华大学出版社 2003 年第 2 版。

12. 刘明慧主编：《现代企业制度概论》，中国财政经济出版社 2005 年版，第 2—7 页。

13. 卢现祥：《西方新制度经济学》，中国发展出版社 1996 年版。

14. 卢现祥主编：《新制度经济学》，北京大学出版社 2007 年版。

15. 鲁鹏著：《制度与发展关系研究》，人民出版社 2002 年版。

16. 牛国良著：《企业制度与公司治理》，清华大学出版社 2008 年版，第 55—56 页。

17. 石明芳编著：《如何设计企业内部管理制度》，北京大学出版社 2004 年版。

18. 舒国滢著：《法哲学：立场与方法》，北京大学出版社 2010 年版。

19. 孙林编著：《企业管理常用规章制度范本》，法律出版社 2006 年修订版。

20. 田成有著：《乡土社会中的民间法》，法律出版社 2005 年版。

21. 王燕著：《会计法》，北京大学出版社 2001 年版。

22. 王耀平、王伯庭著：《现代企业问题法律分析》，吉林人民出版社 2003 年版。

23. 吴晖主编：《企业人力资源管理制度编写实务》，中国劳动社会保障出版社 2007 年版。

24. 姚根兴、滕宝红编著：《如何进行 ISO9000 质量管理》，北京大学出版社 2004 年版。

25. 由嵘主编：《外国法律史》（第二版），北京大学出版社 2003 年版。

26. 于语和主编：《民间法》，复旦大学出版社 2008 年版。

27. 虞文钧著：《企业内部控制制度》，上海财经大学出版社

2001年版，第4页。

28. 张创新主编：《现代管理学概论》（修订版），清华大学出版社2005年版。

29. 张文显著：《二十世纪西方法哲学思潮研究》，法律出版社2006年版。

30. 张玉周编著：《财会法规体系及其冲突与协调》，中国财政经济出版社2004年版。

31. 周旺生主编：《法理学》，北京大学出版社2007年版。

32. 周旺生著：《立法学教程》，北京大学出版社2006年版。

33. 朱景文著：《比较法社会学的框架和方法——法制化、本土化和全球化》，中国人民大学出版社2001年版。

34. 朱荣恩等编著：《企业内部控制制度设计：理论与实践》，上海财经大学出版社2005年版。

35. 朱荣恩，徐建新编著：《现代企业内部控制制度》，中国审计出版社1996年版。

36. 朱玉泉主编：《最新企业内部规章制度建设全书》（上卷），中国商业出版社2001年版。

37. ［台］赵成意编著：《企业内部规章制定实务》，中国台北：中华企业管理发展中心1979年版。

38. ［台］《企业规章完全制作》系列丛书，中国台湾：智囊团顾问股份有限公司2001年第2版。

39. ［台］《中华民国企业管理规章范例》，中国台北：哈佛企业管理顾问公司1985年第5版。

40. ［奥］埃利希著：《法社会学原理》，舒国滢译，中国大百科全书出版社2009年版。

41. ［德］卡尔·拉伦茨著：《德国民法通论》，王晓晔等译，法律出版社2003年版。

42. ［德］马克斯·韦伯著：《论经济与社会中的法律》，张乃根译，中国大百科全书出版社1998年版。

43. ［法］孟德斯鸠著：《论法的精神》下册，张雁深译，商务印书馆 1963 年版。

44. ［法］热罗姆·巴莱、弗朗索瓦丝·德布里著：《企业与道德伦理》，丽泉、侣程译，天津人民出版社 2006 年版。

45. ［古希腊］亚里士多德著《尼各马可伦理学》，廖申白译注，商务印书馆 2003 年版。

46. ［古希腊］亚里士多德著：《政治学》，吴寿彭译，商务印书馆 1965 年版。

47. ［美］阿兰·斯密德著：《制度与行为经济学》，刘璨、吴水荣译，中国人民大学出版社 2004 年版。

48. ［美］埃里克·A. 波斯纳著：《法律与社会规范》，沈明译，中国政法大学出版社 2004 年版。

49. ［美］埃里克·弗鲁博顿、［德］鲁道夫·芮切特著：《新制度经济学》，姜建强、罗长远译，上海三联书店 2006 年版。

50. ［美］博登海默著：《法理学：法律哲学与法律方法》，邓正来译，中国政法大学出版社 2004 年修订版。

51. ［美］伯尔曼著：《法律与革命》，贺卫方等译，中国大百科全书出版社 1993 年版。

52. ［美］伯纳德·施瓦茨著：《美国法律史》，法律出版社 2007 年版。

53. ［美］丹尼尔·A. 雷恩著：《管理思想史》，孙健敏等译，中国人民大学出版社 2009 年版。

54. ［美］道格拉斯·诺斯、罗伯特·托马斯著：《西方世界的兴起》，厉以平、蔡磊译，华夏出版社 1989 年版。

55. ［美］道格拉斯·诺斯著：《制度、制度变迁与经济绩效》，杭行译，上海格致出版社 2008 年版。

56. ［美］弗里德曼著：《美国法律史》，苏彦新等译，中国社会科学出版社 2007 年版。

57. ［美］哈罗德·孔茨、西里尔·奥唐奈、海因茨·韦里克著：《管理学》，黄砥石、陶文达译，中国社会科学出版社 1987 年版。

58. ［美］康芒斯著《制度经济学》，于树生译，商务印书馆1962年版。

59. ［美］科斯、诺斯等著《财产权利与制度变迁——产权学派与新制度经济学派译文集》，上海三联书店1994年版。

60. ［美］加雷恩·琼斯、珍妮弗·乔治、查尔斯·希尔著：《当代管理学》，李建伟、严勇、周晖等译，人民邮电出版社2003年版。

61. ［美］理查德·L. 达夫特著：《管理学》，韩经纶、韦福祥等译，机械工业出版社2003年版。

62. ［美］鲁特著：《超越COSO：加强公司治理的内部控制》，付陶等译，清华大学出版社2004年版。

63. ［美］史蒂文·A. 芬格乐著：《财务管理》，张纯译，上海财经大学出版社2004年版，第5页。

64. ［美］泰罗著：《科学管理原理》，马风才译，机械工业出版社2008年版。

65. ［美］韦登鲍姆著：《全球市场中的企业与政府》，张兆安译，上海三联出版社2006年版。

66. ［日］福泽谕吉著：《文明论概略》，北京编译社译，商务印书馆1959年版。

67. ［英］戴维·M. 沃克著：《牛津法律大辞典》，李双元等译，法律出版社2003年版，第14页。

68. ［英］马林诺夫斯基著：《原始社会的犯罪与习俗》，原江译，法律出版社2007年版。

69. ［英］麦考密克、［奥］魏因贝格尔著：《制度法论》，周叶谦译，中国政法大学出版社2004年版。

70. ［英］沃克著：《牛津法律大辞典》，李双元等译，法律出版社2003年版。

（二）论文类

1. 陈冬春：《民间法研究批判》，载谢晖、陈金钊主编：《民间法》第 5 卷，山东人民出版社 2006 年版。

2. 陈燕平、曾东红：《两大法系股份有限公司章程制度比较与启示》，《南方经济》2003 年第 10 期。

3. 邓荣霖：《论企业制度与企业管理》，《学术论坛》2007 年第 10 期。

4. 董慧凝：《公司章程修改的法律限制》，《中国社会科学院研究生院学报》2006 年第 5 期。

5. 董晓培：《美国纯净食品药品的联邦立法之路》，厦门大学硕士学位论文（2009）。

6. 范愉：《纠纷解决中的民间社会规范》，载谢晖、陈金钊主编：《民间法》第 6 卷，山东人民出版社 2007 年版。

7. 范愉：《试论民间社会规范与国家法的统一适用》，载谢晖、陈金钊主编：《民间法》第 1 卷，山东人民出版社出 2002 年版。

8. 冯玉军：《法律全球化的实现途径刍议》，《求是学刊》2004 年第 1 期。

9. 胡鸿高：《企业社会责任：政府、企业、利益相关者》，楼建波、甘培忠主编：《企业社会责任专论》，北京大学出版社 2009 年版。

10. 江平：《〈公司法〉中的几个重要问题》，[日] 滨田道代、顾功耕主编：《公司治理：国际借鉴与制度设计》，北京大学出版社 2005 年版。

11. 江平：《法律的全球化趋势已是一种客观存在》，《领导决策信息》2003 年第 5 期。

12. 姜明安：《软法的兴起和软法之治》，《中国法学》2006 年第 2 期。

13. 李步云：《依法治国与精神文明建设的关系》，刘海年等主编：《依法治国与精神文明建设》，社会科学文献出版社 2008 年版。

14. 李豪：《信息化与供电企业制度和企业文化的研究》，浙江大学 2005 年硕士论文。

15. 李学兰：《中国民间法研究学术报告：2002—2005》，《山东大学学报》（哲学与社会科学版）2006年第1期。

16. 梁剑兵：《软法律论纲》，罗豪才等著：《软法与公共治理》，北京大学出版社2006年版。

17. 梁治平：《中国法律史上的民间法——兼论中国古代法律的多元格局》，《中国文化》1997第1期。

18. 刘志文：《论公司章程》，载梁慧星主编：《民商法论丛》（第6卷），法律出版社1997年版。

19. 罗豪才、毕洪海：《通过软法的治理》，《法学家》2006年第1期。

20. 罗豪才、宋功德：《认真对待软法》，《中国法学》2006年第2期。

21. 罗豪才：《公共治理的崛起呼唤软法之治》，《政府法制》2009年第5期。

22. 罗豪才：《人民政协与软法之治》，《中国人民政协理论研究会会刊》2009年第1期。

23. 罗培新：《反思我国公司法的立法路经》，［日］滨田道代、顾功耕主编：《公司治理：国际借鉴与制度设计》，北京大学出版社2005年版。

24. 沈四宝：《公司章程在新〈公司法〉中的重要地位与作用》，《法律适用》2006年第3期。

25. 苏力：《法律规避和法律多元》，《中外法学》1993年第6期。

26. 苏永钦："民法的积累、选择与创新"，《比较法研究》2006年第2期。

27. 谈萧：《商会制度的法理基础——基于民间法——国家法范式的分析》，载谢晖、陈金钊主编：《民间法》第8卷，山东人民出版社2009年版。

28. 田成有：《乡土社会中的国家法与民间法》，《思想战线》2001年第10期。

29. 王峻岩：《论公司章程的性质和作用》，《中国法学》1986年第 1 期。

30. 王学辉：《国家法与民间法对话和思考》，《现代法学》1999 年第 1 期。

31. 吴碧娜："19 世纪末 20 世纪初美国纯净食品运动及立法的研究概况"，《知识经济》2009 年第 14 期。

32. 修莹莹：《明清行会规则研究》，谢晖、陈金钊主编：《民间法》第 8 卷，山东人民出版社 2009 年版。

33. 徐海燕：《公司法定代表人越权签署的担保合同的效力》，《法学》2007 年第 9 期。

34. 徐显明、齐延平：《制度文明是一独立的文明形态》，刘海年等主编：《依法治国与精神文明建设》，社会科学文献出版社 2008 年版。

35. 杨继春：《企业规章制度的性质与劳动者违纪惩处》，《法学杂志》2003 年第 24 卷。

36. 于语和、刘伟：《从阳泉农村的实地调查看中国的民间法》，谢晖、陈金钊主编《民间法》第 2 卷，山东人民出版社 2003 年版。

37. 翟小波：《"软法"及其概念之证成》，《法律科学》2007 年第 2 期。

38. 郑永流：《法的有效性与有效的法》，《法制与社会发展》2002 年第 2 期。

39. 周华兰：《议"软法"与"硬法的救济边界"》，《湖南社会科学》2009 年第 1 期。

40. 周旺生：《法典在制度文明中的位置》，《法学论坛》2002 年第 4 期。

41. 周旺生：《论法的渊源的价值实现》，《法学家》2005 年第 4 期。

42. 周旺生：《论重新研究法的渊源》，《比较法研究》2005 年第 4 期。

43. 周旺生：《企业制度规范的新境域》，《开滦精煤股份有限公司制度规范集纂》，内部资料。

44. 周旺生：《中国立法五十年（上）——1949—1999 年中国立法检视》，《法制与社会发展》2000 年 1 月。

45. 朱慈蕴：《公司的社会责任：游走于法律责任与道德规范之间》，楼建波、甘培忠主编：《企业社会责任专论》，北京大学出版社 2009 年版。

46. 朱慈蕴：《公司章程两分法论——公司章程自治与他治理年的融合》，《当代法学》2006 年第 5 期。

Ⅱ．英文文献
（一）著作类

1. Alan C. Schapiro：*Multinational Financial Management*，4th ed.，Needham Heights：Allyn and Bacon.

2. Alfred D. Chandler，*The Railroads：The Nation's First Big Business，Sources and Readings*，New York：Harcourt Brace Jovanovich，1965.

3. Carleton K. Allen，*Law in the Making*，7th ed.，Oxford，1964.

4. Dinah Shelton，*Commitment and Compliance：The Role of Non-binding Norms in the International Legal System*，Oxford University Press，2000.

5. Edgar Bodenheimer，*Jurisprudence：The Philosophy and Method of the Law*，Revised Edition，Harvard University Press，1981.

6. Gunther Teubner，*Global Law Without A State*，Athenaeum Press，1997.

7. Gunther Teubner，*Law as an autopoietic system*，Blackwell，Oxford，1993.

8. Harry A. Millis，*From the Wagner Act to Taft-Hartley：a study of national labor policy and labor relations*，University of Chicago Press.，1950.

9. James Willard Hurst，*The Legitimacy of the Business Corporation in the Law of the United Stated* 1780—1970，Charlottesville，VA，1970.

10. John W. Salmond，*Jurisprudence*，12th ed.，P. J. Fitzgerald，London，1966.

11. Michael LeBoeuf, *How to motivate people: reward: the greatest management principle in the world*, Nightingale Conant Corp 1988.

12. P. S. A. Pillai, *Jurisprudence and Legal theory*, 3rd., Eastern Book Company 2005.

13. Peter T. Muchlinski, *Multinational Enterprises and the Law*, Oxford: Blackwell Publishers, 1995.

14. R. Edward Freeman, *Strategic Management: A Stakeholder Approach*, Boston: Pitman, 1984.

15. R. H. Coase, *The Firm, the Market, and the Law*, University of Chicago Press, 1990.

16. R. I. Tricker, *Corporate Governance: Practices, Procedures, and Powers in British Companies and Their Boards of Directors*, Gower Pub. Co., 1984.

17. Rexford Guy Tugwell, *The Industrial Discipline*, New York: Columbia University Press, 1933.

18. Russell Robb, *Lectures on Organization*, privately printed.

19. S. Macaulay, "Private Government", in Leon Lipson & Stanton Wheeler, *Law and the Social Science*, New York: Rusell Sage Foundation, 1986.

20. Sir Carleton Kemp Allen, *Law in the Making*, 7th ed., Oxford University Press, 1964.

21. Sir John Salmond, *Jurisprudence*, 7th ed., London: Sweet & Maxwell Ltd, 1924.

22. "special charter", *Black's Law Dictionary*, 8th ed., Thomson West, 2004.

23. Sidney Pollard, *The Genesis of Modern Management : A Study of the Industrial Revolution in Great Britain*, Cambridge, Mass: Harvard University Press, 1965.

24. Snyder, Soft Law and Institutional Practice in the European Community, in S. Martin (ed.), *The Construction of Europe*, Kluwer

Academic Publishers, 1994.

25. Terrence E. Deal, Allan A. Kennedy, Terry Deal: *Corporate Cultures: The Rites and Rituals Of Corporate Life*, Addison-Wesley, 1982.

（二）论文类

1. Anna Di Robilant, Genealogies of Soft Law, *The American Journal of Comparative Law*, Summer, 2006.

2. Ben M. Oviatt and Warren D. Miller, "Irrelevance, Intransigence, and Business Professors", *Academy of Management Executive* 3, 1989.

3. Charles W. Wootton and Christie L. Roszkowski, "Legal Aspects of Corporate Governance in Early American Railroads" *Business and Economic History*, Winter 1999, 28.

4. Donna J. Wood, "The Strategic Use of Public Policy: Business Support for the 1906 Food and Drug Act", *Business History Review* 59, Aut. 1985.

5. Harris Corporation, "Founding Date of the 1994 Fortune 500 U. S. Companies", *Business History Review*, Spring 1996, 70.

6. Jack N. Behrman and Richard I. Levin, "Are Business Schools Doing Their Job?", *Harvard Business Review* 62, Jan. -Feb 1984.

7. Jan Klabbers, The Redundancy of Soft Law, *Nordic Journal of International Law*, 1996, 65.

8. Joseph A. Litterer, "Systematic Management: Design for Organizational Recoupling in American Manufacturing Firms", *Business History Review*, winter 1963; 37.

9. Linda Senden, Soft Law, Self-Regulation and Co-Regulation in European Law: Where Do They Meet? Vol. 9 *Electronic Journal of Comparative Law*, January 2005.

10. Maurice Hauriou, "The Theory of the Institution and the Foundation", Albert Broderick: *The French Institutionalists: Maurice Hauriou, Georges Renard, Joseph T. Delos*, Harvard University Press, 1970.

11. Miranda Forsyth,"A Typology of Relationships Between State and Non-State Justice Systems", *Journal of Legal Pluralism and Unofficial Law*, 2007 JLP 56.

12. Oberlin Smith,"System in Machine Shops", *American Machinist* 8, October 31, 1885.

13. Rene R. Gadacz: Folk Law and Legal Pluralism, *Legal Studies Forum Journal*, Vol. XI, No. 2, 1987.

14. R. H. Coase: The Nature of the Firm, *Economica*, New Series, Vol. 4, No. 16, Nov., 1937.

Ⅲ. 主要规范性文件

（一）法律

1.《安全生产法》

2.《标准化法》

3.《产品质量法》

4.《档案法》

5.《反不正当竞争法》

6.《公司法》

7.《广告法》

8.《合同法》

9.《环境保护法》

10.《会计法》

11.《劳动法》

12.《劳动合同法》

13.《立法法》

14.《票据法》

15.《企业所得税法》

16.《商标法》

17.《商业银行法》

18.《食品安全法》

19. 《税收征收管理法》
20. 《消防法》
21. 《消费者权益保护法》
22. 《循环经济促进法》
23. 《外资企业法》
24. 《招标投标法》
25. 《证券法》
26. 《职业病防治法》
27. 《中外合资经营企业法》
28. 《专利法》

（二）行政法规

1. 《标准化法实施条例》
2. 《工业产品质量责任条例》
3. 《计量法实施细则》
4. 《劳动合同法实施条例》
5. 《棉花质量监督管理条例》
6. 《企业财务会计报告条例》
7. 《强制检定的工作计量器具检定管理办法》
8. 《乳品质量安全监督管理条例》
9. 《生产安全事故报告和调查处理条例》
10. 《食品安全法实施条例》
11. 《特种设备安全监察条例》
12. 《外资企业法实施细则》
13. 《中外合资经营企业法实施条例》

（三）政府规章

1. 《计量标准考核办法》
2. 《会计基础工作规范》
3. 《会计档案管理办法》

4.《企业标准化管理办法》

5.《企业财务通则》

6.《企业会计制度》

7.《企业会计准则》

8.《企业内部控制基本规范》

9.《轻工业计量工作管理办法》

10.《上市公司股东大会规则》

11.《上市公司章程指引》

12.《上市公司治理准则》

13.《特种设备质量监督与安全监察规定》

14.《特种设备作业人员监督管理办法》

15.《中小企业计量检测保证规则》

（四）其他

1.《最高人民法院关于审理劳动争议案件适用法律若干问题的解释》

2.《上海证券交易所上市公司内部控制指引》

3.《深圳证券交易所上市公司内部控制指引》

4.《内部审计基本准则和具体准则》

5.《内部控制——整体框架》（COSO 报告）

6.《开滦精煤股份有限公司制度规范辑纂》，内部资料

7.《国电电力规章制度汇编》，中国国电出版社 2007 年版

8. American Express Company, Rules, Regulations and Instructions, Chicago: Beach & Barnard, Printers, 1862.

9. Rules and Regulations to be Observed by the Officers and Men in the Service of the Edinburgh & Glasgow Railway Company, Glasgow: Printed by James Hedderwick & Son, Printers to the Queen, 1848.

10. Rules, Regulations, and By-Laws of the Manchester, Sheffield, & Lincolnshire Railway Company, Manchester: Bradshaw and Blacklock, Printers, 1863.

11. The French Labour Code.

12. *The Western Union Telegraph Company*, *Rules*, *Regulations and Instructions*, Cleveland: Sanford & Hayward, Printers, Binders and Lithographers, 1866.

13. UN Draft Code of Conduct on Transnational Corporations, 1990, paragraph 8.

致 谢

  本书是在我博士论文的基础上修改而成的，也是国家社科基金重大项目"法律制度与社会建设的和谐"一项子课题的研究成果，包含着我近十年来从事企业工作和法学学习与研究的真切体悟。值此书稿即将付梓之际，谨向所有曾经惠予我关心、帮助、支持和鼓励的人表示最真挚的谢忱！

  首先要感谢我的导师周旺生教授。在北大的硕博七年间，我的成长凝结了老师的心血和智慧，离不开老师的庇护和提携。在燕园，我有幸聆听了周老师的法理学和立法学课程，即为他大师般的风采所感染所折服，决心拜周老师门下潜心学习。此间，我读老师的著述，听老师讲课，学着老师做科研，琢磨老师的学术精髓，品味老师的文字魅力，求索老师的治学之道。老师的学问就这样日复一日润物细无声地慢慢滋养着我原本贫乏的学术生命。老师不仅在全局和细微之处为我指点迷津，也给了我独立锻炼和发挥的舞台，让我从一个羞涩的学生迈向一个自信的学人。

  做博士论文犹如在茂密芜杂的知识和文献丛林中找到一条通往目标的道路，沿途有迷茫，有荆棘，也有无限风光，是一次辛苦而快乐的旅行。在这一过程中最难忘的是老师的引领和提点。老师为我选定题目。在论文构思之初，老师曾亲切地鼓励我"好好写，会是一篇好文章，能开阔学术视野"。虽然当时我并不知道我的"好文章"在哪里，但老师的话让我感到彼岸的方向和光明，更让我感到老师赋予我的力量。在正式提笔写作之际，老师也曾警示我"写不好，就过不了我这一关！有多大劲就使多大劲！"此言更拉近了我与严师的距离，备感老师的良苦用心和对我的寄望。在写作过程中，老师不时给予我关键性的提示和指导，还为我创造了难得的与我的论文相关的实践机会，使我对相关命题有了深刻的切身体验。遇到困难时，老师言传身教地告诫我做学问要彻底，要不畏难、不怕苦。老师的每一次教诲虽然简短精练，但总是让人回味无穷，受用终身！倘若我的论文尚有点滴闪光之处，都要归功于导师多年来对我的悉心传授和指导；倘若我未来的学术之途偶有所成，全应感激我的引路人导师对我的倾力栽培和殷切勉励。

在本书的写作过程中，我还要感谢北京市人大常委会的张引主任，感谢许章润教授、朱景文教授、舒国滢教授、陈端洪教授、张骐教授、强世功教授、封丽霞教授、凌斌博士、余履雪博士，诸位老师在研究方法和写作思路上给予我许多宝贵的启迪和建议，使我得以有针对性地对文章加以拓展和深挖。

难忘学友间的切磋砥砺和深情厚谊。和我同住一室的晓霞，聪明机灵能干，我从她那里得到许多启发和帮助。睿智沉稳的师兄爱声，是我们公认的最可依赖的兄长，无论他多么繁忙，对我们的求助总会亲切地伸出援手，并且总会令我们满意而归。张英师兄、丁晓东和万琪也对我的写作提出宝贵意见。我也时常想念我的同窗姐妹们李晓霞、门金玲、汤洁茵、王勤、孙玉红……相邻而住，大家耳鬓厮磨，常在一起切磋学艺，排忧解难，笑谈人生，单一的学习生活为此而显得不再那么清冷。感谢闺密肖凡不厌其烦地在上海图书馆为我收集资料。也要感谢北大图书馆提供给北大学子们的数字音乐库，寂寥费神的写作生活正是和着大师们的音乐，变得清新而有神采起来。

感谢北京工商大学法学院为青年教师营造了宽松和谐的教学和科研氛围，创造了优越的学术环境、鼓励活跃的学术交流，提供十分难得的研究支持和出版资助！感谢北京工商大学法学院的李仁玉教授、

企业制度与法治的衔接

吕来明教授和姜涛老师对本书的出版给予积极鼓励、全力支持,没有他们的帮助,本书难以如此顺利地面世。

感谢博雅立达(北京)咨询有限公司热心学术研究,为本书相关内容提供了紧贴实际并富有见地的咨询意见和案例分析。

我也要感谢人民出版社的郑海燕主任和同窗万琪为本书的出版积极筹划、鼎力相助。郑主任细心校正书稿,提出了许多宝贵意见,使我得以正视书中的疏漏,及时予以改正。没有她细致高效的工作,本书难以如此迅速地与读者见面。感谢她为本书付出的所有辛劳和智慧!

在充满温情的家人中,我首先要感谢我的父亲张斯勇和母亲陈彩云。大恩不言谢,实因无以作回报。我的父母把最深沉的爱和付出倾注在我这个独女身上,将我养育成人,助我成家立业,殷殷之心、眷眷之情未尝须臾离我左右。在我读博的四年间,他们远离沪上和亲友,来到不太适应的北方,不仅挑起了琐碎而繁重的养育外孙的重任,还包揽了我新家的所有家务,使我得以随时后顾无忧地投身于紧张的学习之中。尤其是,四年多来,我父母全身心地投入到对孩子的抚养上,小到每一份菜食,大到对孩子品性的培植,他们无不临渊履薄,殚精竭虑。不知我的父亲母亲用多少鬓上的白发换来我孩子健康聪颖的成长和我在北大的学有所成!他们将自己的生命注入我孩子的生命成长之中,将他们的时间换取我学习的时间。所有的一切,都离不开父亲母亲对我们的无私奉献!

此刻,我也不禁念及我的幼子长泽。常有人戏言我不像孩子的妈妈,我想个中的原因之一也在于自孩子出生后不久,在他渡过的最柔弱无助的人生之初,我未尝尽到过做母亲的责任,未曾给足他母亲的温存和呵护。面对这个小小生命,我常暗自抱有深深的歉意和遗憾。然而,孩子却总是那么可爱和贴心,自咿呀学语时起,他就不忘在每次目送我上学的临别之际,挥挥小手稚嫩地勉励我"妈妈,好好学习,天天向上"。孩子是我不断进取的最大动力!

最后要感谢的是我的先生宋天东。在求学之路上,他自始至终给予我无条件的支持和关爱。无论遇到什么样的困难,他总是从正面引导我、鼓励我，常逗我破涕为笑，常勉我鼓帆再战。此间，我们也曾携手共面生活重挫。他与生俱来的乐观、豁达和幽默，军人般的信念、顽强和坚韧，多少改变了我柔弱的心，教我也总满怀热情地投入到我的学习和写作之中。他博闻、好学、善言、富有创造力，我的论文融会了他的思想火花和理想追求。他给予我的信任、自由和爱，是我最依恋的情感伊甸园！

张羽君
2011 年 2 月 10 日于北京清上园

策划编辑:郑海燕
责任编辑:张　立
封面设计:肖　辉
责任校对:张杰利

图书在版编目(CIP)数据

企业制度与法治的衔接/张羽君 著. —北京:人民出版社,2011.8
(青年学术丛书)
ISBN 978-7-01-010115-6

Ⅰ.①企… Ⅱ.①张… Ⅲ.①企业法-研究-中国
Ⅳ.①D922.291.914

中国版本图书馆 CIP 数据核字(2011)第 154757 号

企业制度与法治的衔接
QIYE ZHIDU YU FAZHI DE XIANJIE

张羽君　著

人民出版社 出版发行
(100706　北京朝阳门内大街166号)

北京集惠印刷有限责任公司印刷　新华书店经销
2011年8月第1版　2011年8月北京第1次印刷
开本:710毫米×1000毫米 1/16　印张:19.75
字数:340千字

ISBN 978-7-01-010115-6　定价:42.00元

邮购地址 100706　北京朝阳门内大街166号
人民东方图书销售中心　电话 (010)65250042　65289539